本書入選“十二五”國家重點圖書出版規劃項目

本書獲 2016 年獲貴州省出版傳媒事業發展專項資金資助

青史（二）

廓諾・迅魯伯 著
郭和卿 譯

現代世界佛學文庫

貴州大學出版社
Guizhou University Press

圖書在版編目（CIP）數據

青史．二／廓諾·迅魯伯著；郭和卿譯．-- 貴陽：貴州大學出版社，2017.10

（現代世界佛學文庫）

ISBN 978-7-5691-0044-0

Ⅰ．①青… Ⅱ．①廓… ②郭… Ⅲ．①喇嘛宗－佛教史－西藏 Ⅳ．①B946.6

中國版本圖書館CIP數據核字（2017）第223212號

青史（二）

著　　者：廓諾·迅魯伯

譯　　者：郭和卿

出 版 人：閔　軍

責任編輯：滕　芸

校　　對：阮　峻

裝幀設計：陳　藝

出版發行：貴州大學出版社有限責任公司

地址：貴陽市花溪區貴州大學北校區出版大樓

郵編：550025　電話：0851-88291180

印　　刷：深圳市和諧印刷有限公司

成品尺寸：145毫米×210毫米

印　　張：8.25

字　　數：195千

版　　次：2017年10月　第1版

印　　次：2017年10月　第1次印刷

書　　號：ISBN 978-7-5691-0044-0

定　　價：60.00元

《現代世界佛學文庫》學術委員會

出版前言

《現代世界佛學文庫》屬於國家新聞出版總署立項的"十二五"國家重點圖書出版規劃項目。第一期工程已經得到貴州省新聞出版局的出版基金資助。這個《文庫》的總編纂指導者是國内著名佛教學專家。參與編纂工作的有老中青三代學人。中青年學者們都是改革開放以後的三十多年中成長起來的佛教學才俊。老一輩的學者有中國人民大學的方立天教授、北京大學的樓宇烈教授、中國社會科學院的名譽學部委員黄心川教授和楊曾文教授等。承擔《文庫》出版任務的是我們貴州大學出版社。本出版計畫分爲三期工程進行,計畫搜羅或再版國際佛教學研究界的最重要作品,所涉及的主要是中國(含臺灣地區)、日本和歐美的佛教學研究界在過去二百年中的標杆性作品。

本《文庫》爲開放性的出版項目,其最終出版的規模大小,取決於所涉及作品的版權的解決,更取決於貴州大學出版社的經濟實力,也取決於參與本《文庫》從推薦書目到編纂出版的合作者的努力。本社之所以不自量力,承擔了這麼一個耗資大、耗時長而費力甚艱的文化工程,所企望者,是爲國内的佛教學研究界提供一批便於利用的經典之作,爲中國的文化建設與文化繁榮盡一個出版者的綿薄之力,當然,也還有巡禮過去二百年來世界佛教學研究中輝煌成果的用意。我們相信,佛教是人類有史以來最偉大的精神財富之一。佛教學研究是全人類共同的宗教學術探索的精神活動，它也是東西方人文學者的精神創造力的結晶。

佛教原本是東方思想寶庫當中最重要的一份財富。兩千多年前，佛教在印度誕生。從那裏向四面八方傳播，在南方形成了巴利語佛教；經西北方的中亞向遠東傳播，形成了漢語系的佛教。佛教思想在漢、韓、日的民族文化當中生根發芽，開出了朵朵奇葩；佛教也在“世界屋脊”的西藏高原尋到了自己的家園，孕育出神奇瑰麗的藏語系佛教文化。對於西藏佛教的關注，從二十世紀中期以後，已經成爲世界宗教文化研究的熱點。這三大語系的佛教，又稱爲南傳佛教、北傳佛教和藏傳佛教。其中南傳佛教，因爲其教理教義上距佛陀本人生活佈道的時期最近，往往被認爲深得原始佛教的真義，是初期佛教部派時期的上座長老們的傳統，故也稱上座部佛教。北傳佛教的經典語言是中古以來的漢語，故也稱漢傳佛教。漢語系的經典，從公元之初以降，及至近代，一直使用漢文書寫流傳於世。佛陀的言教，雖然譯自當時的梵語或中亞地方語言，但一經寫爲漢文佛典，也在古代的朝鮮半島和日本列島通行無阻。藏傳佛教的經典形成於十世紀以後，書寫系統和宗教内涵都深受印度思想文化的浸淫。

從空間位置上看，誕生於古代印度的佛教，雖然向四方傳播，但其最顯著的成果則衹在東土和南方顯現。在世界史上的公元之初，佛教并未涉足北方的西伯利亞草原，當時那裏生活的遊牧人群，還無緣沐浴印度的思想光輝；而在同時期的歐洲，因爲先已有燦爛的希臘羅馬文明，更有新近誕生的基督教，以及在中近東已經存在上千年的猶太宗教，佛教大約衹能止步於彼。儘管如此，在西元後的最初數百年間，佛教也已進入西方人的視野。在馬其頓希帝國的亞歷山大皇帝眼中，佛教衹是東方斑斕而陸離的諸多宗教文化之一。

以歐洲爲代指的西方世界對佛教的真正興趣始於近現代。西方人對佛教的留意，開始於他們在東方的殖民經營。西方學術界對佛教的研究，説來也衹有約二百來年的歷史。歐洲經過了工業革命并形成了現代資本主義經濟以後，歐洲文化也挾商業主義和殖民主義之勢向東方侵入。歐洲的宗教、歐洲的思想文化和歐洲的價值觀念，在數百年當中横掃東方世界，對那裏固有的社會形態和文化形態産生了前所未有的衝擊，引起了巨大的變化。西方世界對於亞洲佛教的興趣、關注和研究，正是在資本主義世界經濟模式自西而東的大趨勢中産生的文化副産品。

本《文庫》的作品遴選，衹是基於中國佛教文化的立場，出於中國佛學的視角。其所關注的是佛教學研究的基本内容，即佛教的經典與教理、宗派與學派、佛教的制度、佛教的實踐，以及它們同佛教所寄身的社會和依存的文化傳統間的内在聯繫。《文庫》力圖包容含攝的，除了近現代中國優秀學者的著作，更多屬意於歐美的和東瀛日本的佛學著作。本《文庫》的涵蓋時間，僅及過去的二百多年，自然不能代表佛教在二千五百年來的全部的思想創造與文化積纍。但因其側重的是近現代西方的佛教學研究成果，而驅動這一學術探索活動的，是西方啓蒙運動以來的理性主義傳統，科學與理性是西方佛學研究的基本精神，因此，所有的佛學研究成果便具有了與東方世界古來傳統迥然有異的現代精神含義。他山之石，可以攻玉，這是我們編纂這部《現代世界佛學文庫》的本意。

對我們中國而言，佛學研究，古已有之。廣義的佛教學或佛學研究，起步於二千年前佛教傳入中國之時。但從那以後，傳統的佛學研究是服務於宗教解脱目標的，與近現代的佛教學研究有很大的意義差别。傳統中國的佛學研究，最初的對象雖然自外而來，但活動則是一個文化體系内部的自我研究與自我發現，而近現代西方的佛學研究，則多半是來自外部的學術干預。借用後殖民時代的説法，近現代的佛教學研究視角則完全自外而來的、“他者的”眼光和態度，這種研究隔著雙重的距離——文化的距離感、時代的距離感。從常情上説，近現代西方的佛教學研究，研究者不可能不帶著先有的“成見”或“前理解（*pre-understanding*）”涉入。按專門研究現代性的社會學家吉登斯的説法，研究者或觀察者在理解時，已經受到“視域”的限制，他們不得不受制於研究對象的文本和自身的文化身份和立場。吉登斯稱其爲“*double context*”（雙重的視域），也就是來自研究對象和研究者自身兩方面的限制，其研究與考察與佛教傳統背景、與學者的知識結構、文化立場與態度都密切相關。

以往傳統當中的佛教學者，無論僧俗，都是佛教的信仰者，其佛學研究的根本目標指向宗教解脱。其學術活動的起點與終點，都衹能是要想達到“解生脱死”，具有强烈的解脱實踐的特點。西方的佛教學研究，以及從事這項工作的學者，其學術研究活動并不必然聯繫於宗教目標，這首先是他們“生於斯長於斯”的基督教文化背景所決定的。二百年來的西方佛教學研究，經歷了“宗教學的—民族學的—人類學的”方法論和目的論過程，大致屬於世俗的學術研究。從宏觀方面看，他們借鑒了西方宗教學、社會學、政治學的方法，而在更加技術性的層面，他們在研究當中，也就坦然地採取了比較語言學的、考古學的、文獻學的手段。就是二十世紀八十年代以後，佛教學研究領域内出現的詮釋學研究方法，也大量借鑒了後現代和後殖民研究的立場、觀點與態度。

就此而言，我們的東鄰日本，其佛教學研究，從明治維新以來，也逐步脱離了以宗教解脱爲目的的治學實踐，循著世俗主義的學術路子前進。在保留和繼承佛學研究當中的優秀學術風格與手段（文字訓詁、文獻考訂、史論結合）等的同時，日本佛教學研究也吸收社會學的、政治學的，甚至社會文化批評的方法。就日本佛教學術界言，其所產生的、令人耳目一新的纍纍碩果，都產生在十九世紀以降，在日本學者接引了來自西方的，尤其英國和德國的宗教學研究方法之後。

有鑒於以上的原因，我們出版的《現代世界佛學文庫》，致力於搜羅過去二百多年來歐洲與北美的，以及日本的近現代佛教學研究作品。這裏的"近現代"，既有時間上的，也是以理性主義爲特質的現代研究方法論意義上的。

佛教學研究是學術性的研究，究其本底而言，與政治目的無關。但從事學術研究的學者，在涉入研究領域時，又不免受到其世界觀與人生觀的價值論立場的影響。因此，學者的發言主張，及其學術結論也不免受到時代政治風氣、學術風氣的影響，在有的情況下，其研究方法也難盡脱政治文化的干預。我們在肯定過去兩個世紀以來的西方文化思潮影響下產生的世界佛學研究成果時，另一面也要小心謹慎，言所當言，止所當止。

本《文庫》總結過去二百多年來的佛學成果，大致劃分出以下三個階段的時間框架：

一、十九世紀晚期——二十世紀中期。這一時期，學者們大都致力於用比較語言學的、古文字學的和文獻學的方法來處理佛教的歷史與經典，力求揭示佛教的"本來面目"，力圖展示佛教内在的

“不變的本質”或者“真相”。正是這一時期，形成了三種佛學研究範型：英國一德國學派的，俄國“列寧格勒學派”的，以及法國一比利時學派的。

二、二十世紀中期——二十世紀八十年代。這一時期的佛學研究，可以看作法一比學派的學術風格的繼續發展，其他的兩家已經式微。此期的佛教學研究，在原有的語言學、文獻學研究的基礎上，更多引入了社會科學的多種方法，諸如政治學的、社會學的、人類學的技術手段被大量植入，而當詮釋學方法引入這一領域後，西方佛學研究更多地呈現了社會關懷和政治批判，不再祇是純學術的“象牙塔”内的學問。

三、二十世紀八十年代以後的佛學研究。繼續發揮前兩個階段的優秀學術特點，而隨著西方世界這一時期逐步展開的對資本主義政治制度和文化精神的反省與批判，隨著文化多元態度的形成，歐美的和日本的佛教學研究也都開始涉及了帶有“後殖民”與“後現代”色彩的社會、政治與文化的批判活動。

特別值得一提的是“東洋”日本的佛教學。它的展開，大致與上述三個時段同步。明治維新以後的日本佛教學術界，先是借鑒和遵循英德佛學研究的路子，如今則多與北美的佛學研究界聲氣相通。當前日本的佛教學研究，除了配合對日本宗教文化與思維的自省與批判，還有研究的細碎分化傾向，不過這正是社會文化多元發展在佛學研究領域内的反映。

經過兩年的努力，《現代世界佛學文庫》第一輯終於問世。我們希望奉獻於文化界和宗教界的這些經典作品，能够受到社會各界的關心與重視。我們懷著出版人的恭謙與惴惴不安，期待來自社會各界的學術批評和對我們的編纂工作的技術批評。

最後我們非常抱歉地在這裏聲明一句，由於著作權許可的聯繫工作的實際困難，我們這套《文庫》的作品，有的尚未得到原著者或翻譯者的授權。於此，我們懇請諸位大德同我們出版社聯繫，以便我社同權利人辦理相關的授權協議事宜。再次爲我們的冒昧致歉，并表達深摯的感恩之情。

中國佛教文化研究所
貴州大學出版社
二〇一二年十月

目　録

第七輯　密續部説規如何而來的情况

現在當説密續部[1]説規如何而來的情况：關於事續部[2]和行續部[3]的諸密續，在藏傳佛教前宏期[4]中，是以阿闍黎桑傑桑哇（佛密）的釋論爲主要。其他班抵達也根據"佛密"的釋論來對於《妙臂》《秘密總續》《禪定後續》等，及行續部中的《毗盧遮那現證菩提續》等作講解，諸譯師也都是掌握阿闍黎佛密的《攝義釋論》和其説法來作著述，而且翻譯出一部《金剛手灌頂續釋》，以此爲所緣（即依前續釋）復建立有講説和聽受的常規。從藏傳佛教後宏期[5]起，不同的講説法流，更是廣大興起。

在藏傳佛教後宏期中，內外兩種瑜伽的講説法流，出現多種，其中有著名的勝士大譯師仁清桑波（寶賢）[6]。總的説來，這位譯師精通一切顯密經論，復善講説。特别説他是如何講説《瑜伽續部》的情况：大譯師親自前往喀什彌爾三次，在那裏依止許多上師，並迎請許多班抵達到藏，從而建立起講説之規。復翻譯出阿闍黎袞領（慶喜藏）所著《攝真義續釋自性光明論》，及袞領所著《吉祥勝樂續釋》此中留下一些未能妥善的論述，並其所著《金剛生儀軌》及修法等，又袞領的《幻網經》講解等，及阿闍黎辛底巴所著《一切秘密續釋》等，及此諸經類的許多小品。並示傳統作法，而很好地撫育弟子中，出有阿里和前後藏方面的許多弟子。其中有諾穹·勒比協饒（善智）、芒朗區的古辛·准珠絳稱（精進幢）、扎巴·迅魯協饒（童慧）、吉洛·連納等普遍傳稱爲四大得意弟子。此外還有布桑巴·安敦扎仁（名稱寶）、甲耶楚、貢巴格協（善智）、瑪裕哇·袞卻哲（寶積）等四人是諾欽（指大譯師寶賢·諾穹指勒比協饒）和諾穹二師的弟子。此外梁堆區江若伯鄔瑪的江巴·卻洛（法智）也來諾欽座前親近，他在諾欽剛從喀什彌爾回藏時就來聽受從俠惹達納所傳來的《金剛生灌頂》，及閣薩那的極密秘法，又聽受有少許未妥善的《吉祥勝樂續釋》及灌頂等，和肖哲甲嘎在一時機中而聽受，而且聽受了智足師傳的《密集》法。傳統作法是在垛波貢欽座前學習的，各種講説法則是在諾穹座前求得的。他在諾欽第二次遊喀什彌爾後，又聽受填補未妥善一些法品，及過去留下一些未講完法類。繼後香區的松烘耶壩（智焰）也依止諾欽七年之久，求得《自性光明論釋上卷》《吉祥勝樂續釋上卷》和《吉祥勝樂續釋中未妥善品》，及《金剛生法類》，二種論釋傳規的灌頂經教，《吉祥勝樂金剛薩埵》，攝密部的灌頂經教等。他在諾欽座前僅作求得傳法已，而研習作法則大都在諾穹座前求教。

此後又有梁堆的傑夏來諾欽座前親近，主要是依止諾穹七年中，總關於一切瑜伽，特别是對於吉祥勝樂，學到善巧精通。繼後又有邦喀達穹之父迅魯嘉措（童海），及勒堆的扎頂巴、古欽汝的瑪敦·卻季絳稱（法幢）、垛巴特敦、伯·釋迦多傑（釋迦金剛）、湯敦·工察哇、垛貢察哇諸人也來諾欽座前親近，而主要的求學處則是在諾穹座前求教研習。又有峨格生和香區的色·耶迅（智童）則未親近跟隨諾欽，而是僅依諾穹學習，峨格生研習《文殊名稱經》極爲精通。諾欽逝世後，頗章·細哇峨（寂光）對譯事精通，譯出了許多經論，並迎請來許多譯師和班抵達將《吉祥勝樂》未妥善漏譯諸處，妥善補譯。又有桑嘎·帕巴協饒（聖智）未被諾欽攝受，而是依止諾穹和樹卻巴•安敦扎仁（名稱寶），很好地聽受了《攝真義論》《吉祥勝樂》的釋論和灌頂經教，及行續部原本和抄本的釋論、灌頂經教等。

後來迎請班抵達迅魯奔巴（童瓶）來到前藏時，在此之前已由班抵達嘎瑪班遮和桑嘎•迅魯楚稱（童戒）在蕩區譯出《佛頂都》（亦稱佛顱）稿本，當由迅魯奔巴依印度梵本講説，而由桑嘎•迅魯楚稱作翻譯，講授給搊卓•瑪巴垛耶、康巴嘎敦、漾須魯穹三人。繼後諾（童戒）、班（童瓶）二人來到拉薩時，有一名叫梁哇•尼瑪協饒（口智）的居士在諾、班二師座前聽受了《佛頂部》三遍，而寫有不少的註解。後來桑嘎譯師和尼瑪協饒居士二人來到尼泊爾一遊後，師徒二人又來到阿里，而譯師即前往喀什彌爾，梁哇居士則在那裏講了一遍《佛頂部》。後來喀什彌爾的連納西來到西藏駐錫達邦法輪會中，經三年時間這位班抵達已精通藏語。因此，梁哇也就在連納西座前直接聽講經教七年之久，又在芒朗巴座前求得袞領師傳諸法，復在吉朗連納座前求得阿底俠傳規的行續部法類。後來桑嘎譯師復著出《佛頂部釋疏》，班抵達士傑欽波（大悲）和桑嘎譯師在梁若地方又將下卷釋第三品圓滿譯出。梁哇•尼瑪協饒（日智）、瑪巴•垛耶（金剛智）、淩敦粗壩（戒焰）、絳昌巴•生格絳稱（獅幢），爲桑嘎譯師的四大弟子。總的説來，桑嘎譯師作了許多內外瑜伽的講説，特別是對於瑜伽續部他有極大的恩德。松敦耶壩（智焰）的門下又出有淩敦粗壩（戒焰）、梁堆章波的甲謨卻扎（法稱）、達察•凍敦巴、粗敦壩脱、康巴協饒多傑（智金剛）等人。又有格西梁巴的弟子魯•尼瑪峨熱（日光）的門下出有倫•卻郡（法生）、扎甲•袞卻扎（寶稱）、瑪•卻嘉（法王）、崗敦協綳四大弟子。魯•尼瑪峨熱之子名多傑生格（金剛獅子）著有多種瑜伽的論文。法王嘉扎巴講授給討比多傑（學金剛），討比多傑傳授給納波巴（黑尊者），納波巴傳與薩哲巴，薩哲巴講授給烘協金（具神通者），繼由廓師在彼諸師座前聽受此法。

茲說廓師：誕生於甲納普的庫巴地方，傳說他的母親是救度母的化身。他名叫拉哲（天生）也就是說由神佛救護的意思。廓是他的氏族，又由於父母都是廓氏——叫廓庫巴。至於傳說是由天神降生於一部落中，所以稱爲天生，這是愚昧之言。他最初前往樹巴地方去求學，由於完全爲事務牽纏，未能學習教法。繼後去到大喇嘛卓彌座前，雖是得到傳授了一些法緣，但是欲求此師傳授密續時，此師説，要拿黄金來供獻已才能傳授。以此未傳，他自告奮勇想到印度學習來和此師一樣，於是去到印度在諸班抵達座前聞法。而且想如果自不精進對卓彌來説也有羞愧！也就生起毅力勤奮求學。從尼泊爾那邊起，普遍傳稱他總共依止了七十位班抵達，還有兩位空行母上師，共有七十二位師座前主要是聽受《密集》教法。應當指出的是在摩揭陀的烘協金（有神通師）、薩霍爾的善巧女大德、工嘎納的王子真休金（雲力）、金剛座的納波蕩扯多傑（誓句金剛）、阿底俠尊者、喀什彌爾枳敦的善巧師真扎惹呼那、王舍城的細哇桑波（寂賢）、耶讓的大居士、尼泊爾的土傑欽波（大悲）、尼泊爾城的根納壩姑枳巴、那若巴的弟子喀欽連納嘎惹等諸師座前，聽受《密集》教法。

依至尊袞嘎峨（慶喜光明）所説（密集傳承）則是：由魯衣絳秋（龍菩提）講授給底里巴，底里巴傳授給那若巴，那若巴傳給大孤薩里，大孤薩里傳給小孤薩里，小孤薩里傳給色嶺巴（金洲），金洲傳給毗卓巴・索亮巴（行乞者）、烘協金、准謨金、連納嘎惹四人。有部分人士所説則是：由金剛持傳授給多傑卻（金剛法），金剛法傳給英扎菩提，英扎菩提講授給由龍變成空行母等人。由金剛法講授給英扎菩提這一説法，出自《真實性明燈續》中説：佛母啟白言："此一大密續，應知誰所説，是佛所賜教。"這是説由住在北方吉祥金剛聖地烏仗那國王英扎菩提對有情闡明所知和所講授。佛母啟白言："喂，世尊！請對大王英扎菩提此土自在王賜開示。"於是世尊賜示言：《吉祥智精滴續王》中説："誰是我（佛自謂）所示金剛手王？彼即英扎菩提之化身，成爲十地自在王，彼之智慧身成爲十四地（依密乘有十四地）自在王（即大金剛持佛位），這是佛授記（預言）未來將有如是情況到來。"顯見如此情況是已到來。此外還有《俱生成就》中説："吉祥遊戲母，如是勇金剛，誓句金剛名，如是蓮金剛。俱生金剛德，金剛梵志女，如是成金剛。具德閻羅王，演説吉祥輪，師僧入睡中，如是他亦傳。"此頌釋文中説："這是説於吉祥烏仗那珍寶莊嚴林有一寺廟中，有一秘密主化身之仙人名卓哇烏敬（衆生安息），他爲了向具善緣諸有情開示《俱生大寶教授續》，而住於寺中……"。此中是説由仙人卓哇烏敬向國王的公主大遊戲女宣脱彼密續；繼由大遊戲女講授給大王勇金剛；勇金剛傳授給宣議臣誓句金剛；誓句金剛傳給白瑪多傑（蓮金剛）；蓮金剛傳給賣酒女俱生金剛；俱生金剛傳給塔嘎巴·歡喜金剛；歡喜金剛傳給婆羅門女多傑（金剛）；多傑傳給哲克·珠比多傑（成就金就）；珠比多傑傳給伯敦卓袞貢波（具德衆生怙主）；衆生怙主傳給瑜伽士土季多傑（意金剛）；意金剛傳給江那·枳納欽謨；江那傳給國王英扎菩提或"那即哇巴"；那哇巴從烏仗那去到印度大宏諸密續。按照以上説法，想來或許能成爲密集師師相承的根據。而且想到這與阿雅得哇所著《攝行明燈》中所引那哇巴的教典來説的，是相符的。有一部分人説國王英扎菩提和那哇巴是各别的兩人，這樣就不能説此是《俱生成就釋》的説法，由於《俱生成就釋》的論典也是依據《密集續》，而且其釋論大乘極廣大論中説：所應知者，能開示一切佛的身、語、意三密，爲《大瑜伽續》之故。極爲明顯的是：國王英扎菩提所作的《智慧成就》也是依據《密集續》。普遍傳稱的《智慧成就》也是依《密集》之説，是在《智慧成就》本論中説得極爲明白；而阿雅得哇所著《攝行明燈》中也引據其論典中許多教言。此與《秘密成就論》的作者名白瑪多傑（蓮金剛）即是信巴白瑪多傑，是有相同的情況。如是出有許多傳承，及成爲一切密續之頂峰——《密集續釋明燈論》等論典，是經廓譯師兩次改譯，獲得極大饒益。此外廓師還譯出幕、品、桑（桑意爲生處）三種中，《喜金剛第二品釋大寶鬘論》《勝樂釋續》等、《四金剛座釋》等人、《瑪哈瑪雅續釋》等許多續釋，並作講説，對於《密集》諸略論典也作了改譯。

廓師的具大智慧的最勝弟子：有芒惹·生格絳稱（獅幢）、峨烏巴·生格（峨烏獅子）、烏彌·絳秋絳稱（菩提幢）、妥巴·多傑領波（金剛藏）、梁巴·嘎·卻季多傑（法金剛）、烏巴霍松爲著名的六大弟子。在這六師座前，有絨巴嘉勒和學敦·多傑絳稱（金剛幢）求得教法。又有哲窩貢波在烏彌的弟子甲·朗喀（虚空）和絨巴嘉勒的弟子香江瑪邦崗巴二師座前，聽受教法後，大宏講説，由此發展出極多弟子，並且著出許多種密集的論著。哲窩貢波的弟子，出有貢欽·卻那嘎（喜法）等人，復著有許多密集講釋論文。由於哲窩貢波對於密集講釋作行極大饒益，以此聽説他的寺廟中精通《明燈論》者就有約五百人。

又有楚敦旺額在廓師的弟子芒惹·生格絳稱（獅幢）、嘎·卻季協饒（法智）、峨生格（峨氏獅子）、烏巴嘎松四師座前，聽受廓師傳派諸法，楚敦旺額座前，又由毗·格巴甘底聽受廓師傳派諸法；

昆·格巴甘底座前，復有格協嘎（善知）以金書《八千般若》和十件財物供獻，而求得廓傳諸法；格協嘎座前，有淩敦日哲哇來求得諸法。

由阿底俠尊者將聖宗（指龍樹等）傳規之密集諸教授給納措譯師[10]；納措講授給絨巴·洽索巴；洽索巴傳給須倫巴；須倫巴傳給拉傑日敦；拉傑日敦座前又由峨傑袞嘎峨（慶喜光明）來求得講授；這位袞嘎峨師復著有《密集略續》等許多釋著，由北傳延出有梁師和格波等許多門人。

又由學敦·多傑絳稱（金剛幢）和絨巴嘉勒講授給學格譯師達瑪多傑（宏盛金剛）；學格譯師又在烏彌座前求得灌頂；據説學格譯師座前，巴操譯師也來聽受廓師傳派諸法；學格座前，還有垛巴嘎敦·旺秋珠（自在成就）也來聽受諸法；繼由旺秋珠傳授給喇嘛色巴之子覺鄧；覺鄧傳給覺窩察巴安巴；察巴安巴傳給拉彌。

又由芒惹·生格絳稱（獅幢）講授給峨·耶協（智慧），峨·耶協講授給峨·尼瑪生格（日獅子），這位尼瑪生格是一著名的善巧師，他聚集許多善巧大師來著作出《密集本續釋疏》等論典，大宏密集教法。由尼瑪生格講授給倫哲察·尼瑪江；尼瑪江復著有一《密集續大疏》，繼由尼瑪江講授給峨·阿雅得哇；峨·阿雅得哇也曾親近過至尊扎巴絳稱（名稱幢），再由峨·阿雅得哇講授給達巴·仁清扎（寶稱）；仁清扎座前又由袞欽·卻姑峨熱（法身光明）前來聽受諸法，此師普遍傳稱爲喀什彌爾大班抵達受生而來的，他對於一切論典能一過目即領會於心中，以此都叫他名"袞欽"意爲"一切智"。由於他長久時間中講説《密集續釋》，以此出有許多弟子。此師的弟子喇嘛帕峨（聖光）十分精通"聖瑜伽三世"，這一成爲教授寶藏的弟子在他（袞欽）座前聽受教法。繼後帕峨來到一切智布仁波伽即夏魯座前，作出許多密集和瑜伽的傳統作法和講説，使布仁波伽也成爲十分精通密集者，更由於聖宗（指龍樹師徒）論述的策勵，他著出《密集續釋明燈論大疏》，此外還著有許多《密集》法類的論述。從廓譯師所出歷代弟子傳承，布仁波伽是極爲精曉的。後來布仁波伽將密集諸法類講授給穹波·拉巴·迅魯索朗（童福）。此師座前，係由宗喀巴大師來聽受此一法類。總的説來對佛教有極大饒益，尤其是使密集教法遍播於大地的作者，確是宗喀巴大師。以上情況，不過是略説廓譯師傳承概況，詳細情況我（著者口吻）豈能盡述。

當桑耶的拉准烘謨建立法輪會時，迎請來對於聖傳（指龍樹所説）密集法類極爲精通的學格·達瑪多傑（大宏金剛）和前藏精通聖傳密集法類的巴操譯師二人。巴操信受密集而於學格座前聽受已，對舊譯本不喜，而由底那嘎嘎那俠作（釋義）班抵達，由巴操（重新）翻譯，並作出密集續釋略論等也妥善譯出，復作講述。但是時到今日（著者當時）已不見有此一傳承存在了。

又有洽·卻傑伯（法王吉祥）最初在峨扪勒的弟子覺准達巴和覺准的弟子貢塘·覺窩拉貢波伯（怙主吉祥）座前學習廓師所傳密集法類，繼在尼泊爾的班底達尼瑪旺波峨熱（日王光明）座前很好地聽受講説。對於《密集續釋》和總攝《五次第》等的譯本，作了改正。又著出《密集續釋明燈論攝義註疏》，對許多人士有極大饒益。

又有喀什彌爾達哇貢波（月怙主）將《密集續釋明燈論》講義等傳授給貢巴袞卻松（三寶護），直到而今已未見有此類論本。以上係聖傳密集情況。

次説耶協夏（佛智論師）所傳密集法類在西藏從若干門類傳來的情況：阿闍黎桑傑耶協（佛智），是一位精通所有明處[11]的班抵達（意爲通五明的學者），他親近依止摩揭陀的分區喀毗的垛覺城中，所住阿闍黎名生格桑波（獅子賢）。此師對波羅蜜多教法，極爲精通，普遍傳稱他曾得見彌勒尊顏。桑傑耶協在此師座前獲得般若波羅蜜多教授，及其他許多論典教法，而加以思擇研究。後在那爛陀寺中著出《般若波羅蜜多略釋》等論著，而爲其他有情講説。繼後他爲了尋求密乘教法，而前往距離中印有二百三十由旬[12]的北方鄔仗那，此一地區係有許多空行母加持，而成爲密教發源地之故。他在鄔仗那有一誕生於珍寶州的阿闍黎名格巴多傑（嬉媚金剛）座前，聽受了許多事續部[13]和瑜伽續部[14]的教法，而勉力精習，又在鄔仗那另一地區求得《不可思議次第教授》；復前往有一證得空性的瑜伽母名瑪古納汝座前，作承事歡喜，而獲得聽受許多無上瑜伽續部的教法，並受灌頂及三昧耶等。繼即進入於靜修中。又他在夢中得本尊指示説："鄔仗那守北門者戍陀羅種名咱體咱那有一女年方十六，係'那根喀巴'大空行母，你到她那邊去吧！"於是他即刻依指示前往而和少女成爲友伴，時經八月，相親喜愛。從那裏他豁然證悟阿闍黎所傳大手印，爲了成辦一切順緣，尋求深微的經教，以此而獲得藥義成就。繼後他去到那爛陀在葛勒蔗城的一地方中，有一名吉巴穹尾夏（小足童）的人精通"智慧續"（即母續），他從彼處聽受了許多經教，而勤奮修習。繼後他前往從中印往南距離三百由旬的地方名崗閣納，空中現有一林園，其地有一處所，駐有阿闍黎龍樹的弟子名阿闍黎松尾夏（護足）對於方便續（即父續）極爲精通，有許多具有神變的弟子從而圍饒。當他來到松尾夏座前時，還有具有神變的弟子婆羅門扎咱惹、婆羅門古哈雅巴達、王種曼殊西、小王種布惹納壩扎、戍陀羅種底巴嘎惹，戍陀羅種喀惹納布扎、妓女阿羅根、妓女杜西那等人。此諸人的暫時受用資具，都由財源天女（一種招財女神）每天奉獻新地所出瑪喀（璁玉一種）十塊、珍珠單垂瓔珞、嘎惹喀巴納（一種古貨幣）三百。他在松尾夏座前依止九年，等於歷一生時間，也就是以此等於歷一生時間而修生起次第瑜伽中，究竟完成第三瑜伽，並於其處與諸瑜伽女同修密行十八月之久，雖經如是努力修習，仍未現證真實性（即空性）。於是在上師松尾夏座前陳述此情，松尾夏說道："彼真實性我亦來能現證。"以此他心中略感疲厭。於是將自己手印母變化爲經卷形象，拴繫在自己項上而前往北方金剛座[15]的後方名姑哇乍的森林中，林中有極爲可怖的虎熊等猛獸，也就是說背菩提道場方向的諸有情圍繞的林中，充滿煩惱粗暴有情——猛獸，我（指耶協夏）亦住其中，爲了從其中解脱之故，他在林中勤修催動威猛諸尊儀軌六月之久，由此證得外境諸相（客觀事物）的真實空性。略説如何證悟的情況：當阿闍黎絳伯協業（妙吉祥友）變化出一比丘穿着開袖褌裙，以法衣作纏頭而耕地；並有一惡劣婦女和一具相白色母狗時，桑傑耶協（佛智）見而想爲何有這般模樣，而起懷疑時，阿闍黎絳伯協業（妙吉祥友）觀察到桑傑耶協（佛智）是在修最勝密行，爲了對佛智作饒益，他變化出文殊室利曼荼羅輪。於是在秋七月下弦初八日勝星出現黎明時而證道。

當本尊問他："上師與曼荼羅，汝對何者敬奉？"

他答："對曼荼羅信奉。"

因此，變成比丘和上師二者俱入於一小室中，桑傑耶協爲求得真實空性之故，而啟白道："尊（指文殊）是眾生之父亦是母；尊從大怖畏中救我等；依眾生之主至尊而除諸苦；至尊能作三界大佈施，以此眾生得撫育。"啟自己，曼荼羅主尊賜示語教。由此阿闍黎佛智心中悟得真實性正慧，而成爲空慧自在之瑜伽士。繼後文殊室利對阿闍黎佛智開示爲未來有情作饒益之故，吩咐佛智著作生起次第修法普賢、普賢母和普賢攝義共爲三種，及兩種護摩儀軌。垜瑪（施水食子）長修明燈，會供輪儀軌，大寶焰，密續分解，曼荼羅儀軌四百五十頌，根本大智慧，偈頌寶庫，解脱精滴，自我成就，菩提心精滴，吉祥相廣釋，入第四（灌頂）方便等，水施王修法三種即與經教相順之十四法等。此中普賢三法合而爲一，水施三法也是合而爲一，可是密集分解阿闍黎佛智未曾著作，因此想到其餘諸法或許即是普遍傳稱的與經教相順之十四法。曼荼羅儀軌也是攜往喀什彌爾，而中印並不存在。據説阿闍黎桑傑耶協（佛智）雖是現證高深道真實空性，然而他的色藴（即軀體）仍未轉化。（有轉化爲虹霓不見肉身的）阿闍黎佛智在距離金剛座有五十拘盧舍[16]的地方，住於大灌頂山窟中，對於本尊（文殊）吩咐著作的教法，著作出除《密續分解》外的諸論典，並且向諸弟子講説此諸論典。由此而出的最勝弟子有十八人，此諸人中有瑪麥哲桑波（燃燈賢）、饒杜細尾協業（寂友）、扎金熱桑波（羅睺羅賢）、多傑鄧哇欽波（金剛大樂）四人，此生現證大金剛持果位。其餘十四位弟子的名稱則不明確。阿闍黎麥巴夏（願足）也是阿闍黎佛智的嫡傳弟子，麥巴夏著作出《語教釋論》等許多論典。此外此師的弟子次第傳承諸師著作出的《密續釋論》，及二次第（生起和圓滿）的許多論典，其中有多種已在西藏譯出。後來阿闍黎阿壩雅雖是著出《曼荼羅儀軌金剛鬘論》，然而主要仍依據《曼荼羅儀軌四百五十頌》而作的，以此它仍屬於耶協夏（佛智）宗規之著作。桑傑耶協夏（耶協夏爲簡稱）在後期駐錫金剛座及金剛座附近諸處時，普遍傳稱他新建寺廟和大興供養事業。在西藏耶協夏諸種傳規，最初是大譯師仁清桑波（寶賢）[17]擁有多種，譯師向諸弟子講説而次第傳承，班抵達彌底也在康區廣講耶協夏諸種傳規。往昔的阿闍黎桑傑桑哇（佛密）和桑傑細哇（佛寂）二人也是耶協夏的嫡傳弟子，此二師所著作和所譯諸教法也是耶協夏的傳規。在中期班抵達蘇納雅西和淩譯師在西藏也廣講耶協夏傳規諸法，淩譯師的弟子朗喀烏哇更廣爲宏揚。

又有譯師柳郡波前往印度，在和具德那若巴同時的壩里阿扎惹雅亦名納波夏穹哇的座前，精習耶協夏傳規諸法。在此前的傳承次第是：絳比多傑（妙金剛）、阿闍黎桑傑耶協夏（佛智）、瑪麥哲桑波（燃燈賢）、絳伯扎巴協業（文殊稱友）、達枳巴・伯鄧哇欽波（吉祥大樂，又名嘎瑪那姑里俠，又名應那麥比多傑、阿闍黎意格巴），此師係國王西達瑪那的執筆者，他從俠哇惹巴的加持中獲得殊勝成就後，也就成爲西達瑪那國王的上師。阿闍黎嘎惹納巴出家名真達里扎壩哇，灌頂名惹達納班遮，此師也是獲得殊勝成就者。連納西彌扎是毗扎瑪西那寺的猶如中柱人物，據説由此師講授給壩里阿扎惹雅。繼由柳郡波傳授其子多傑喇嘛（金剛師），多傑喇嘛傳授其子柳伯勒，柳伯勒傳授其子柳扎巴伯（名稱吉祥），柳扎巴伯傳授其子多傑思季（金剛威光）亦名桑傑熱欽嘉哇拉朗巴。此師著有《根本續釋疏》，並講授給妥扎、吉學和拉朗等人；特別對拉・仁清嘉補（寶王）和章達扎巴・楚稱迅魯（戒童）二人講授，此二師復傳授給善巧師絳秋達（菩提盛）；絳秋達傳給思季嘉補（威光王）；思季嘉補傳給喇嘛貢波仁清（怙主寶）；貢波仁清傳給淩敦袞嘎達（慶喜盛）；袞嘎達傳給喇嘛日巴・釋迦桑波（釋迦賢）；釋迦桑波傳給柳・多傑喇嘛（金剛師），此師誕生在柳譯師的傳嗣中，年幼出家守戒清淨，他在前後藏都作過極爲圓滿的研習，以此對於耶協夏傳規教法，極爲精通。我（著者口吻）於此師座前獲得傳授耶協夏傳規的曼殊金剛及世間自在主（密集異名）二者之灌頂，及密續講義和語教等教授。此種灌頂的另一支傳承是：妙音（即文殊）、耶協夏、瑪麥哲桑波（燃燈賢）、袞嘎頜波（慶喜藏）、塔梗、辛底巴、俠達嘎惹、白瑪嘎惹。此二師傳給大譯師仁清桑波（寶賢），繼傳江波卻洛（法智）、格協交生（護獅子）、多傑薩敦（金剛堅）、袞卻壩（三寶焰）、格協旺仁（權寶）、善巧師普巴・釋迦多傑（釋迦金剛）、絨巴卻貢（法怙主）、譯師卻敦（具勝）、伯敦生格（吉祥獅子）、布敦仁波伽；又分傳桑傑熱欽、敦謨隆巴・耶協喀（智堡）、喇嘛卻姑峨熱（法身光明）、袞欽帕峨（聖光）、卻傑布敦、仁朗巴、袞欽協饒伯桑（智吉祥賢），此師座前我（著者口吻）獲得傳授耶協夏傳規的灌頂。密集世間自在主的灌頂傳承是：阿底俠尊者、拉准巴・絳秋窩（菩提光）、窩哇・絳秋多傑（菩提金剛）、甲嘉・日貢喀巴、湯東巴・卻季峨（法光）、香野、薩哇鄧珠貢（成義怙主）、壩湯巴堯色、達瑪釋迦、索朗旺秋（福自在）、譯師卻敦（具勝）、喇嘛伯敦生格（吉祥獅子）、布敦喀欽、絳清絳仁巴、袞欽協饒伯桑（智吉祥賢），由此師傳授於我（著者口吻）。以上係耶協夏傳規的情況。

次説能怖金剛（藏語辛傑協意爲閻摩敵，舊譯大威德，即正規名稱藏語季傑意爲"能怖金剛"）法類：由阿底俠尊者講授給納措譯師[18]，並譯出《能怖金剛續》和《能怖金剛續釋俱生光明論》等教典，又納措譯師復在納波蕩扯多傑（誓句金剛）座前聽受此法。後來蕩扯多傑去到前後藏講授"能怖金剛法類"；從此獲得廣大的傳播。納措譯師向絨巴洽索哇講授"能怖金剛法類"也得到廣大的發展。廓譯師也對"能怖金剛續"作過一些講説。頜瑪洽嘎扎巴也作"能怖"的傳統修法。對於其他譯師來説僅獲得"能怖"經教的誦授。

惹譯師多傑扎（金剛稱）廣講"能怖金剛法類"，而且法流亦長久未斷。這位惹譯師多傑扎誕生於業廓朗地方中，幼時仁底天女將他置於衣袖中，週遊康區兩月後，仍還給其母。後來他出家受比丘戒，繼去到尼泊爾主要依止泊波·土傑欽波（大悲），此師係由那若巴傳至般若惹肯達，惹肯達復向他土傑欽波（大悲）講授，而惹譯師多傑扎復在土傑欽波座前聽受教法而得知衆多智慧——即得曉《勝樂本續》《桑布扎續》《金剛空行》《無上續現示無上》《嘿汝嘎修持法》《普遍淨治》《亥母修持法》《大黑天六法》《魯伊巴法類》《能怖金剛法類》《黑尊閻羅敵》《六面尊法類》《文殊名稱經》《二面尊法類》《修習教授》《巴布（一種神）和小護神保命教授》等。此諸法類全係班抵達之法（言係印度博學者所知法），而不是滲有西藏所譯之法。因此，哲·協饒壩（智焰）説："在藏文譯本法中，從善知識惹譯師的法類來説，雖是没有那種意趣，然而它（指惹師法類）是圓滿達到諸善巧班抵達的密意的，而且没有滲入藏（譯）法的雜質。"由於惹譯師的事業極爲美滿，信徒也極衆多，其中有拉准烘謨等九大信徒，供奉的善知識有嘎東真朗喀、香澤穹哇、索操杜正·業日巴、哲·協饒壩（智焰）、本·袞卻多傑（三寶金剛）、若烘巴哇、徐嘎蕩巴（難求教）、塔細哇、索湯巴、達巴喀欽、甲譯師袞嘎多傑（慶喜金剛）、香薩嘎巴、香章峨（淨光）、崗英扎、魯尼瑪、壩熱妥巴嘎（聞喜）、拉傑哇、正布仁清扎（寶稱）、倫甲瑪勒、倫生窩釋迦嘉、倫真扎、倫垛惹波、甲隆卻扎（法稱）、瑪巴索仁（福寶）等爲首的諸師前作供養，並以數以萬計的薪資經費建立法輪會。與此同時在朗日塘巴座前也作供養，如是在真喀窩伽座前也作同樣的供養，又在甲杜座前供以《十萬般若經》爲首的諸供品和用數以百計的薪資建立法輪會，與此同時在覺真穹、蔗師、本師、若烘巴哇、達巴喀欽等師前也作供養。這些事蹟都是按照喇嘛耶協生格（智獅子）所著傳記而撰寫的。

總的説來，惹譯師多傑扎（金剛稱）廣説教法，尤其是對兩千餘徒眾講授了能怖金剛法類，因此，從諸徒眾而發展的人數，是難以數計的。此外此諸講説法流連續不斷地出有惹譯師卻饒（法深）、惹・耶協生格（智獅子）、惹・繃生（億獅）、傑准瑪諾（瑪譯師）、喇嘛協饒生格（智獅）叔姪諸昆仲等人。由此諸人所發展而出的徒眾也是難以數計的。

《紅尊閻羅敵續第十九品》係譯師扎巴絳稱（名稱幢）和學洛敦（慧堅）二人所譯（藏文本），但是未聞有此續的説規，至於以紅尊閻羅敵作爲本尊，是有甲・卻桑（法賢）、洽譯師、布仁波伽等多人。此外還有大成就師達班和熱奔達的弟子洛窩譯師協饒仁清（智寶）獲得從毗汝巴傳來的"紅尊閻羅敵教授略本"等，也就在前後藏推廣傳播，但是還未聽説有從達班所傳的"紅尊閻羅敵續"的講説。以上係能怖金剛法類的情況。

次説《吉祥勝樂》的灌頂和續釋及修法著述等是出有不少的。而此法類在西藏也出有諸大譯師及其弟子的傳承。後來從瑪巴垛巴、布桑諾穹和麥覺等師復出有許多《勝樂續》的講授傳承，茲説如下：從金剛持，繼傳金剛手、次第爲薩惹哈、俠哇惹旺秋、此師的弟子即魯意巴，有類人士稱作魯伊巴，又有部分人呼作魯哼巴。我（著者口吻）的上師班欽説："這位大德所著《圓滿次第十八頌》的梵本中都作魯意，因此，應以此爲正。"由魯意巴講授給國王達日嘎巴和大臣扎底巴，又由扎底巴講授給多傑枳布巴，枳布巴傳給汝白夏金，汝白夏金傳授給乍倫達惹巴，乍倫達惹巴傳給納波覺巴哇，納波覺巴哇傳授給朗嘉夏，朗嘉夏傳給底里巴，底里巴傳授給那若巴大師。以上諸師的傳記見有多種，極易覓得之故，於此省去而未寫出。

茲説那若巴大師：他係毗扎巴西那北門的守門者，此師的座前有阿闍黎辛底巴和至尊麥枳哇前來聽受教法，而辛底巴座前，來聽受教法者，即阿底俠尊者，阿底俠尊者在阿里對大譯師師徒講授此勝樂法類，復向章絨嘎格哇講授，據説是依據拉伯所作釋論而講説的，又在前藏講授給納措譯師和康巴哲窩季二人。

又在尼泊爾有名滂所巴亦名阿額巴欽波者，其兄名達瑪瑪底，弟名對柯哇，及湯穹哇二人，他和弟兄共爲四昆仲。其兄達瑪瑪底依師那若巴十二年之久，當滂所巴前來迎接兄長時，兄達瑪瑪底説："你在這裏住下吧！上師有授記（即預言），吩咐前往五台山去時，説進入何處就走入那裏。"於是滂所巴依止那若巴九年，聽受了《勝樂》《呼金剛》等許多教法，特別是他由勝樂法門而獲得下品和中品的成就。兄弟對柯哇在那若巴座前依止了五年，聽受了《勝樂》等許多教法。最小兄弟湯穹哇也是因前來迎接二哥，就在那若巴座前求得一些灌頂和密續教授等。二哥對湯穹哇説："你修文殊室利吧！"他遵兄命專修，當他順流三次放花於水中，最初兩次花朵逆流而上時，誰也未能看見，第三次花朵逆流而上時，他速取花朵，雖未獲得上、中兩品文殊室利成就，然而獲得下品成就能憶持很多頌偈。當花朵掉頭順流而下時，其僕從"壩恩達"飲其流水也獲得成就大智慧。長兄滂所巴對湯穹巴説："你到西藏時在此金法（言法之珍貴）前常供燈火。"湯穹哇率僕人壩恩達來到梁區上部，僕人壩恩達在歐彌住下牧馬時，學會藏語在丈底師前能聽懂《阿毗達摩集論》，而且同丈底師互相辯論時也是壩恩達獲勝。於是壩恩達説："我作班抵達前來時，師座應對我作招待啊！"湯穹哇和僕人壩恩達共獲黃金五百兩，於是設置常供燈火和會供永久未斷。

又有譯師覺江協饒哲（智積）在滂所巴座前聽受勝樂法類後，來到西藏時，有麥覺譯師洛卓扎（智稱）在他座前求得勝樂灌頂和修法等。後來麥覺譯師來到尼泊爾後又在滂所巴昆仲和那若巴的弟子絳秋桑波（菩提賢）及尼泊爾的嘎那嘎西的弟子土傑欽波諸師座前很好地聽受勝樂法類。在麥覺譯師座前又由喇嘛薩欽聽受了勝樂法類。喇嘛薩欽作《後續講釋》時，由蘇隆巴・索朗多傑（福金剛）作有筆記，對於這一後續講釋記録，普遍傳稱喇嘛薩欽[19]又作有註疏，並由薩欽講授給其子哲謨昆仲，至尊哲謨[20]又向薩迦班欽[21]講授，由瑪卻季嘉補在至尊哲謨座前聽受勝樂法類，並在薩欽座前精研三種續部及其教授等。

瑪・卻季嘉補（瑪法王）：係布桑諾穹的弟子瑪・卻季繹稱的姪兒，出有温波瑪・協饒多傑（智金剛）、吐巴協饒（能仁智）、准珠多傑（精進金剛）諸人，其中親叔准珠多傑（精進金剛）他將上師傳來的勝樂、瑜伽、譯師六法等都領會於心中。誠然可以說是從薩迦派父子發展而出的住持勝樂講釋弟子傳承，但是除瑪法王外未聞有其他的講釋，以此未能盡録。

次說瑪巴垛巴：在純屬善知識的傳系中，這位善知識誕生在雅卓喇垛區的甲村地方中，父名格協卻嘉（善識法王），他名卻季旺秋（法自在）。最初在一位班抵達座前學習語文，復親近依止絨窩・卻季桑波（法賢），後來又在閣絨譯師楚稱嘉哇（戒勝）座前學習。續後他前往尼泊爾，在那裏和從印度歸途的瑪巴妥扎巴相會，這與覺若卻嘉和（瑪巴妥扎巴）相會的史話相同。這位譯師（瑪巴垛巴）似乎是至尊瑪爾巴三十一歲時誕生，他享壽九十五歲。他在瑪巴妥扎巴座前以黃金一錢作贄見禮，因此妥扎巴說："每厘黃金都是掏採而來的，以此你拿去吧！我將到西藏揰採黃金去。"他聽說那若巴逝世（實非真死）而無可依，於是在那若巴的四位弟子座前聽受教法，繼往底惹呼底時，見有許多人會集，他問："這是何故？"答："是看那若巴來到此處。"他於是到人叢中去，走到那若巴跟前，以黄金一錢供獻。那若巴一次取在手中而撒在地上，注視一下，默然不語，由此他獲得加持而生起定解。繼後他去到中印度，依妥扎巴所説，在那若巴的弟子丈瑪納嘎西、般若惹肯達、喀欽絳秋桑波（菩提賢）、乍謨惹班遮諸師座前聽受那若巴傳規的勝樂灌頂、續部、教授等法。又在其他班抵達座前聽受了許多教法。後來他去到尼泊爾時，又在滂所巴和滂所巴之弟阿根旺秋（語自在），及尼泊爾嘎納嘎西諸師座前聽受那若巴傳規的教法，又在從印度來到尼泊爾駐錫的麥底巴的直傳弟子甲嘎洽納座前聽受許多教法，又在尼泊爾乍吽的弟子丈熱納波座前聽受教法，復依止善巧師蘇瑪底根底翻譯出勝樂法類。譯師返藏後有許多弟子前來聽受勝樂法類，其中有後藏的善巧者甲朗、垛思哇·洛敦（具慧）、康區的覺若卻嘉（法勝）諸人住持法傳。至尊貢波巴的弟子具足圓滿通達的雅巴·絳秋歐珠（菩提成就）也在垛思哇座前求得納垛瑪垛傳規的"勝樂"諸法；並著出"根本續"和"作法"二者的廣疏，及枳布巴的《五次第釋》。瑪巴垛巴也著有"根本續"及"作法"二者的攝義和廣疏。瑪巴垛巴之子朗喀峨（虚空光明）出世即具有其父所有講釋及教授，並前往吉學等地方爲其他人士講授每一教授。後來他和其父同時死去，遂斷講説，垛思哇向其子鄧卻多傑（勝樂金剛）很好地講授勝樂法類，由此傳承發展了很多徒眾。其中有欽饒旺秋（智自在）在漾哲哇·仁清生格（寶獅子）座前聽受勝樂講授，雖是他也在康色哇·索朗貢（福怙主）座前聽受過教法，但是這以上的傳承，可決定的未能覓得，總之，仍屬於瑪巴垛巴的傳宗。

勝樂灌頂的師師相承是：佛世尊、智慧空行母、魯意巴、哲得嘎巴、那哇巴、英扎菩提、嘎扎巴、枳布巴、乍倫達惹巴、納波巴、姑俠納那、得里哇、那若巴、瑪納嘎西連納、尼泊爾壩敦達、瑪巴垛巴、思哇洛敦（具慧）、思哇覺鄧、阿闍黎庫拉巴、阿闍黎妥昌巴、譯師卻敦（具勝）、喇嘛伯敦生格（吉祥獅子）、布敦等。總説布敦仁波伽就有不同的勝樂灌頂傳承七種，又布仁波伽（即布敦）也著有《魯意巴傳規勝樂修持法》及曼荼羅儀軌等，又對於納波巴所著勝樂修持法，著有"斷離謬誤大疏"，又著有"根本續和作法二者的大疏"，又著有"勝樂戒源曼荼羅儀軌"，在許多曼荼羅儀軌中廣説第四灌頂法類。

次説覺若・卻季絳稱（法幢），此師於戊子年誕生在垛麥[22]地方。這一戊子年恰是帕謨住巴[23]庚寅年誕生的前一年。此師十九歲時，前往甲瑪區的寺院中，聽受《量決定論》和在自續派[24]中普遍傳稱的中觀教義而成爲善巧。二十四歲時即能作出《量決定論釋》。在那一寺院中，有至尊帕謨住巴[25]、堪布嘎哇、伯澤瑪哇諸師都同時來到，若巴師之子覺色朗喀也隨後來到。以此他也就在諸師座前求得一些教授，又在阿爾師和阿生座前聽受了很多教法，又在熊區峨・垛得座前聽受《喜金剛》和《瑪雅》等教法。他復著出《大寶樹世論文》，此後三次去到喇嘛垛巴座前供養令師喜悦已，而在座前聽受"勝樂法類"四年之久，遂成爲善巧通達者，覺色朗喀也傳授給他甚深教授。在那裏他的上師譯師享壽九十五歲逝世，不久覺色朗喀也逝世。此後他在哈謨嘎波的嫡傳弟子甲諾・袞嘎多傑（慶喜金剛）座前學習《亥母》法類，繼後又著出另一種《量決定論釋》，在朗措地方静修了六年。繼後建立麥格拉措寺院，内分講説和静修兩院。出有弟子名奇惹哇不捨離肉軀而往空行刹中。

他復著《根本續釋疏》而多次講説。享壽六十九歲，於丙申年十月初二日逝世。其講説經論之宗風，由格協故西仲巴及絨巴格仁等人繼承而住持。其加持灌頂的遺教，則由枳空大阿闍黎撰寫，寺院則由香師扶持。香師名楚稱協饒（戒慧），他親近依止枳空師而獲得通達大手印。他的弟子爲袞卻峨（普光），此師徒二人的弟子即烘波哇。這些史事爲阿扎惹達瑪格都所承認，是從善巧師約敦而獲得的。此中的袞都峨是放光之意，他的真名叫旺秋生格（自在獅子），又名洛惹哇。他的弟子名麥朗旺秋（願自在），從生年丙申至庚申享壽八十五歲，也是措譯師的再傳弟子，有極大威力。此師的弟子覺達巴係壬寅年誕生，辛酉年年届二十歲時被推選爲寺院的主持人，享壽六十九歲於庚戌年逝世。此師的弟子即喇嘛蕩巴仁波伽，於乙未年誕生，在庚戌年十六歲時任寺院主持，年届三十九歲癸酉年逝世。此師似乎又名叫淩脱多綳。這樣的《勝樂釋續》傳承甚久。

又由哲窩貢波（怙主明王）在大善巧師甲朗喀座前聽受瑪巴垛巴傳規的四種勝樂釋續，此師座前又由涷惹崗巴·淩·多傑生格（金剛獅子）前來聽受已，他又喜悦地傳授給業垛湯切欽巴（遍智）。

又有瑪巴垛巴派系的諾穹扎巴協饒（名稱智）前往印度和尼泊爾在瑪巴垛巴所受教諸師座前，聽受教法，後來又在勒嘉補之子伯瑪得哇座前，聽受很多教法。這位普遍傳稱的諾穹（小譯師·扎巴協饒）比諾欽（大譯師瑪巴垛巴）法門廣大，由他聚集很多徒衆而講授勝樂法類有很長一段時期，這也是傳勝樂事業的餘輝。後來他在勒堆南邊西普那裏閉關靜修，於修中立即往空行剎中而逝。後來僅存留瑪。卻季絳稱（紅法幢）傳承外，也就未聞有從其他諸弟子傳出的講説法流了。以此不能盡書。

此外還有絨區的松巴譯師達瑪雲敦（法德）來到尼泊爾，他亦名班抵達乍雅生納，又名蕩巴康色哇。他後來回到西藏，至尊扎巴絳稱（名稱幢）也曾在他座前求法，而譯出大成就師措傑（蓮花）所著《勝樂空行海續釋》，及乍雅生納所著"灌頂及修持法等"七寶藏諸論典。對於本續及釋論二者依其叔伯卻蕩波多傑（最初金剛）之命也作了改譯，法王讓郡多傑（自生金剛）也作有彼續釋的許多論文。至於釋論的作者措傑（蓮花）的傳承中，白瑪多傑（蓮金剛）似乎是他的傳嗣。又惹達納惹肯達也著有《勝樂戒源釋》而洽譯師是他的嫡傳弟子，以此想來或許有講釋的教本。後來至尊宗喀巴大師也著出從布頓仁波伽傳來的本續、釋續、廣釋等善爲編合的大疏，及修持法和曼荼羅儀軌；枳布巴傳規的修持法和曼荼羅，枳布巴的五次第釋，魯意巴傳規的圓滿次第大瑜伽修法，魯意巴的修持法和講釋如意牛等，而使勝樂輪宗風衰者得以復興，以上係勝樂法類情況。

次説依"勝樂諸釋續"於亥母三十七尊純爲佛母曼荼羅中，爲弟子灌頂，依彼曼荼羅而作念修次第等，也出有不少法門。尤其是依於《勝樂戒海續》而出的《亥母六論》的加持，"論典講釋"修行次第等，而於此雪山叢中（即西藏）發展出大多數的密咒瑜伽修士。

這一法類的傳承：係由英扎菩提的夫人拉姆白姆（吉祥天女）傳授給至尊毗汝巴，毗汝巴傳給阿哇杜底巴亦名索柳巴欽波（大乞士），這位大師係東方壩達扎那人，族姓爲王族，從大眾部出家，是一位修"密集妙吉祥金剛"的瑜伽士。他有一時間夢日月入懷，依此而去到毗哇巴座前求得瑜伽母灌頂，由此親見瑜伽母。繼後經毗汝巴的鼓勵他進入密行，那時恒河畔豎有一外道三尖鐵杖，躍身尖上而死，外道執以爲解脱。這一三尖鐵杖誰也撼之不動，索柳巴拔出而投於恒河中，經外道諸師向他請求寬恕後，他復從河中取出而交付彼等，並向外道等開示此種道中無解脱可言。

如是的成就大師攝受凍達哇爲徒，這位凍達哇係摩揭陀人，出生於賤種。他生起了猛利的求法之心，聽得證得殊成就的阿哇杜底巴住在壩達扎那地方，他穿着出家裝，攜帶不少財物前往謁見阿哇杜底巴時，見着有一老僧在用牛耕地，有一婦人在收集昆蟲。最初一見之下雖未生信，但想當向其人祈禱一下，遂供錢幣而求攝受。那人説："你對我無信解。"他説："確是這樣。"繼再三地請求攝受，始應允説：須爲我作三年奴僕。他由此獲得加持，而親見亥母，證得殊勝成就。繼後回來駐錫乍倫達惹寺時，有一外道師和毗扎瑪西那寺諸師相辯論並比賽功能，當難勝外道師時，凍達哇得知而前來求國王作證，辯論將開始時，外道師問道："比試功能或作辯論？"答："聽隨尊便。"外道師説："那麼，我就放出一蛇給你吧？"他放出一條光閃閃的大毒蛇給凍達哇吃，阿闍黎凍達哇現出豬面發出沉重吼聲而將毒蛇吃下，外道師失敗而歸於佛教中。外道師説："豬面尊者！我本來是外道而非佛教徒呀！"因此，凍達哇對他作了使其成熟（爲内道）的方便。又凍達哇是攝受索柳巴穹哇（小乞士）·嘉尾敬（佛佑）之師，先是南方白達那國王因無子而辦大齋供，由此生得一子命名播乍德哇，後來此子繼登王位時，同侍從人等去到山林中，值遇着身無長物的瑜伽士凍達哇，他久久注視國王，惹得國王發怒，命侍從殺此瑜伽士。於是凍達哇對王開示了許多真實理論，國王當即拋棄江山而修行，後來獲得成就，即是普傳稱的南疆索柳巴·嘉尾敬。

索柳巴·嘉尾敬率其姪桑傑敬作侍僕而來到尼泊爾，他二人去到瑪黑壩若的門前化緣時，壩若命女僕以食物和酒送給他們，當女僕注酒於其顱器中時，酒立即沸騰，僕以此情告壩若，壩若心生敬信而親自來供送乞物。後來壩若等人也作行乞時，與德哇阿嘎惹真扎密號東尼頂額正多傑（空性三摩地金剛）相會面，這位阿闍黎出生於雅嘎大城小王種姓中，係獨生子，年稍長時父命其娶妻主持家務。他說："我當求法。"而未遵父命。問其將往何處去？答："我有去處。"於是遊行聖乍瑪尼那十七日，到了最後一日他說我將前往印度，他來到印度毗扎瑪西那寺中請求出家，答以僧數未足（須具受戒師數，未足數不能受出家戒）未允其出家。他遂在那裏的聲明學院中學習，成爲最善巧者。又與尼泊爾的惹達納西相遇後，聽受"桑補枳"和"呼金剛"法類，由此成爲大善巧，年屆二十歲返回家中隨後成爲最大福德者。那時，他聽說有一名叫索柳巴的住在壩若的供養寺中，他生起極大敬信攜帶着布、馬、羊三物而前往謁見時，索柳巴對他說："你是一位班抵達（精通五明學者）而我一無所知，有什麼可求呢？"他再三請賜教授。索柳巴說："那末，現在應作加持，可去尋求順緣。"於是請求索柳巴和瑪黑壩若同作加持，那時用酒注滿顱器中，上師作加持後，盡量飲用始終不竭。其姪桑傑敬作加持後也發生那樣的效用。於是對他說法並傳授教授，請求著作由德哇阿嘎惹真扎所傳授的二面大佛母法、大成義母法、護摩等法未得允許。關於護摩法，上師授命桑傑敬著作，又由哈謨嘎波迎請時，也求得加持和教授。當作加持時，召來五少女作和合法，並使哈謨之妻不見五女，哈謨之妻雖未見少女，但見空中有酒勺，以此問是何緣故。師說：是我的加持。那時，在尼泊爾東尼頂額正、瑪黑壩若、哈謨嘎波、桑傑敬四徒同上師共五人成一集團。由哈謨供黃金三兩，繼後上師說須前往印度，當由三位弟子送師至金剛座[26]途中時，發生匪警，問師當如何作？師說："有方便法。"即刻對匪作加持法，匪受法力而舞蹈，即於此時隙中安然而過。三位弟子由金剛座而返回，上師則去到印南白達那。東尼頂額正（空性三摩地）修行六年獲得殊勝功德，並著出兩面大佛母法及大成義母法。但略犯師命，以此財物受用之福減少。據説這是世間空行母所作之障。此師所作論著還有《顯明智慧論》《無我母修持法》《佛眼母淨治惡趣法》《呼金剛曼荼羅儀軌》等，已在西藏譯出。其中哈謨嘎波真名叫索朗郡勒桑波（福生賢）、贊其功德之名叫壩熱納扎汝枳藏語爲“卻諸旺波色哇”（最上明利根）。此師復在東尼頂額正座前善求教法。此師座前又由嘉・袞嘎多傑（慶喜金剛）前來聽受教法。先是嘉族中有一人是法王赤松德贊[27]的大臣，生子三人，由德贊王命名爲白、黑、花三系，由此普遍傳稱爲嘉族白、黑、花三傳系。往昔他們大都是寧瑪派[28]的善知識，其中有名嘉・郡勒絳稱（生處幢）者攜帶許多黄金去到諸尊長前，以黄金贖回當牧羊奴的班抵達・彌底，後來彌底本身也獲得受用福德，在蔗區彌底爲衆説法，由此所獲黄金和緑松石財寶等物猶如雨降。信衆請求彌底留住下來，未得允許而前往康區去了。嘉・郡勒絳稱之姪色察・索朗絳稱（福幢）去到尼泊爾依止滂所巴的座前，聽受那若巴傳規的“呼金剛”諸法類，而著作出《呼金剛大疏》，這一講説和聽受法流也就在嘉族諸系中長久傳播。索朗絳稱復譯出《壩哇壩扎釋》等許多論典，其姪袞嘎多傑（慶喜金剛）精研西藏樹宗寧瑪派[29]諸法而成爲大善巧，並獲得祖輩和父輩新派法類及從尼泊爾嘎雅西所傳出的“虛空三法”教授等。他以黄金十五兩供於嘎雅西令師大生喜悦。後來他去尼泊爾在哈謨嘎波座前求授“六論諸教授”，哈謨未傳授他特殊請教授，因此他再次供養哈謨及其妻子令生歡喜，始得傳授十三種特殊教授。那時，甲嘎恰納也住在尼泊爾，他對於恰納和東尼頂額正二人都以師禮事之。又由於恰納的氣勢甚大他未敢迎請而衹迎請了德哇阿嘎惹未生多大福德。

又《亥母諸法類》係由魯敦在尼泊爾哈呼座前求得而傳播發展。又由庫勒卓在尼泊爾哈謨嘎謨座前求得，並在魯敦座前聽受已，復譯出一些法類，由此也發展起來。

又由惹譯師在印度班抵達阿毗玉嘎達座前，聽受《亥母諸法類》。惹師座前又由峨垛德聽受已，而著出一些論述。

又由譯師洛敦協饒（智具慧）去到尼泊爾哈謨嘎波座前聽受亥母法類，而對於東尼頂額正所作二論復作出正淨的譯本。

總的説來，西藏諸善知識大都重視亥母法類教授。此一法類如何傳承，玆略書如下：

初在嘉・衮嘎多傑（慶喜金剛）座前，由勒堆・達日巴・阿闍黎敦耶求得亥母法類教授，阿闍黎敦耶座前，又由喇嘛拉若前來求得；又嘉師座前，又由薩敦前來求得；薩敦座前，由覺色和謝窩二人求得教授；又嘉師座前，由嘉師之子和喇嘛吉敦二人求得教授；此後次第傳出有：仁波伽嘉操、措普譯師、喇欽索朗、仁波伽索朗生根（福獅子）、漾哲哇・仁清生格（寶獅子）、布頓仁波伽乍納巴・迅盧梭朗（童福）、卻隆措巴的大堪布仁清嘉哇（寶勝）等人。又一支是由嘉師傳薩敦譯師，次第傳出：納敦細波、扎巴楚稱（戒稱）、住脱衮卻扎（寶稱）、帕巴雲敦嘉措（能海）、喇嘛絳嘉（妙勝）、堪布魯珠、嘎細巴・衮卻迅魯（寶童）、直傳至漾哲哇・仁清生格（寶獅子）等人。又一支由嘉師次第傳出：温巴索生（福獅子）、嘉師之子嘉・衮嘎扎（慶喜稱）、拉隆巴、嘉卻桑（法賢）、絨巴・嘎譯師、絨巴・協生（智獅子）、壩敦迅楚（童戒）、達敦迅魯伯（童吉祥）、喇嘛阿謨嘎班遮、堪欽仁嘉哇（寶勝）等人。又一支是：嘉・衮多（慶喜金剛）、章巴漾達多傑（清淨金剛）、烏巴協饒多傑（智慧金剛）、傑・垛德生格（經部獅子）、住・釋迦綳、傑・洛敦生格（慧獅子）、傑・至尊索朗伯（福吉祥）、傑・旺秋多傑（自在金剛）、堪欽仁嘉哇（寶勝）等人。又一支是：阿里吉敦、吐那巴・楚稱交（戒護）、湯伯巴・帕巴交（聖護）、色頂巴迅魯峨（童光）、袞欽卻姑峨色（法身光明）、傑・洛敦生格（慧獅子）等人。如是以上共有五支傳系，爲亥母六論的情況。執筆者係垛巴尼俠（日現）師。

【註釋】

[1] 密續部：簡稱“續部”，梵語怛特羅部。解說大乘教中金剛乘或密乘灌頂、地道建立、修法和法術等的佛說經典。

[2] 事續部：佛教密乘中以外境修行爲主的一類，亦稱外續部。

[3] 行續部：佛教密乘中內外修行並重的一類。即內心和外表行動一致的修法。

[4] 藏傳佛教前宏期：指自唐代松贊干布至惹巴瑾卒間的藏傳佛教。

[5] 藏傳佛教後宏期：指惹巴瑾卒年以後的藏傳佛教。

[6] 大譯師仁清桑波：譯意爲“寶賢”，五代時周世宗顯德五年（958年），生於阿里地區。他出家後往印度學法，返藏後譯出許多經論和醫書，爲後宏期中最先翻譯新密續者。

[7] 三世間：亦稱三域，指天世間、人世間和龍世間。

[8] 前宏期：詳 [4]。

[9] 烏仗那：古西印度一地名。

[10] 納措譯師：名楚稱嘉哇，譯意爲“戒勝”。係宋代藏族譯師（於辛

亥年 1011 年誕生），曾奉藏王之命往印度迎請阿底俠尊者至西藏阿里。

[11] 所有明處：指五大明處即工巧明、醫方明、聲明、因明和內明；及五小明處即修辞學、詞藻學、韻律學、戲劇和星象學。

[12] 由旬：古印度長度單位名。約合二十六里。

[13] 事續部：詳 [2]。

[14] 瑜伽續部：以內瑜加爲主的佛教密宗。

[15] 金剛座：即菩提道場。爲釋迦牟尼證覺成道的古印度菩提伽耶城。

[16] 拘盧舍：古印度長度單位名。五尺爲弓，五百弓爲一拘盧舍。

[17] 大詳師仁清桑波：詳 [6]。

[18] 納措譯師：詳 [10]。

[19] 喇嘛薩欽：係薩迦派五祖中初祖，名袞嘎領波，譯意爲“慶喜藏”。其父袞卻窮波（寶王）建薩迦祖寺。

[20] 至尊哲讓：係薩欽之子名索朗哲讓，譯意爲“福頂”。係薩迦派中二祖。

[21] 薩迦班欽：名袞嘎絳稱（慶喜幢），爲薩迦派中四祖。1182 年生於後藏，曾應蒙古汗闊端之詔，率姪帕思巴赴祖國內地，著有《薩迦格言》等著作。

[22] 垛麥：今昌都地區簡稱。

[23] 帕讓住巴：西藏帕住嘎居派創始人，名多傑嘉波，譯意爲“金剛王”。宋徽宗大觀四年（1110 年），生於康區地方。後於 1159 年，於帕讓住地方建鄧薩梯寺。

[24] 自續派：佛教中觀派中之一分派。

[25] 帕讓住巴：詳 [23]。

[26] 金剛座：詳 [15]。

[27] 赤松德贊：赤德祖丹和金城公主所生之子，曾遣使赴印度迎請

菩提薩埵和蓮花生來藏，建桑耶寺，試命藏人出家成立僧團，翻譯佛經，大興佛教。

[28] 寧瑪派：藏傳佛教舊譯密乘派系名。最初在 8 世紀中，吐蕃王赤松德贊時，由印度譯傳入藏。漢族以其衣帽尚紅色稱之爲紅教。

[29] 樹宗寧瑪派：寧密瑪派中之一支系名。

第八章　大譯師瑪爾巴傳承録及著名的嘎居派

由説修二者之門而成爲此間西藏密續[1]的教主人物，要算是至尊瑪爾巴・妥扎巴（南岩氏）。這位大德生於南方普曲城中，係壬子年（宋真宗大中祥符五年，1012年）誕生。父名瑪爾巴・旺秋峨熱（自在光明），母名嘉姆峨熱（王母光明）。父母有子女四人中他係次子。年幼時從師魯傑巴勤學書法和誦讀，獲得通曉，由於他的行爲不甚温良，欲住任何師友家中，都不受容納。其父心想送他外地求學或許能很好地成長，於是以配有降香木鞍的良馬一匹和許多禮品遣送他到至尊卓彌[2]的座前去，那時，他年方十五歲。有渴欲學會翻譯事業的願望。但在卓彌座學諸教法，須費用很多財物資具，以此他想卓彌的諸法也是從印度學來的，遂生起我今也到印度求學的願望。於是回鄉籌得黄金僅十五兩，又獲得勒堆・洛甲覺色以鞋帽等物，資助其行色。他要求覺色説："我從印度返藏時，還望對我作招待。"覺色説："我已年邁，不知能否和你相見，我的兒子們能作你的招待。"繼後他來到尼泊爾時，與略喀惹巴相遇合中，略喀對他説："由於你没有黄金，衹好作我的僕役，而可以同我一起求法。"瑪爾巴完全未照他所説而作，按中等生活（不奢不儉）在尼泊爾住了三年，在尼泊爾吉特哇座前聽受《吉祥四座》等一些密續。三年過後尼泊爾本達哇命他作迎請使者去布喀巴哈日山寺那若巴的座前，當由沙彌協饒生格（智獅子）領頭請求心中常念的《呼金剛灌頂》，瑪爾巴自己也作了七次請求而獲得傳授，其他續部、修法和圓滿次第的教授諸法也獲得很好的傳授。又在印度西方那格喀扎城中，上師塔巴朗敦（解脱道師）及耶協領波（智藏）座前，善爲諦聽《密集續》單行傳規。後來復來到那若巴座前很好地聽受《明燈釋論》，並獲得《瑪哈瑪雅灌頂加持教授》等圓滿傳授。後來瑪爾巴回到西藏在北方依“炭煙天女法”爲一些富户的幼兒醫治疾病，醫治每一幼兒的酬金爲黃金十兩，他經常聚集黃金於羊皮通袋中。又有扎瑪隆名叫瑪爾巴惡雅者，與瑪爾巴同一種姓也來求傳灌頂，他並使其親近人民都來供獻黃金。因此，至尊瑪爾巴的手中獲得很多黃金。繼由瑪爾巴惡雅送上師瑪爾巴至吉絨區的山下，瑪爾巴師遂由尼泊爾而復來到印度，當他來到中印度時，上師那若巴已逝世，未獲親見師面。上師那若巴逝世時，他將佛像經塔諸物分賜諸弟子，並擱有一份是給瑪爾巴的。瑪爾巴聽得有一外地上師的教法和那若巴相同，而且他閱讀《歡喜金剛續》的當中，油然生起尋覓上師那若巴的願望。於是前往印度東方和南方許多地方，那時，他和很多對於醫方明等學術已得成就的人士相見面，又在一些瑜伽士和瑜伽女座前聽受各種教授。由於他以極大誠信尋師，在一密林空隙中親見上師那若巴面，當即供上黃金，上師全都抛撒於地，他略生不解時，師以足趾觸地地土立成黃金，並説：“一切都是金洲。”之後遂不見而消逝。關於此情瑪爾巴從往昔即有至尊底里巴授記（預言的意思）説：“爲除根本無明暗，當以慧光普遍照。”對於上師那若巴逝世後，瑪爾巴復見師面以後，他生起如何修持的諸種情況，是筆難以盡述的。繼後瑪爾巴復返西藏，他來到尼泊爾在滂所巴等諸師座前，他歌唱那若巴的功德和自己生起敬信的情況，諸師友等也皆大歡喜！那時瑪爾巴年届四十二歲，復返西藏守護鄉土，並娶達麥瑪（無我母）爲明妃，傳稱他還娶有其他手印明妃八人，這是配合“喜金剛”九位明妃的密意。由於他聽得麥枳哇的讚頌而生敬仰，遂再到印度，在印度東方和至尊麥枳哇相見，而聽受了許多密續教法，依“大手印教授”而生起現證通達。他曾説：“依我至尊大師恩，通達法性本無生，心住真實空性中，由此斷除我戲論。”繼後復返西藏。之後，又前往尼泊爾兩次，在諸上師前聽受許多教法。後來他在返藏途中，不願尼泊爾人送歸之故，爲了邀集藏人，在那裏住了幾天，獲得一夢是：有一婦人將他背在肩頭送至吉祥山薩惹哈大師座前，當由薩惹哈傳他教授並作加持後，他真實生起一切事物融爲一味的覺悟。繼在勒堆地方，洛甲敦巴對他作親近承事而請求他開示清淨道情。當他來到章絨時，麥春波供以單純的田地足夠法會和糖供之用，作供養已而求法，以此讓瑪爾巴很好地講説《歡喜金剛續》，並傳授諸教授，由此麥春波真實生起光明智慧。繼後瑪爾巴來到卓窩隆撫育許多徒眾，其中有：垛巴嘎烘、蔗彌烏穹、曲貢伯勒、格西喀格爲得意四大弟子。此外有爲首十大弟子是：最早見師的洛甲・郡勒絳稱（生處幢）、絳漲隆的瑪爾巴惡雅、峨迅巴、楚旺額、麥春波、拉傑色仁、甲敦綱波、瑪爾巴甲熱哇、梁貢章達、至尊彌拉惹巴。

此外瑪爾巴對梁區的徐格壩哇金傳授了《明燈釋論》，壩哇金雖對自己的門徒講授幾次，但此法流傳承未久。又諸弟子中峨卻多（卻季多傑的簡稱）、楚旺額、麥春波、彌拉惹巴等又稱四柱大弟子。峨卻多最初以良馬一匹作供禮而來到妥扎（南岩）謁師時，上師瑪爾巴説：“如果你以此馬作求法的供禮，則供禮太小；如果以馬作贄見禮，則爲大禮。”可是也對他傳授了一些灌頂和教授，後來他迎請瑪爾巴到山中時，供師以母犛牛七十頭，及羊、犬、制乳工人、奶桶等物。瑪爾巴傳授他以《歡喜金剛釋續》《吉祥四座》《瑪哈瑪雅法類》等，並以甚深指導而作教養。峨卻多曾説："我所供師的財物是不足的，上師的法是無盡的。"

至尊瑪爾巴將逝世前，似乎是到過漾熊山中的，峨卻多之子垛德從瑪爾巴座前也得過誦傳經教。當知垛德年滿八歲時瑪爾巴逝世，十三歲時其父（峨卻多）逝世。瑪爾巴對峨卻多不僅傳授了那若巴的法典教授，而且傳授了麥枳哇的論説和教授等。因此，峨氏諸師在每一本《金剛幕法類》之上，都撰有那若和麥枳二師不同的説法。

峨·卻季多傑（譯意爲法金剛，簡稱峨卻多）：係瑪爾巴二十五歲時丙子年生人，享壽六十七歲於壬午年往空行刹而逝。總的説來，至尊瑪爾巴於壬子年（宗真宗大中祥符五年，1012年）誕生，享壽八十六歲於丁丑年（宋哲宗紹聖四年，1097年）逝世。這位大德雖是具足通達空性如水流不斷的瑜伽士，然而在一般庸俗諸人的眼界看來，祇能見其佔有婦人，與諸鄉人相鬥爭，盡作些修碉和種田的事。可是在具足善緣的諸人眼界看來，這位大德作過四次"奪捨法"[3]，普遍傳稱他是種毗巴[4]的化身。瑪爾巴年届三十一歲時，阿底俠尊者來到西藏。納措譯師[5]和庫敦·准珠雍仲（精進永固）[6]二人比瑪爾巴大一歲。當瑪爾巴六歲時係丁巳年嘉嘎恰納誕生。這一年中珠麥（人名）修建湯波伽寺。至尊瑪爾巴壬子誕生的這一年，恰是嘉哇·多傑旺秋（金剛自在）年届三十七歲。通曉神通的扎巴格波伽也是與瑪爾巴同年生人。此二師年十六歲時，恰是諸曆算中丙寅年過去進入丁卯年的時候。當瑪爾巴年滿二十九歲時，恰是至尊彌拉[7]和壩日譯師[8]二人誕生之年，瑪爾巴年届三十三歲時歲次甲申瑪本·卻壩（法焰）誕生；

瑪爾巴年届四十八歲時歲次己亥峨·譯師洛敦協饒（智具慧）誕生；瑪爾巴二十歲時歲次辛未博垛哇誕生；瑪爾巴二十三歲時歲次甲戌昆·袞卻嘉補（寶王）[9]誕生；瑪爾巴六十二歲時歲次癸丑當年首建薩迦和勒烏妥兩寺；瑪爾巴六十五歲時歲次丙辰本年成立“安達哲德的法輪會”。普遍傳稱至尊瑪爾巴的四柱大弟子中，是由麥、峨、楚三位弟子住持講説教法，由彌拉惹巴住持修行教法。其中麥春波·索朗絳稱（福幢）對梁絨和章絨二師講授《喜金剛第二品》多次。由勒細哇作管理，並著出《第二品釋疏》。此師的傳徒有：麥袞波、甲通，直傳至洛扎之間，也出有一些證得成就的人士。其教法傳承是：由香·索朗喀（福堡）在瑪、麥二師座前親近得傳，次第傳出德協耶協領波（如來智藏）、香敦·袞嗄扎（慶喜稱）、喇嘛仁清（大寶師）、釋迦嘉補（釋迦王），直傳至香敦巴·扎厥（名稱富）之間，盛行麥宗的講説法流，而嘉措扎（海稱）等傳出的門徒也出有許多能作《大疏》的。住持祖寺的桑傑繃（佛億）即麥貢德也是住持麥宗講説法流的人物。

由峨師（卻季多傑）發展出的講説法流中有：弟子讓真金、巴·壩哇金、峨·德巴金、嘉哇瑪金、松巴頗嘎金、妥巴·穹瑪金、梁巴·峨·穹瑪金等許多弟子。峨·卻季多傑之子峨·垛德傳爲勒堆寺堪布耶嘉的化身。父爲峨欽波，母係巴·壩哇金之妹名巴姆卻准。於庚午年誕生，享壽至七十七歲而逝世。此師廣傳灌頂、密續、教授諸法，作出極大的利益衆生事業。普遍傳稱他是一位具有大福德的西藏密修士。他曾親見無我母十五尊，獲得方便道。因此，能運用方便道通達諸弟子無始以來的史事，講説許多如“大寶莊嚴”等論典，召集亮謨居·欽清波，及喇嘛香等九大善知識成立大法論會。那時，至尊瑪爾巴有一位姪女來游拉薩，以此在諸大善知識座前請求諒恕巴，使此姪女作一日的列席首長，她攜有少許至尊瑪爾巴的靈骨，我（著者口吻）請賜靈骨，她說：“可以施與，不僅我這裏的少許，所有靈骨是奉安在‘生頂’的扎喜閣芒（吉祥多門）那裏，是由色甲仁柯洛售與生頂的扎喜閣芒哲謨的，將所有靈骨轉移在一倉庫中，你去求給是可以獲得的。”她須週遊拉薩，遂差遣兩位僧人前往取來全份靈骨，而修建一大靈堂，其中置一銀塔將骨奉安其中，直至而今（著者當時）其地仍最爲吉祥。她也曾親近過惹譯師、巴操譯師、梁區的甲諾・達哇峨熱（月光）、徐普譯師郡勒絳稱（生處幢）、淩譯師、桑嘎・帕巴協饒（聖智）、壩日譯師、瑪譯師等人。父（指瑪爾巴）的遺囑中說：“喜金剛法類授與讓師。”因此前往後藏讓師的地區，行至中途而返回峨師座前聽受法類。後來讓宗和峨宗成爲兩派。而袞欽・卻姑峨熱（法身光明）則著作出讓・峨兩宗密意合一的論著。讓宗諸人說：“讓宗爲大善巧，班抵達繃察松巴也敗於讓宗辯論之下，峨卻多有一美妙手印母也作供養。說法是諸具密修士齊來時，都請求講授清淨純潔的至尊瑪巴的論說以作修持。由於求得的是上師的教化，以此講說法流極爲清淨。而垛德係在峨師座前，聽受法類，其講說是不淨的。”讓師也著作不少的《釋續》論典，以此其姪讓・多傑真等和善巧師甲朗也都爲他的弟子。最初哲窩貢波來和甲朗辯論，貢波不能取勝而成爲甲朗的弟子，當貢波在甲朗座前聽受《喜金剛灌頂》時，虛空中形成土木莊嚴，以此他雖是對《密集續》有信解，但是想到這是與“喜金剛”有善緣，甲朗復很好地著出《喜金剛釋疏》而哲窩復對此一釋疏廣作講說。哲窩的弟子卻那嘎（法喜）復著出和讓宗相符順的疏釋。業垛・湯切欽巴（偏智）也在哲窩的弟子淩・多傑生格（金剛獅子）座前聽受讓宗諸法，他的嫡傳弟子袞嘎鄧珠（慶喜義成）等人也有讓宗講説法流。

峨・垛德大師出有弟子：扎・達瑪惹乍、嘎・扎喜仁清（吉祥寶）、澤烏達熱、瑪・耶巴哇、哲窩貢波、覺傑・袞嘎峨（慶喜光）、辛巴・多傑生格（金剛獅子）、梁麥釋迦耶協（釋迦智）、覺若卻嘉（覺若法王）、拉秋喀巴、垛察卻姑（法身）、正敦他扎（離邊）、妥納、嘉察仁清貢（寶怙）等人。當峨垛德住在章曲彌時，有一晚上他將前往有一手印母的住地時，覺謨哲姆係證得成就的女修士前來對他説道："今晚前去將有災厄，如果明晚前去將生一殊勝之子。"這是因爲峨垛德前生爲布耶嘉是傳授覺謨哲姆之師，以此因緣覺謨對峨垛德極爲禮敬。覺謨哲姆是一位住世長久的大成就瑜伽女，據説毗瑪那彌扎[10]也將多密續法類託付於她。後來果然如哲姆所授記（預言的意思）而生子即章察覺楚，此子係其父（峨垛德）二十六歲時歲次乙未誕生，命名楚稱協饒（戒慧），年届四十四歲時歲次戊寅逝世。覺楚之子爲峨・袞嘎多傑（慶喜金剛）係丁丑年生人，他依止祖父垛德、妥納那謨的澤烏達熱、伯欽閣窩、故脱・學波哇、瑪納謨諸大德創建蔗烏信寺院。他十歲時祖父（垛德）逝世。他自己享壽七十八歲，於甲午年逝世。袞嘎多傑之子名思吉扎巴（威光稱）係其父四十六歲時歲次壬戌誕生。在其父座前聽受諸法，於甲杜的弟子壩恰哇座前受比丘戒，依止諾熱、那珠、卓貢垛欽巴等師，修建絳瑪宫室和寺院，並迎請來至尊瑪爾巴的骨塔到他那裏而建立起廟堂，享壽八十歲於辛巳年逝世。他的兄弟爲阿闍黎嘉補嘎（王喜）係乙丑年生人，享壽八十歲於甲申年逝世。嘉補嘎之子即阿闍黎生格扎（獅子吼）係其父三十一歲時乙未年誕生，享壽七十四歲於戊申年逝世。他的兄弟喇嘛仁清桑波（寶賢）係其父（嘉補嘎）三十九歲時癸卯年生人，在叔父思吉座前聽受諸法已，年滿十歲時即能講説，十八歲時在樹普師座前受沙彌戒[11]，三十一歲時受比丘戒[12]。他在堪布樹普哇·卻扎伯（法稱吉祥）、羯摩師峨熱伯（光吉祥）、屏教師耶協伯（智吉祥）、自己的父親、阿闍黎多傑仁清（金剛寶）、阿闍黎桑謨穹波哇、阿闍黎仁迅（寶童）諸師座前聽受教法。他年届二十七歲時，上師思吉逝世。他完成善後諸事已，住持寺座。過了五年他前往康區經兩年週遊後，成爲察巴的漾袞貢德（靜修寺）及本居（官嗣寺）的上師。他製造金書《甘珠爾》[13]經函，廣大發展廟堂和寺座，會集以伯哇細和樹覺爲首的無量數僧眾。凡是有聯繫的前後藏諸寺中都奉安有其身像。普遍傳稱他是至尊瑪爾巴的化身，有偉大的無量功德。此師年届四十二歲時歲次甲申讓郡多傑（自然金剛）誕生；四十八歲時歲次庚寅布仁波伽誕生。他完成了廣大的利益眾生事業已，享壽七十七歲於己未年逝世。仁清桑波之弟爲阿闍黎卻多（法金剛）係丙午年生人，享壽六十六歲於辛亥年逝世。卻多有五子，長子阿闍黎卻季絳稱（法幢）係癸未年生人，他年届三十七歲時上師仁清桑波逝世。他自己享壽七十七歲於己亥年逝世。此師曾到康區，出有尼窩伽的仁波伽等難以數計的弟子。又到過達哲垛（今四川康定古名）一帶雖獲得許多供禮，但他仍返"哲烏信"寺，繼後即住持寺座。他在雅隆譯師扎巴絳稱（名稱幢）座前聽受《金剛鬘》密教，以此直至而今（著者當時）哲烏信寺眾仍有《金剛鬘》教法傳流不斷。阿闍黎卻多的弟四子阿闍黎生格繃（億獅子）之子爲仁波伽鄧珠伯（成義吉祥）係辛未年生人。他年届二十九歲時，仁波伽卻嘉逝世。他自己享壽六十八歲於戊寅年逝世，此師之子爲仁波伽絳秋伯哇（菩提吉祥），係仁波伽卻嘉逝世後第二年歲次庚子誕生。年届三十九歲時，仁波伽鄧珠伯逝世。絳秋伯哇他隨其父的侍者學習峨宗諸法成爲善巧者，他在鄧珠伯逝世後住持寺座，並不斷地應時説法。後來由於有一些不正修士在大主宰仲欽巴座前進讒言，他受到斥責以致事業略衰。至尊宗喀巴大師在仲布隆説法時，他前來相會晤，宗喀巴大師對他優禮有加。他對於解證諸功德細究決疑有所賜教，並在那裏反復念誦最爲稀有論著（許是宗喀所著諸論）後來他也作了許多讚頌，以此諸持經藏大師也都和他情投意合，遂能吸收了哲蚌（黄教三大寺之一）法王扎喜伯敦巴（吉祥具德）和大堪布白瑪桑波（蓮賢）等許多具慧的弟子。達隆仁波伽・伯昂旺波（語自在）也在他座前聽受了許多救法，尤其是桑傑絳稱（佛幢）也在他座前求得峨宗的灌頂。後來由大主宰扎巴郡勒（名稱生處）迎請而在他座前很好地聽受了峨宗的灌頂、釋續、教授等法，而且對他極爲恭敬、優禮有加。還有涷穹哇・鄧珠伯哇（成義吉祥）、絳領卻傑・索朗朗嘉（福尊勝）、説法大師伯卻扎巴（德勝名稱）、仲・索朗絳稱（福幢）諸人也極爲恭敬地多次在他座前聽受智慧法門。他有一普遍傳稱爲《喜金剛第二品》金剛母的卷本每説法一次即有一（稀有的）徽相現起共現次數有一百八十二次。中間有一時期寺中諸師《四座》的講説法流斷傳，至尊宗喀巴大師指示他説："你無論如何設法使《四座》講説法流保存爲要！"因此，從哲烏信寺中有一老僧名阿闍黎楚貢巴（戒怙）有《四座》經教傳承，遂請其傳授後而廣作講説。如是絳秋伯哇在廣作利益衆生的事業中，享壽八十七歲於丙寅年逝世。從丙寅直到而今丙申年（著者當時）算來已過三十一年了。

哲烏信寺中所出峨宗傳系，都屬於章察傳系。在嘉察傳系的垛德之子名妥麥扎（無著稱）：係其父三十一歲時庚子年生人，年屆三十七歲丙子年逝世。他在世時對其父所傳諸法極爲善巧，並著有許多論文。妥麥扎之弟覺波係壬寅年生人，二十五歲逝世。

覺波之弟覺索係戊子年生人，年僅十七歲逝世。覺索之弟敦穹旺謨於癸丑年誕生，年甫十三即逝世。敦穹之弟覺鄧於乙卯年誕生，年僅十一歲即夭亡。妥麥扎之子名嘉恰謨係其父二十七歲丙寅年誕生，年届三十七歲於壬寅年逝世。嘉恰謨之弟多傑生格（金剛獅子），係其父三十三歲壬申年生人，享壽六十八歲而逝世。嘉恰謨二十一歲及其弟多傑生格十五歲其祖父（垛德）逝世。嘉恰謨有子三人爲江麥、覺釋迦、覺索，江麥之子名朗喀旺秋（虚空自在）。朗喀旺秋之子爲衮嘎（慶喜）及旺秋綳（自在億）二人。衮嘎之子仁清嘉補（寶王）有子三人爲仁清伯（寶吉祥）、扎巴絳稱（名稱幢）、衮嘎洛卓（慶喜智）。衮嘎洛卓之子名衮嘎桑波（慶喜賢）。

哲烏信寺的仁波伽扎喜伯哇（吉祥德），生於仁波伽絳秋伯哇（菩提吉祥）的族中，幼年出家，親近依止哲塘的欽波洛卓迫哇（智增）大師，學習“因明”，繼後在仁波伽哇座前聽受祖與父的諸教法，而成爲善巧者。仁波伽哇壽數很長，除時節法會外，没有其他前來聽法者。在仁波伽哇住世時，即將寺座交出。此師之子即現在（著者當時）的寺座住持者。計至尊瑪爾巴於壬子年誕生（1012 年）直至現在（著者當時）丙申年（明憲宗成化十二年，1476 年）已過去了四百六十五年。總的説來，峨垛德的弟子扎師等諸大德所作講説極爲廣泛，而後來傳出諸師所著“釋疏”也遍佈於一切論著中。對於瑪爾巴密續講釋來説，峨宗傳承是有極大的恩惠。以上係峨宗傳承情況。

次説楚·旺額：垛區之村尾有切和楚兩族姓，此師爲楚族姓，出自修密士傳嗣中，其父具有極大咒術威力。他幼時前往善知識傑巴的座前學習，由於財物資具微薄，其母心中難忍而對他勸説道：“你身强力壯時財物方可獲得，那時可以去求學學術，現在住在家中也才能夠生活。”他對母說：“一切智士都是從苦行和生起精進而來的。請不必作我學法的障礙！我成佛時不會拋棄你的慈恩。”他仍舊勤奮求學。後來他財富增長時敬造《十萬般若波羅蜜多經》，他問寫經人道：“現在誰有廣大的《密集》教授？”寫經諸人說：“瑪爾巴妥乍巴有廣大教授。”於是他生起敬信攜帶少許承事禮物而來到妥乍（南岩）求瑪爾巴傳授《密集》教授。瑪爾巴對他說：“說是你有極大詛咒威力，我的叔輩瑪爾巴擤納對我作有極大損害，你運用咒詛，若能得顯威力，當首先將諸法傳你。”於是楚旺額閉關修法一月，發現咒詛所起特殊象徵已，他向瑪爾巴報告說：“某月晦日那人將死。”而瑪爾巴也對瑪爾巴擤納說：“你將於某月晦日倒下去。”到了晦日的那天，擤納站在牆側邊，正在說今天是瑪爾巴咒詛到來的時候，未防屋上短牆的牆檐隙空中被風吹動墜下一石塊來砸在擤納頭上而致死。上師瑪爾巴心中大喜！對他傳授了一些小法，並允以後完全傳授。後來楚・旺額迎請瑪爾巴到自己的住地垛達，瑪爾巴遂將《五次第》教授及密續單行講說完全傳授給楚・旺額。瑪爾巴擁有耶協夏（佛智）宗規之“乍雅納達”“塔嘎納”“掌中花”三種說規，對此諸法不是將密續意義和教授混合而說，而是將那若巴的單行密續算作教授之規的。在說法完結和請求一次會供輪時，瑪爾巴都要唱出自已到印度求法的情況，及行苦行諸情況的道情歌，使他（楚旺額）心中得曉如是諸法得來之難，應勤奮而修。這樣叮嚀後瑪爾巴遂返回妥扎。楚旺額的真名叫旺根多傑（灌頂金剛），他雖有許多弟子，但其中以康巴・若梁多傑（等味金剛）、昆・格巴甘底、切敦・索朗絳稱（福幢）三人爲首要弟子。

其中康巴・若梁多傑，他前往印度尋求《密集》法門，雖是希求在至尊彌枳哇座前聽受此法，然而因彌枳哇逝世而未得見，而且未能尋得其他聽受《密集》之處。於是想到回藏來瑪爾巴座前聽講，在途中遇着兩位阿扎惹（印度遊學僧）同行，康巴問：“你二人打算到何處去？”答道：“到楚師座前聽受《密集》。”那時至尊瑪爾巴逝世而不得見，遂在楚師（旺額）座前與昆·格巴甘底一同聽法。楚師對他二人傳授了密續教授等；康巴依楚師所教而著出“單行密續的釋疏”；又著出與此疏相符順的“灌頂儀軌”。顯見其所根據爲龍樹所著曼荼羅儀軌。又見有一種與此隨順的釋論——係至尊瑪爾巴所著《密續大綱》，里麥朗嘉（無二尊勝）大師說：這是後來西藏人士所撰出的僞著，部分人士又說是甲坡哇隆巴所作。但衹能認爲康巴若梁的這一“釋疏”是合格的，而不見其爲甲坡哇隆巴之意旨。

昆·格巴甘底，他係一位長久依止芒惹·生格絳稱（獅幢）的弟子，對於“聖傳法類”（指龍樹師徒所傳）極爲善巧精通。他心中生起對此法類如有一教授要訣，則能作修行的動機。聽說楚師有此教授而來師前親近拜謁，禮品備有良馬，及包裹着的食品和財物，午間未得拜見，直到黃昏始得謁見，他見着是一位體胖的上師，一見之下頓然生起敬信，而將馬匹和一切禮品包供上，獲得《五次第》教授依之精修，而獲得如幻三摩地，並得見許多佛刹。繼由昆·格巴甘底傳授甲康巴·索朗仁清（福寶），甲康巴與昆師二人係一母所生兄弟，最初甲康巴曾作阿闍黎，後來他對昆師生起敬信而請求傳授《五次第》教授。昆師喜而說道：“我的這一教授有如持着馬飼料，強使豬進入固定路途一樣（言有強制成功的作用），在這裏我是阿闍黎教主，應受供養。”說後歡喜地傳授了教授，並作宣誓。甲康巴依教授精修，獲證如幻三摩地，男根下垂，彌留時頂上突出肉髻，臨終說，將我遺體淨治後肉身奉安。於是在吐那供所奉安肉身面向西方，據説這一緣起是使甲氏誠堡上部，不受色族馬隊前來踐踏。總之是説以後不來損害而得平安。

又由甲康巴傳授吐那哇·楚稱交（戒護）。楚稱交是一位精通顯密經論的大德。他十二歲時就已獲得在未着禪裙一座中（言僅穿裙的短時中）即能修法圓滿成就。由於他已修得堅固的生起次第，所以能真實親見諸本尊，而於圓滿次第也獲通達，語根已精練成“金剛念誦”，一切現相都爲幻化，意安住於光明中，並住於雙運三摩地，而摧滅一切各異的分別。這是如成佛那樣的安住。

又由楚稱交傳授湯伯哇·帕巴交（聖護），此師最初出家後，常往薩細瑪波去求學，繼後勤修生圓二次第，生起殊勝通達。逝世時發現有彩虹三道環繞其住室等許多稀有瑞相。

由帕巴交傳授色頂哇·迅魯峨（童光），此師出生於松巴吉喀的本族中，幼時在杜嘎·迅魯楚稱（童戒）座前出家，聽受了由阿底俠尊者傳來的《五次第教授》等許多教法，而依法修行。後來在堪布章納巴等座前受比丘戒，而成爲大持律師廣研《毗奈耶》法類。有一次他升至班席座首，因足疾住在肖區納仁時，倫讓伽哇爲作僕役，倫讓問道：“大師是否通曉聖傳法類？”答道：“聖傳法類是誰堪布作此法教主？”倫讓説：“這好比拉薩的老嫗未見拉薩。你怎麼没有聽得吐那有一位密宗明燈精通‘聖傳密集法類’呀！”他聽説這話心中略生慚愧，回來請求阿闍黎章巴給他到帕巴交座前求法説情面。因此，帕巴交對他説：“你不須挑摘何法。”説後遂將一切密集講釋及教授完全傳授給他。此外還有得知許多法門諸師來他座前，雖不請求，他也傳授，並將《五次鄧導釋》密封保存起來。他又在至尊貢波巴的嫡傳弟子諾普巴座前求得《六法》和《大手印導釋》。在章巴瑪窩講説《中觀》附座法時，發生對他者憎恨的事，以此他去到捫區壩卓等地，繼從本塘出發而到卓窩隆。此外他又在扎漾仲及嘉區的枳日等許多大聖地安住，據説在諸大聖地生起修悟、靈感和通達。此後喀濕彌爾班抵達來藏時，他在特謨伽和班抵達相會，在班抵達及其侍眾等前，啟請六七次法義。此後他在色布温察安住時修建色頂寺，從此成爲一切智者啟問求教和諸大人物前來親近之所。他復著作了廣中略三種不少的論著。建成色頂寺後約有九年，迅魯峨的弟子嘎扎巴・旺秋的妹子名嘎准瑪・協饒敬（智莊嚴），對她修了"生子儀軌法"，嘎准瑪懷孕後，僧會中發出擯逐使其懷孕的作者和孕婦二人於外地的命令。孕婦祇好住於外地安養胎兒，嬰兒剛一生下，儘量依法行而作（利於嬰孩）的各種方便。當從胎生下嬰孩時，產母身中發現"密集三十二尊"喜悦等相。當小孩遊戲的時候，人們都説："夫人的這位小公子真是可愛，叫什麼名字呢？"嘎准瑪説："叫達麥多傑（無我金剛），願依無我金剛長成。"年滿五歲時，他的行動極爲特殊超越，以此想已臨列揭發其秘密的時侯，於是給僧眾熬茶請求諒恕！繼由上師將一尊無我金剛像安置於他的面前，而令其聽法。聽法數日後，他問："無我金剛對我責罵否！"金剛責罵説："你對我的教不重視。"他端正地坐着雙手合十而問道："是何緣故呢？"金剛説："我的教法剛開始，你等同你遊戲剛開始，法義一出現時，你也看作你的遊戲同時出現。"他問道："用耳來聽法，與用手足來作遊戲法，有何矛盾呢？"金剛説："那麼你當實行我的教法來看現實吧！"他在三天中所聽諸法能一句不差重説出來。因此，眾大驚奇！都説這是一位很大的化身活沸。於是上師也親口承認他是自己的兒子。往昔各種著述中署名爲比丘迅魯峨（童光）著者，繼後都署名爲瑜伽自在師迅魯峨著。

達麥多傑後來出家，命名爲卻季峨熱（法光），卓哇貢波帕巴又給他命名爲卻姑峨熱（法身光明）。關於此師任到何處説法院中，聽受一切法都能記憶不差的情節，想到是否爲他人所誇張虚構，應加以考查。其他成爲真實的顯著功德是有很多的，如果於此寫出，恐繁累篇。請於袞邦香師所著此師傳記中詳閱而知，而且在《時輪》傳承的情況中也可閱知。由於此師與其父相伴時間很久，以此其父所有功德，他也具足。此師座前，由具足許多功德的袞清帕窩（聖光）前來聽受教法，袞清帕窩座前，又由布仁波伽聽受教法，先是布仁波伽到上師多傑絳稱（金剛幢）座前聽受《時輪》法時，布仁波伽啟請説："我樂聞諸瑜伽法，但未覓得聞法之處。"以此多傑絳稱説道："我有師友名喇嘛帕窩（聖光），到他那裏去聽法吧！"

繼後他來到夏魯訪問帕窩，而對於另一名帕窩者認爲真師，親近後始知其人雖有大才能，而所談爲不淨學處，以此厭棄而去。後來才聽得真正的帕窩師住在一間小屋中精修，遂派人到師座前呈書請求聞法。帕窩説："他是一位大寺的教主，我這間小屋怎能容下。那麼，我到他那邊去吧！"説後也就來到夏魯。總的説來，他在師前聽受了許多教法，尤其是在聽受《密集釋論》的時候，帕窩對他説："你是一位善巧之士，以此不須對你説嘉宗和嘎宗等，衹須對你説適度的法義，你能得廣大法義。"布仁波伽請求道："我對'密集'有一極欲勝解的願望，祈師作詳廣的講授。"帕窩説道："那麼，我這樣講對你無濟於事。應該先指導你《五次第》導釋和修法，此後再作詳細的講釋，始能對密續教義很好地了解。"於是閉關六月的當中作《五次第》教導的修養，由此現起許多諸師菩薩三摩地遊戲等清淨瑞相。後來解禁出關，據説布仁波伽對此"導釋"的修規不立文字作爲秘訣而傳授。因此，我（著者口吻）請求不作秘訣（撰文傳授），帕窩説："總之，如果寫出導修書本，就沒有了實修，導修的書本，就將成爲傳誦經教的讀本。導修法不親自實修，將成爲招來損壞的方法。以此在不修而抛棄中，儼如拴着不給食飽的餓犬，狗腮突腫起來反認爲長肥而死去，又有何異？”説後仍作口傳秘訣。由於有這般教訓，這一導修法未立文字，但對於一切修法所緣能不忘失而已。在後期中由具德上師索朗絳稱（福幢）勸請而作出了導修釋本。總的説來，布仁波伽在衮清帕巴座前聽受了瑜伽法類灌頂、續釋講義和教授等，及瑪（瑪爾巴）、廓二派的《密集》法類。在聞法圓滿時，布仁波伽盡手中所有財物展出，敬供上師。帕巴説：“我不需要這些財物，你自己住持寺衆當需要。我的教法，你直至未死之前必須講説。這是應守的誓言，瑜伽和聖傳（指龍樹等）法類應著出教本。”後來布仁波伽教言中説：“我們修後，僅能得到‘捫隆故汝’（言上師略法），由於（修本中）未全聚帕巴的教言，由於那是盡一生才能説完的教法。”從此以後這一《五次第》導修傳規，由法王上師等許多善知識彼此相傳，直至而今（著者當時）仍然存在。

至尊宗喀巴大師將布仁波伽所著《五次第》教授和依此而出的色頂巴的諸教授作爲參考根據，並細研顯密經論，尤其是《密集本續》和《釋續》，及印度所出諸大釋論和西藏諸傳規已，而著出《五次第》導釋及廣説此義的《五次第明燈論》，而今已衰頹的密集諸傳規復興起來。

又《密集續》單行説規：是由木雅、相熊和那哇巴三人在昆·格巴甘底大師座前求得。此三師座前，又由法王仁清領巴（寶州）前來求得。又一支系是由康巴若梁多傑（等味金剛）傳授嘉隆·普哇欽波，嘉隆傳麥拉康納哇，麥拉康納哇傳嘉隆普哇漆瑪，此師座前又由法王仁欽領巴（寶州）前來求得。

此中從瑪爾巴逝世戊寅年起直至法王仁欽領巴戊申年逝世之間，算來已過九十一年。戊申這一年領熱師也逝世。法王仁欽巴座前又由嘉波哇隆巴前來求得教授，嘉波哇隆巴座前又由年滿四十一歲的業垛湯切欽巴（一切智）前來汝昌波哇隆寺受教，聽受《密集續》單行講義，及《釋續無二尊勝廣論》，又在第二年攜帶着承事供養的財物來求聽受《無二尊勝聚種大灌頂》，及麥宗傳規的《喜金剛講義》等，此外還聽受了許多密宗的經教、灌頂和教授等。以上係瑪爾巴傳規的《密集》法類情況。

次説瑜伽自在成就師彌拉惹巴：在達日王（吐蕃第三十一王）時，其族姓總名穹波，彌拉是其族姓的别名。其先輩於嘉區創建莊園，因賭博失敗而遠遁他方，來到閣潤地方後始傳嗣，出有彌拉協嘉和雍嘉二者。至尊彌拉惹巴係父協嘉和母梁薩嘎金之子，於庚辰年（宋仁宗康定元年，1040 年）誕生。命名妥巴嘎（譯意爲"聞喜"）。不久父親逝世，那時，其母年僅二十四歲，叔父強命其母必須與叔子爲妻，母不允，叔大怒而掠奪其母所有財物，以致家境十分貧困。有一次彌拉惹巴在教讀師魯傑巴那裏飲酒後，歌唱而回家。以此母親怒而道："你父彌拉協嘉生了你這樣的劣子，我們這般貧弱的家境，你還有心高興歌唱！現在你應該是去前後藏在一精通咒詛[14]法師座前，學會咒詛來將一切仇敵消滅爲要。"彌拉説："那麽，我決定按照母親所説的去做。"於是母親酌量自力備了一些財物遣送彌拉出行，彌拉在伯謨伯塘村頭等候同路友伴，賢良的路伴也未拖延時間而來到。遂訪問誰人具有大咒詛法術，聽説雅隆地區有名梁・雍敦措嘉的咒師有大咒術，以此去到咒師前而説道："我係從上區來此，袛帶有菲薄資具前來求教咒詛法。"咒師作有許多零碎的咒詛法，彌拉同其他來學咒詛的五人一起學習而住了一年，在那裏學的是咒詛的支分，學完後其他諸學友認爲滿足而去。彌拉歡送諸同學一程仍回師處。咒師説："你怎不走？"彌拉説："他們衹爲得温飽而來學咒詛，我是有堅定的承許——不學得咒詛到手，我決不走的。"

咒師説道："那麼，現在章絨區的拉傑魯穹和我二人有咒詛術與降雹術互换之約，即是來在我這裏學咒詛的可以派送到他那邊去學，在他那邊學降雹的也可以派到我這裏來學。以此你到魯穹那邊去學吧。"於是給彌拉一些資具和書信一封，内容是："我有個可憐的門徒，請你傳授他一種真實不虚的咒詛命他學習。"而派到到魯穹座前，魯穹説："那麼，現在你應該作閉關而修。"答："能作。"

於是修造了一間較好的地下室，在室内精修咒詛。修到第十四日發現正確的咒詛徵相，魯穹知道後來到彌拉那裏説道："妥巴嘎（聞喜），你到門這邊來我給你説：昨天空行、護法等配合協助猶如月光放彩，發現將仇敵三十五人除掉的徵相。我要在護法前供垜瑪來作酬恩。"那時，他的叔父雍嘉之子娶妻，正開結婚喜宴時，房屋突然塌陷壓斃三十五人，僅留其叔和姑母未死。彌拉在魯穹座前聽受了許多幻變法術。在那時彌拉心中正想我爲聽從母親的話，而造下了這樣的大罪孽，生起内疚追悔時，母親復寄來訓示説："你父彌拉協嘉生了你這樣的兒子，能於一時中，使仇敵三十五人喪命。我是心滿意足的！但是此間鄉土人衆對我十分惱恨，你須在此間鄉土上降下有三層牆厚的雪雹。能如是辦到，我雖死也無悔恨！"彌拉見魯穹師時，將此情稟告後，魯穹師説："那麼，你到雍敦師那邊去吧。"

彌拉去到雍敦師前稟明情況而請求傳法。雍敦師遂命彌拉在碉房内的土窟中閉關修降雹法，修不到一月的時間，發現了降雹的正確徵相，彌拉遂配合月日時辰，帶領雍敦師的一位勇敢僕人作伴而前往家鄉，在抵鄉後的晚間，先在許多田土上，預行投置冰雹法，繼即去到山頂念動真言，並作號叫，以此法力使一切山谷地帶都普降大冰雹，鄉人得知彌拉主僕在山中作法，以此彌拉先逃，與僕約在定日地方相會時間。而勇敢的僕則候追捕兵丁來時，對兵眾説："我是妥巴嘎（聞喜），由於欺負我母我難忍忿怒！而略施報復，這下你們快樂嗎？我還要使此鄉間不留一人。"説後直入軍隊中，誰也不能抓着他故而得逃。

之後主僕二人去到前後藏，彌拉仍回拉傑魯穹師處而住下，僕人則往雅隆去了。彌拉一心憶念正法而不能求得。有一天魯穹師有一賢良的施主逝世，魯穹悲傷而説道："我兩人積下最大惡業。因此，或許你來求一清淨正法，而我作引導，或許我來求一清淨正法，而你作送口糧者。"彌拉説："那麼，由我來求清淨正法吧！"

於是去到絨區哲敦・拉嘎座前求得《大圓滿》[15] 法門，雖經修習也未生起戒相。以此哲敦對彌拉説："我的法門本來極難修，而你也怠惰於修事，這樣是無濟於事的。現在應是這樣——聽説至尊那若巴和彌枳的弟子瑪爾巴譯師住在妥普曲切城，這是一位能使身配合緣起，而心能受他極大感染的大德。你到他那裏去吧！"彌拉一聞師名油然起敬極生歡喜！

遂來到曲切城，僅一見師面感覺即時改善。上師瑪爾巴命他修築許多碉房和耕地等工作，他的背部因經常背負石塊磨穿而流血化膿，仍勤勞不已。在這般勞動的時候，有楚峨等大人物門徒前來，上師瑪爾巴爲他們傳授灌頂時，彌拉想參加灌頂向師請求，上師瑪爾巴一法也不允傳授。對此情節，師母（即瑪爾巴之妻無我母）心中不忍，而以那若巴的珍貴加持物紅寶石一顆給彌拉作爲禮物，命他到楚峨的座前去，並附寄楚峨書信一封說：“由於上師（瑪爾巴）繁忙，請你將諸教授傳授給彌拉。”於是彌拉來到熊日窩後，楚峨對他說：“我的家畜被野謨哇奪去，你先修降雹法爲我報復。”彌拉降雹已，去到楚峨座前說：“請給我應得的法，可是我是一個罪孽深重，必須淨治的人。”楚峨說：“這也無妨，不礙於事。”遂將方便道中諸教授都傳授給彌拉，並命彌拉住洞中閉關尊修。在此時中楚峨接到大譯師（瑪爾巴）的指示說：“我的九層碉房完工，其上短圍牆所需檉柳，你必須去采運。”

楚峨遂帶領彌拉作僕役，並備辦以《寶積經》一部爲首的許多供品，而且在途中辦齊了八十捆檉柳。在將供品和檉柳等物供獻於師及一切事務辦完後，上師瑪爾巴吩咐無我母（瑪爾巴妻）設備會供[16]，當師徒齊集食用會供時，瑪爾巴怒目注視楚峨而說道：“楚峨劣徒！你爲什麼將教授傳給我的妥巴嘎（聞喜）？”楚峨答道：“是有上師你的禮物所賜示的。”瑪爾巴注視彌拉而說道：“是誰拿給你的禮品？”彌拉答道：“是師母拿給我的。”上師瑪爾巴聞言突然起座用手操起一根棍棒時，無我母立即逃走。上師入座微笑而說道：“將無我母喚回來。”無我母來後，瑪爾巴說：“給我取佳釀來，師徒們須得談一下。”遂對彌拉說道：“我知道你是有緣弟子，然而由於你有大罪孽，故我使你入於折磨苦行以淨治。楚峨因傳教授，已離我座前而逃走了。”

當楚峨走時彌拉送他到很遠的路程。此後上師瑪爾巴遂將諸教授完全正式傳授給彌拉而說道：“我可以在空行母作證前發誓我所有殊勝教授完全傳給你了。從卓波隆上區前行到達納普（黑馬洞），你在那裏閉關尊修吧！”彌拉雖努力勤修仍未生起巨大功德。

關於此諸情節，有後來在賜與細哇峨（寂光）而作的道情歌詞：“那麼可愛我孩兒，你求通達聽我説，你今是否識名相？你若不識我名相，彌拉惹巴是我名。貢塘下區斷臍處，前後藏區廣求學，諸師上人以爲首，絨敦拉嘎以前師，有恩上師約十人。特在拉傑魯穹前，求得威猛咒詛法，內證高深見智慧，導修作法亦精通，人我戲論但未斷。那若麥枳施加持，身合緣起諸要點，心與法性母相會。聽説師住妥普曲，譯師美名心領會，僅一聞名信毛豎（生信時汗毛豎立），途徑險苦來師前，一見師顔生感動，似乎是我多生師。具恩父師之座前，棲止六年又八月，如影隨形伴不離，雖無財物以供師，身語汗勞作承事，意誠師喜盡傳我，一切耳傳諸教授。”

以上我（著者）略作詳細録出，由於見有許多出自杜撰，遂想衹寫這些比較合理。統計至尊彌拉三十八歲時去到瑪爾巴座前，一直依師到四十四歲之間，從四十五歲進入專修。其他書中所載及枳貢法王所説是：至尊彌拉直到逝世之間有四十年是身不離禪帶[17]而專修的。他從瑪爾巴座前來到途中復在楚峨師座前拜謁，抵家鄉時，其母早已逝世，用破舊衣服裹屍而安放在一間廢屋的土窟中，他以舊衣包裹作枕而臥，一日間得穎悟，罪孽盡消，繼即火化其母屍體。雖有一妹早已游浪他方。母子有一應得田地，誰也不敢去耕種而拋荒，有一姑母原先雖是冤仇，這時也用甜言巧語來取得彌拉歡心，以田地給姑播種而承擔彌拉的口糧。彌拉遂在城郊盡頭的聖山腳下靜修，雖起了一些暖熱但不甚大，繼後依照一位空行母的教導而修，才使暖熱熾然起來。彌拉生起了這下我已有熟練喜樂的功能，於是走出鄉境，而留戀往返於吉絨的諸山穹谷中。普遍傳稱的彌拉六寨也就在吉絨諸山中。於此諸山經九年的時間，有他以草麻爲食的説法，總之是以猛利堅強的精進力而修，始獲得風息（即氣息）的自在功能，真空智慧豁然現起。在他人從外表看彌拉似乎是十分辛苦的樣子，而在彌拉自己則是安住在“大樂三摩地”（定）中，並且也說出“六樂”的道情歌詞。九年過後彌拉已獲得“自在三摩地”，他爲了利益許多牧人，而去到定色一帶，那裏有一苯波[18]能跨鼓騰身到雪山之頂，彌拉刹那即到雪山頂峰，而使朗薩熱葛江巴（苯波之名，意爲單衣行者）連人帶鼓一起從山坡滾下。顯示了如是等神變後，彌拉遂前往下部地區，有垛謨等許多施主對他作承事服役，並請求他到杠謨伽住一年，他未允請求而他去。不久垛謨等一些施主心想至尊彌拉没有生活資具一定會死去，須得去尋找。當尋找到一山邊時，有一雪豹在巡視他們，待雪豹返去時，他們也追下去，得見雪豹去的路上有人的足跡，繼即看見有一山洞中冒出一些煙來，而且傳出道情歌聲，遂得來到至尊彌拉的跟前。

彌拉説道：“你們真是傻子！爲什麼要這樣走來？我從山邊看見你們到了這樣的地方，現在再不必徒勞走動了。”衆人說：“不見至尊衹見一雪豹。”彌拉説：“那雪豹是我。”又説：“最初我來這裏時，衹帶有三斗糌粑[19]和一腿岩羊肉，每餐非四握糌粑不飽肚。剩餘的糌粑和羊褪肉給你們吧！”衆人説道：“現在鄉人都爲你而悲傷！我們爲此而來代衆鄉人向你問安好！”彌拉説：“瑜伽我身甚安樂！施主貴體亦安否？”唱出了如是等許多歌詞。

繼後彌拉去到曲壩（河間）時，以德威鎮伏了鬼神大軍。此後他去到各城鄉和各種寂靜處所安住，並教育徒衆。印度達瑪菩提也來和他相會，對彌拉敬重頂禮。蕩巴桑傑[20]住在定日時也和彌拉相會而作暢談。彌拉在曲壩鬼神大軍來到的時節，蕩仲敦巴説是壬辰年發生的事，那時至尊彌拉年届七十三歲。

至尊彌拉的弟子，普遍傳稱有八位熱巴師兄弟：即是貢塘的領穹熱巴、江隆的蕩仲熱巴、達謨的枳貢熱巴、峨察的色本熱巴、尼香的奇惹熱巴、熱巴細哇峨、鄧哇郡（護樂）、惹枳熱巴八人。

又穹昌巴・耶協喇嘛（智慧師）説：彌拉的首要弟子有熱穹巴、一生補處佛位菩薩化身的至尊崗波哇大師、能忍苦修行的絨穹熱巴、獲得暖火自在的瑜伽士細哇郡（寂護）、具足信解的爲枳貢漾勒、及覺垛、香納、色本敦穹、魯崗熱巴、女施主勒色、瑜伽女江麥和准勒等許多通達法性的弟子。弟子中熱巴細哇峨（寂光）、桑傑交（佛護）和絨穹熱巴三人離此世界嚮往空行刹土，還有江謨・巴達、哲色、卻季絳秋（法菩提）、正昌瑪・巴操薩等也是即身前往空行刹中。弟子中還有能調伏人類有情的上師崗波巴、能調伏非人（又名阿修羅）眾的上師扎喜澤仁（吉祥長壽）、能調伏扎根瑪（一種神名）的上師阿傑吞季傑比准麥（咒生俱生明燈）等人。如是諸人也不過舉其大略而已，而且此諸人士在一地中復示現各種身相，在許多地區中能刹那來到而作利益眾生事業。至於至尊彌拉的全體弟子，誰也不能詳盡地舉其數字。諸成就大師都説，這位至尊彌拉即是阿闍黎絳伯協業（文殊友）。至尊彌拉惹巴大成就師享壽八十四歲，於癸卯年（宋徽宗宣和五年，1123 年）在鄭區示現圓寂。荼毗後雖少許骨灰但舍利也未發現。有一些徒眾們在一位度母化身的女修士座前問道："至尊彌拉是否已成佛？"答道："以彌拉的精進來説，他者無與倫比。因此，決定他已成佛。"

次説彌拉首要弟子熱穹巴，這位大德於甲子年（宋神宗元豐七年，1084 年）誕生於貢塘地方，命名多傑扎（金剛稱）。其父早年逝世，母與叔同居後，他作叔父的僕役。少時善於念誦，每以爲俗家誦經懺的報酬獻於其母和叔父，以取他們的歡心。熱穹巴年届十一歲時，恰是至尊彌拉閉關九年圓滿後的甲戌年，熱穹巴在貢塘的山谷中和至尊彌拉相見，當即在彌拉座前供上禮品，以此其母與叔對彌拉對他都不悦而發怒。在那裏彌拉命熱穹巴修臍輪火（一種密宗秘法）獲得進益。當熱穹巴在至尊彌拉座前依止時，由於過去其叔命他耕地觸犯龍神，以致年届十五歲時患麻瘋病，遂離開彌拉而去到空屋中住宿。那時來了三位印度游方僧對熱穹巴生起憐憫之心，將他帶到印度在上師壩那真扎座前親近依止，壩那真扎傳授以《威猛鵬裙本尊法》，命他念誦，誦修不久而麻瘋痊癒。

後來熱穹巴去到尼泊爾在阿都那達俠等師座前聽受《勝樂》等一些密續經教，後來熱穹巴仍舊回到彌拉座前時，彌拉對他説："在印度所有空行母之法，有九種法門，瑪爾巴所傳語教中，九種法門我僅得五種。上師瑪爾巴曾對我説，'你應去到印度求得此九種全備之法'。現在你熱穹巴應去到印度完全求得九種法門。"熱穹巴遵依上師彌拉之命去到印度在那若和麥枳兩師的嫡傳弟子底布哇座前求得此九種全備之法，此外還覓得許多教授。繼即返回彌拉座前，而以九種法門供獻於上師彌拉。又由彌拉将此法門傳授與蕩仲敦巴、蕩仲敦巴復著出此種法門論本，由此發展遂稱名爲"勝樂耳傳"。由熱穹巴親自發展而出者，稱"熱穹耳傳"。如是熱穹巴依止彌拉而獲得殊勝通達，他又從印度求得許多教授。當他在彌拉座前請允許他前往前藏去時，彌拉心念對他有情將有大益而允如所請。别師起程時，彌拉也親自遠送一程；並叮嚀説從今以後當如此這般而作的許多嘉言。於是熱穹巴來到了卻嘎地區作了利益一些弟子的事業，並在那裏住了五年。此後前往前藏，來到烏汝的北方和尼泊爾的阿蘇大師相見而請傳教授。阿蘇大師説："教授可以傳授，但我須養活娘和女兒，你去化緣吧，化緣所得須供獻於我。"

熱穹巴在吉麥以上地區化緣，所獲甚多盡供於阿蘇大師。在那一階段中在嘉裕地方去乞化嘉裕哇的齋僧茶，而在門前叫化，放聲歌唱出：“没有師教授，空談如漱口，還望證菩提……”等句。嘉裕哇聞歌而墮淚對烹茶者説：“煙熏我啊！”繼後去到南方在喀曲有一些耽擱而住下，並將那若巴的《六類一味》諸法藏於秘窟中。此後他來到昂學時，想到有一奪他者命的甚深咒詛秘法，是不宜對他者傳播發展之法，遂秘藏於宗山的岩隙中。又在卻區的吉昌地方因有耽擱而住下，此後在雅隆住時，有一手印母由於和其他男人同宿，使他生憂而逃往香布雪山而安住。繼後前往梁區，遊歷梁、嘉、諾若三地區，在諾若住時較多。後來熱穹巴住嘉區時，穹昌巴前來和他相會，熱穹巴住諾若時，法王仁清領巴（寶洲）來謁，並在他座前求得耳傳諸教授。總的説來，熱穹巴住諾若時有許多門徒，其中出有得意弟子十三人，即是諾吉閣哇、章巴松巴、嘉波・壩惹協朗、諾若・倫毗謨閣哇・喇嘛貢卻、諾若・彌納哇・松敦卻達、布貢納波、那堆巴・桑日熱巴、野欽謨哇・枳貢鄧珠、扎奇哇・梁多傑峨、梁麥巴・郡敦敬勒、梁麥巴・郡敦傑巴、野穹巴・格西穹波以上十二人都獲得圓滿灌頂，並證悟空慧！而雅隆巴・拉傑拉壩雖得圓滿灌頂，但未證悟空慧（此係第十三人）。此外還有侍者仁清扎（寶稱）、梁傑布巴又名達學熱巴、貢清麥朗、麥野巴哇、阿里巴・色卻（明勝）、覺謨哲謨、妥巴絳敦、楚敦旺額、對松欽巴（知三世）、扎日貢穹等弟子。又熱穹巴過去在措納枳穹時，有五女和他相見，其中爲首歌女後來依止熱穹巴而修，普遍傳稱此女即身去到空行刹土。如是熱穹巴作了廣大利益衆生事業後，於辛巳年（1161 年）享壽七十八歲而逝世。從熱穹巴所傳出《珠嘉瑪長壽法》史事中，雖説有熱穹巴享壽八十二歲。然而其嫡傳諸殊勝弟子所作《佛教傳流世紀計算法》中，明顯標出的是七十八歲。

次説諾吉閣哇，係梁堆人，他在熱穹巴座前供獻黄金曼遮（佛教所用供品之一），而求得圓滿灌頂和一切教授。他修到風息入於中脈後，親見無量諸佛菩薩，復親見一面勝樂本尊。在他成爲瑜伽自在大師安住時，有瑪季漾閣的女兒爲他作承事僕役，她在熱穹巴的座前作班首有二十五年之久，是爲撫育一切徒眷而住世的。

次説至尊章巴松巴，係勒堆郡巴下區中松巴業烏喀人。父名松巴旺秋，母名納讓切喀。父母二人生有五子，章巴居長。章巴夫婦倆從北道裕垛切而來到梁堆達察地方，在堆隆甲瑪哇和若烘哇二師的寺廟中出家後住寺一年。繼後來到熱穹哇的座前生起極大的信解，斷右手無名指作燈炷燃燈以供師。他約在二十一二歲見師後作侍寢侍者以來立下誓約，每見師面必頂禮三拜及每日必須頂禮百拜。先是章巴夫婦作互尊熱穹巴的施主，而且由於從遠道而來求法，以此章巴從作侍者以來，如果無章巴在座熱穹巴決不傳一座法和教授。熱穹巴逝世後，即由章巴住持寺座。那時他的賢名直達於恒河一帶，印藏二地盛行其教授，他以大悲心攝受一切有情，所有三藏法師下至婦人和孩童無一不起敬信，無一有誹謗之言。尤其是觀他每一行動能使人心中受益，由於他在其他阿闍黎前聽受了多次法義和教授，以此他所説每句內要之語能使人通達許多意義。他雖是內心富有廣大功德，然而出言總是十分謙遜。至尊帕讓住巴[21]也曾説："熱穹巴真是一位印度的大成就者，決不是由一小小緣起因素而能有那樣大的饒益功德的。"

此中有熱穹巴和一些共通（即一般）弟子的史實録如下：

布貢的略史，此師係至尊帕讓住巴和摩覺巴兩位大德的上師。尤其是他對帕讓住巴曾記別（預言）説："將有四位空行母攝受於你,你將有如此這般的寺廟。”

次說穹昌巴，於乙未年誕生在堆隆地方，在嘉杜師座前出家，又在嘉瑪師座前受比丘戒。到巴操譯師座前去聽受《中觀》，因譯師未得空閒爲他講說,而始在雲敦扎(功德稱)座前聽受《中觀》(龍樹所著)諸論，又在桑哇旺多座前求得諸行法類，在嘉瑪巴座前聽受《中觀》和《量釋》等論，在色師座前聽《般若》和妙吉祥法類；在普巴哇座前聽惹里和聖傳諸法；在覺索師座前聽《勝樂》和《枳雅》，在妥巴座前聽《喀惹法類》；在朗巴和惹譯師座前聽《黑色閻摩法》；在朗拔哇座前聽甘丹派法；在昆普哇江色座前聽《道果集》；在領喀哇座前聽《五種釘法》：在格西嘉座前聽《五次第》；在峨師座前聽《歡喜金剛法類》等。那時他還未獲得教授秘訣，以此他前往枳貢嶺喀哇的住地,待嶺喀哇閉關圓滿出關七日後，他始得見師一面而求傳教授，嶺喀哇傳授以臍輪火、幻身、夢境合修諸法的導修教授,此外聽受了其他的誦傳經教。嶺喀哇對他說:“聽說前藏人倫•熱穹巴現在住在前藏，你到他那裏去吧!”穹昌巴去到熱穹巴的住處求見，那裏的人眾說:“至尊大師厭煩擾，可能不接見。”話雖如此,但是仍然獲得接見。熱穹巴對他說:“我在夢中見月剛顯明,有一人說,將有具足日光般的境相到來。我想月亮是你這一弟子，成爲日光般顯耀也是在你身上,因此，我將教授傳授與你。”經九十日將教授完全傳給他，並且作了九次會供輪。之後熱穹巴說:“現在你不要住在這裏，你走吧!直至我未死之前，你對上師和教授都當正心誠意。此後從甲午年至癸卯年是你成器的時量。勿將教授當作商品而出售。”此後穹昌巴在倫卓穹察扎住了七年中，没有任何一人來對他作承事服役，在哈卓宗也住過一段時期。他住在穹昌時曾作過鴿身奪捨法[22]，他說這種現象是無礙着的。此外他具有親見許多本尊，身血降乳（他流的血是乳汁），斷有漏流（即斷生死流轉），修持的功力達到無等持與後得之別（即修時和放座後是一樣的境界）等無量功德。享壽六十二歲於丙申年在嘎貢地方逝世。荼毗後發現無量舍利。

次說穹昌巴的弟子瑪季旺覺，誕生在峨裕地方，嘉是他的族姓。總的說來，他從少年時代就廣習聞思之學，尤其是得遇穹巴昌巴後，他獲得圓滿的耳傳教授，證得真實空性殊勝通達，能行一切財物供於上師的佈施度，他在嘎貢不作灌頂中（真實）慧母而生起覺悟，是由於他已成就具足三律（密乘、菩薩和別解脫三律儀）的持戒度能現證本源真性的無生法忍度，對於生圓二次第具有如水流不斷的精進度，於自心清淨大圓鏡中能達本尊與上師無二無別的禪定度，由上師之恩得通達一切法無生無相的智慧度。具足如是六種波羅蜜多的功德。

又穹昌巴的弟子格毗毗巴，誕生在香區的拉普地方，係思敦瑪日哲之子，命名覺色阿生，童年出家爲僧，在扛巴協烏等許多善巧上師座前聽受《中觀》及行法等，又在阿闍黎嘉瑪哇等師座前正聽受瑜伽等類許多密法，繼後在穹昌巴座前求得耳傳教授。他是一位具足通達法性，而常住於定中的大德。

又有瑪敦楚稱郡勒（戒生），於巳年誕生在香區珠村的蕩讓頂地方。父名瑪爾巴・壩哇絳稱（焰幢），他童年出家，成年後（二十歲）受比丘戒，並聽受甘丹教法及《毗奈耶》，又在江巴絳交座前聽受《集學論》等學行法類，在容敦格敦座前聽受了許多密法，在穹昌巴座前聽受所有耳傳法類。他具足通達空性和中陰修練，從光明中能知諸師逝世時期等功德，並能運用菩提心勤作利他有情事業，尤其是他廣講耳傳法類作出宏揚事業。

又有香巴瑪敦及格頂巴的弟子香譯師，誕生在烏德地方，係香垛德扎之子，命名普巴交（橛金剛護）。年届十四歲時在阿闍黎嘉貢座前學習念誦和法類，並聽受《那若六法》，又在阿闍黎梁師座前求得瑪爾巴傳規之《大悲觀音法》；在安達梁惹座前求得秘藏深法；在惹桑傑袞嘎（佛慶喜）座前聽受峨師傳規的《歡喜金剛法》及魯宗的《保衛佛教誡訓》；在香澤巴座前求得發菩提心法及三摩地灌頂；在熱巴旺額座前求得《具足七支》等許多熱穹巴的教授；在邦索師座前求得《聚積三法門》；在妥巴達貢及温波覺索座前求得瑪垛師傳的《勝樂法》；在惹覺座前求得《時輪》及《能怖金剛法》；在中觀師索嘉座前求得讓師傳規及具密之《歡喜金剛法》；在上師多傑交（金剛護）座前求得《摩覺巴法類》；在香巴瑪敦及格頂巴座前求得耳傳法類；在達貢座前求得父傳法類的耳傳解脱道及灌頂等；在魯麥等梁巴松傑的一位弟子座前求得蕩仲傳規的耳傳法類；在瑪季旺覺座前求傳所有耳傳教授及灌頂未允傳授；在班欽釋迦西及嘉譯師座前受比丘戒，命名住巴伯桑（成就吉祥賢）；在班欽大師那裏住了一年，並求授教法；在阿闍黎江若迅仁座前所受《毗奈耶》和行持法類；他三次去瑪季旺覺座前，最後一次才得到瑪季旺覺將耳傳教授完全傳授給他，並賜他以穹昌巴的手册、聖物加持丸、六種骨飾[23]等物，而且對他授記（即説預言）；在香巴瑪敦的弟子柳貢座前求得《方便道的導釋》；在壩日哇座前求得《增智法》等；在傑普洛甲哇座前求得阿底俠尊傳規的《勝樂》和聖傳法類；在上師閣乍巴座前求得夏瑪傳規的《道果》法類；在措普譯師座前求得《毗沙門法》等。共計求法所值遇上師有七十人之多。此後他南下去到尼泊爾，在尼泊爾的耶讓地方班欽・惹達納惹肯達座前學習《聲明》和《量釋》，並獲得講授密續釋論二百餘種，及圓滿灌頂八十四種，又在班抵達西毗瑪那甘地座前求得至尊救度母的灌頂和曼荼羅儀軌等許多法門。在湯敦座前聽講密續釋時，其他密續釋疏，則遺留下而未達到全通，他誠禱上師加持，由此獲得密續釋論的一切金剛語句的秘結一時得解，又向上師穹昌巴虔誠祈禱，而於夢中得師灌頂，以此對於他的著作也成爲最勝。此外還有他在班欽座前求得《勝樂》灌頂時，地大震動，在聽講《密集》時，是勝樂金剛親自爲他說《密集續》；在聽講《閻曼德迦》時，是由大悲黃色忿怒本尊等爲之說法；在聽講《勝樂》時，是由扎根瑪傳授，而在傳導釋時，同時音樂自鳴；在壩若座前灌頂時，以垛瑪調伏了空行母；在《上部續釋》的灌頂時傑江（護法神名）真實來到；譯《金剛鬘》時，發現稀有相微；念誦《地魔災害魔類法》遮除了魔災；伯嘎魔神所作災害初起時，他修威猛的禁行而獲調治；在尼泊爾對外道所施惡咒他運用無畏行以破除惡咒等許多奇異事蹟。他翻譯出《金剛鬘》等許多論著，還著作出《教授穗釋疏寶藏》《喜金剛第二品斷除二邊論》《開光法》《七期薦亡五釘教授》等許多論著。他在製作沖堆墳譔寺誓約中，閉關時空行母親來讚頌。他在本仲親見本尊勝樂，獲證一切法本性與智明五分別和聚合與分離亦無別。於丁酉年逝世往生忿怒本尊莊嚴刹中。

次説香敦及柳貢二師的弟子色敦覺措，誕生在後藏的絳絨地方，命名多傑措窩（忿怒金剛）。幼時聽其母講彌拉惹巴的故事，遂獨自一人去到岩洞中打坐。他年屆十二歲時通曉念誦，十八歲時在上師協敦座前學習《幼化法門》，並聽受《大圓滿心法門類大虛空篇》，以此通達心之本性，由著作《語根教導》而粗通《大手印法門》，又聽受了《道果》等教授，又在撥覺魯敦座前求得《橛金剛事業、灌頂、修法》及《幻化略釋》。他年届三十歲時在協貢細波座前求得俱生四灌頂；三十二歲時在柳貢座前求得耳傳教授；又求得《勝樂》和覺謨的加持法、《那若六法》《行境》《修心教授》等；三十七歲時在覺若拉頂的香譯師座前求得耳傳教授，而獲得斷除從穹昌巴傳來諸教授中增益損減之疑，復聽受《金剛鬘》，而通達一切法如夢如幻，並滅除對他身特起的執着，獲得對治分別心。他是一位一切事業都不逾越大寶菩提心的大德。

次説蕩仲敦巴菩提惹乍，誕生在垛察吉瑪隆地方，蕩仲是他的族姓。據説由於他精研《慈氏五論》[24] 而獲稱敦巴（導師）之名。又在至尊（彌勒）座前求得諸教授，並著作了《至尊彌勒教語攝論》。蕩仲敦巴將《勝樂耳傳教授》完全傳授與貢湯熱巴，貢湯熱巴傳給嘉頗哇隆巴，嘉頗哇隆巴復著作出這一法的許多論著，他的密號叫若比多傑（遊戲金剛）。

又蕩仲敦巴的弟子梁巴松傑巴，係梁絨人氏，年届十九歲時逃往閣垛卻在喇嘛貢座前求得《三界解脱緣起法類》。繼後前往那堆的涑布，因此來到正吉和蕩仲敦巴相見，他供上黄金五錢而説道："我厭離輪回，怖畏生死而求法。懇師傳授灌頂和教授等。"蕩仲敦巴説："至尊彌拉惹巴的一切教授中，攝集聯繫密續的方便教授和聯繫加持的耳傳教授二者。其中耳傳教授據説未傳他人，衹傳授與至尊熱穹巴，對於《那若八法》（這裏藏文是八法）則是完全傳授與我。我將特殊的八法教授等完全傳給你，你應如密行而修，認識俱生通達後，應成爲住持傳承的法器而成熟身心。應知密宗的堪稱法器是極稀罕的啊！我將教授完全傳授與你。"

梁巴松傑巴在蕩仲巴師座前前後共住了十五個月之久，繼後他去到前藏拉薩和生波日（魔山）等地，繼雖是步行到青汝的切波伽寺但他假裝成跛者，斷絕言説假裝爲啞人在十八年中專一精修

“不還果”位[25]。在彼寺盡邊處住了一年，又在江薩色瑪岩頭住了幾年，在其處獲得殊勝和共通兩種悉地，具有神通，享壽七十歲逝世。計由梁巴松巴（名尼瑪生格，意爲日獅）傳授與瑪布扎巴・迅魯協饒（童慧），由迅魯協饒次第傳出仲敦・仁清協饒（寶慧）、傑貢日哇・仁清楚稱（寶戒）、漾江哇嘉哇鄧珠（勝成義）、色領巴・扎喜伯（吉祥德）、法王袞卻多傑（寶金剛）、克珠阿吽班遮、哲鄔信仁波伽絳秋伯（菩提吉祥），由絳秋伯傳我（著者口吻）《勝樂耳傳灌頂》及許多教授，而且是同堪欽・生格伯哇（獅吉祥）在一起受法，又由嘉頗哇隆巴次第傳出章・昌巴清波、格哇邦喀哇、塔細甲扎哇、喇嘛思吉巴（威光）、喇嘛袞卻桑波（寶賢）、堪欽・協垛哇（智金剛）、卻閣哇・卻伯協饒（法吉祥智），直傳至閣楚・扎巴郡勒（名稱生）之間，所有傳承教授至今（著者當時）還未斷傳。此外過去諸師的傳記中雖是還有耳傳教授的聞法録，然而没有詳細的傳承，衹好僅就傳承到我（著者口吻）的史料而録出。

計佛世尊滅度後三百年大婆羅門出世（譯者註：如指的是龍樹與年代不合，但似乎又是指龍樹），又過三百年至尊日措巴（指誰不詳）出世，又過二千四百年麥哲巴（是否指阿底俠）出世。此後到領熱（宋代嘎舉派一高僧）逝世以前計經一百七十年，繼後直到丙申年以前計又經二百八十八年了。統計丙申以前是佛世尊滅度後已經三千四百五十八年。這是熱穹（巴）傳規的佛教事紀算法。以上係《勝樂》耳傳和熱穹耳傳的情況。

繼説至尊彌拉惹巴的諸弟子中最著名的法王崗波巴：如嘉哇漾貢巴所説：“由化身而來作化身住持傳承的崗波巴。”是説最初生爲（印度）王舍城中有富豪而且高貴的大施主之子，名達窩迅魯（月光童子）時，在靈鷲山釋迦牟尼王佛前求得《三摩地王經》，那時，他迎請佛世尊及佛的侍眾等到他家中，他作承事供養。佛對他開示説：“汝於濁世時[26]當受持此經。”月光童子當即承許道：“我願捨生命受持此經。”佛復説道：“汝受持此經時，我爲汝作助伴。”那時的菩薩月光童子即法王崗波巴，許爲作助伴的佛世尊，即阿閣黎帕謨住巴[27]。再説成爲月光童子的因緣，在往昔無數劫前，有如來名寶蓮月清淨現聖王的教法出現於世時，他生爲菩薩名花月美妙，在普賢林中爲眾多菩薩説法，後來又在國王宫中爲許多人士説法。後來國王巴伯敬（勇士佑）命劊子手殺菩薩花月美妙並剁爲支節。國王見諸支節長時如生其色不衰，大生痛悔而作懺罪等廣大故事，都在經中明顯地記載着。那時的國王巴伯敬即後來的佛世尊釋迦牟尼，菩薩花月美妙即後來的月光童子。至於月光童子的化身成爲法王崗波巴等事，已成爲許多具善緣的上流人士所深信，而住持其教語傳承的諸人士也對於《三摩地王經》都作受持而敬供。對於此義善知識博垛哇（甘丹派一大德）説：“如是的大手印有一稱號，即《三摩地王經》之義。我們對此義也不應作貶低，也不作深究。”這些話的意義，也是想到崗波巴即是月光童子。由此看來崗波巴的偉大功德，即是一切經中所説佛的諸功德。既是這樣，何待説其功德之量。但是一些仍執爲是同一般凡庸人士受生的情況來看，則是輕視大德了。這位大德崗波巴誕生在梁里地方，係里哇種姓，父名里哇嘉補，母名學謨薩伽江，父母二人生有三子，崗波巴係次子，係於己未年誕生。少年時學醫學達到善巧精通，曾娶有一位妻子，他甫二十餘歲時妻死去，他十分懊喪！年届二十六歲時在善知識肖巴嶺巴座前出家一次完成具足戒，又在格波下區瑪裕洛敦（具慧）座前聽受《勝樂》和《大寶六莊嚴母》等許多灌頂法類。繼後到鄔汝北部在嘉裕哇、柳絨巴、甲日貢喀哇諸師座前聽受了許多甘丹派的教法。繼在阿闍黎絳秋生巴（菩提薩埵）座前求得修行教授而修，僅修十三日獲得生起"不敗壞三摩地"。此後返回本鄉中安住精修時，附近有乞丐三人，其中一人說："如果有一大坨糌粑團和一碗佐食菜而食，多麼可樂啊！"又一乞丐說："發願當願如最上君王那樣。"一個老乞丐說："是我自願則願如彌拉惹巴那樣對衣食沒有貪戀，在虛空中飛來飛去。當如是發願。"崗波巴一聽得至尊彌拉之名油然生起敬信！他施給諸乞丐所意樂的飲食，而問道："是何地方有你所說那樣的瑜伽士？"老乞丐說："住在鄭區的業朗山上，據說有些去朝拜他的人未見着他，有些見着是一座佛塔。"

此後崗波巴在夜修後夢中聽得擊大鼓聲，其聲遍廣大疆土，又聽得吹銅號聲也極響亮，說是此間西藏没有較此更大的銅號。因此，他想這或許是和至尊彌拉相見的徵兆。於是起程先來到烏汝地方諸師座前送禮致敬，並說道："我聽得有一位如此這般值得讚頌的上師，請求許我去朝拜他。"有些上師答說："以我們的教授來說，已經足夠了。"再請求說："我願在這位上師表示敬仰。"諸師許可說："你去吧！"他說："看來我的徵相要實現。"遂同一位名叫貢敦的作伴而行，來到節區商集處，貢敦因病而留在那裏。他獨自前進，來到距離至尊彌拉住地約一日半路程時，他突發暴病近死的邊緣，他虔誠祈禱至尊彌拉而得速癒。繼來到鄭區的時候，有一僧人前來迎接而說道："你的福德真大啊！"問道："這是什麼緣故？"答說："你要來此，上師去年就預言過，現在是命我迎接你而來的。"

他想這樣看來我是具有福緣的，而略生矜驕。因此至尊彌拉內心已知，而半月未許謁見。有一天彌拉說叫他來見我，來見時見至尊彌拉坐在磐石上，遂供上黄金一小塊和茶一包。彌拉說："黄金與我不適合而未收納，茶我没有熬茶的灶具也退你吧！”説後滿盛一顱碗的酒命他喝。他想自己是比丘不可喝時，至尊彌拉已知道而再三叫他喝，他也就一滴不剩地喝完。然後彌拉問他道：“你叫什麼名字？”答道：“叫索朗仁清（福寶）。”彌拉口中説了索朗、索朗…… 三遍，而唱道：“由積二資[28]福德生，一切眾生之大寶。”唱後説：“你對我當預作前藏宏法師的招待。”之後崗波巴請求至尊彌拉傳授甚深教授。彌拉問道：“你得過灌頂麼？”答道：“在瑪裕洛敦師座前得過《大寶六莊嚴》《勝蓮》等許多灌頂，又在烏汝北部聽受過甘丹派[29]的傳多教授。於十三日中也就獲得‘不敗壞三摩地’（定的一種）。”

彌拉聽後，哈哈大笑起來，説道：“這樣的三摩地在色界與無色界[30]諸天眾長久劫中都有不敗壞三摩地，然而對於成佛來説毫無利益啊！此如未經壓榨而不出酥汁那樣，甘丹派雖有教授而無秘訣。由於西藏人的心中被魔入祟，以致阿底俠尊者未能演説密法，如果開示密法現在將有許多大成就者遍佈於西藏。甘丹派祇有一種單行的五種生起次第和收攝情器世界於光明中的一種圓滿次第。現在你修我的臍輪火阿通（此符號名）吧。”他於是交二錢黄金給鄭區的一位店主請店主允許給他送口糧，並在磐石的根邊，搜集木材和厚毛氈搭起一小屋。再請求至尊彌拉傳授教授時，彌拉説：“你過去得過灌頂，我不是説那些灌頂都不中用，而是必須依我的傳規作。”

於是傳授他一種亥母加持法，他依上師彌拉所傳教授而修生起了無邊徵相，以此相稟告上師彌拉，彌拉説：“這一切都是此身要害處，風息（即氣息）和各界（身、津液、暖氣等）住持起來的徵相，也不是有什麼危害，也不是有什麼功德，還要努力修吧！”再經修養，有一天發現生起了一次足夠的風息和風息達到手指尖端，此情稟於上師，上師彌拉說："這並非獲得風息自在，不過是風息堪能（言可以修業）。"待到發現日月被星曜遮蝕的現象時，上師彌拉說了三遍現在應當……面傳授他以最勝臍輪火法，依修生起特殊徵相時，上師彌拉對他說："你真是個好漢子。"就這樣他在上師彌拉座前經過了十三個月後，上師彌拉對他說道："你這位前藏宏法師到前藏去吧！"送他到了一座橋頭時吩咐道："你現在當捨世間心而專一修行，不要和三毒（貪、嗔、癡）熾盛的人相友好。須承許做到這些事，由於你是個退隱的沙門（意爲修善者），以此當依棲山林和寺廟，今後三年你將成爲一位純正的修善者，那時將會在此見着我或不在此……"種種叮嚀的教語。

崗波巴別師後來到業區，駐錫色哇隆寺中，這裏有許多甘丹派[31]的僧伽，他想如果不去支援這些僧伽的法行[32]，那是罪孽。於是去支援僧眾的法行，並和他們的舉止行動合起來。以此影響他的三摩地稍衰，他想這樣下去無濟於事，遂三年不離座精進修行，由此證見本來心性，而通達一切法的真實性（即空性）。他想這即是上師彌拉所說"純正修善"，並且想到至尊彌拉上師也是法身[33]，自己也同是大成就者。此後他依上師彌拉所說離開人群助伴，而去到許多寂靜處所，每處暫住而修。最後去到窩德貢嘉雪山住了多年，有一天來了一位身着美服纏頭的老人對他說："我想在這裏作你的服侍，可是現在我的兒子格拉貢波來迎接我去。以此就在此而去。"說後就不見了。那時恰是他在至尊彌拉座前謁見後，彌拉七十一歲的時候，他年屆三十二歲時歲次庚寅年。繼後返回時是第二年辛卯，返回是因爲至尊彌拉有十二年後你來鄭區山上一趟的囑咐語，又想到依棲寂靜處的時候，而返回來到上隆地區時，聽得至尊彌拉示寂的消息，而且上師所説“你是具福德之身”的話，似乎言猶在耳。他於是想返回而不再前進，空行母變化出住舍和特殊食物，使得宿食，食後住舍等忽然不見。

繼後他復依棲寂静處而修，從窩德貢嘉來到崗波也就住下，當未住窩德貢嘉之前一階段，他去朝拜烏汝區的諸上師，諸師囑咐他應作利益衆生事。他答説：“我没有利衆的思想，由於我衹有三年的壽命。”上師柳絨巴説：“那麽你就在這裏修吧！”若空珠師説：“我看無妨！”傳授他以白度母修法，以此獲得延壽。他去到野區格西哲巴座前時，格西哲巴説：“你這次將我的護法神帶去吧！他對你是很喜悦的。”但他那次未將護法神帶走。

後來他來到崗波，寺廟大興起來的時候，他派遣了兩個門徒前去問候格西哲巴安好並陳近況。格西哲巴説：“過去叫他將護法神帶去，他未帶去，如果帶去的話，哪怕有大的敵對和障難，都會粉碎而無餘。現在我將這親手所製酥油塊給他作供食吧！”依格西的話做後，由那塊酥油而得到《貢波護法的修法》大宏起來，他復撰出《貢波修法》文録。

後來他想到這尊貢波太嚴厲兇猛，遂説我的撰文略有錯誤，凡各各手中所有的文録都交來，他將撰文搜集後，此諸撰文不復再給他人，而另撰了一種温和的貢波修法。據説有一名叫格西領巴的撰文未被搜集去，從他的撰文也傳流出一部分。他來到崗波時閲《陀羅尼自在王問經》序分中所説“薄伽梵最初於一切法平等性中現證圓滿佛陀”句時，他自己所修的《大手印》也（隨此句義的覺悟）成爲最勝通達。又如經中所説“轉妙法輪”，他晝夜不斷都在轉“廣大教授法輪”。此中以至尊彌拉來説，對於方便道和大手印是不各别分開的。對合乎密宗法器諸人，則開示方便道：對雖未能灌頂然而合於般若波羅蜜多法器諸人，則傳播《大手印教授》，也講授《俱生和合教導次第》。對此又名“剖析證法”。諸經中雖是説有許多上師和弟子應具德相，但（本宗）對弟子不須許多德相，唯一祇須“敬信”也就可以，而且對一些愚魯、貧困、罪惡諸人也傳播大手印，不久也生起大手印的通達。崗波巴復著有《甘丹教法次第論》。他講説許多教授，其中以甘丹和大手印兩種法流相合爲著稱。他的功德是其他善知識無與倫比的美譽遍於一切方隅。他擁有極爲調柔的無邊徒眾，大都是具足淨治功德，對師敬信，而且能斬斷世間諸纏縛，去到雪山叢中、岩山、石山、林叢、寂靜籌處，精修心要的弟子也是難以數計的。在出家徒眾中有許多事先未經聞思的小僧人也獲得證悟的。有一些法相宗的大善知識説：“有許多聰明的人被崗波巴浪費了。”崗波巴自己也説：“諸法相師責罵我，但我的諸小僧人的修境是會開朗的。”他在崗波駐錫時，有些來請開光，有些來請宴會，於不同地點作説法等事，他示現能於同一時中而都成辦的神通妙用，是有許多的。他的住所中，也有些人見有釋迦牟尼或觀世音等佛菩薩住在，有些人見其寢室床榻上空無所有的，然而頓時仍見是此師住在。他示現了這些不可思議的神變。又崗波巴在卓貢色謨峨湖畔生起邪風（風息不調）而昏倒，那時卓貢（崗波巴的弟子）也生起邪風，他説：“我的茶中應有豆蔻。”於是放入豆蔻而飲用，以此卓貢風息平靜後，宣説是豆蔻之功。

後來向卓貢敬禮的時候，一些熟識者問道：“阿闍黎你在去年某月某日發生何事？”他説：“那天我生起了邪風。”那人説：“嘿！師徒同一心體（言師有神變徒也神變），真是稀有！”像這樣有神變的弟子是有很多的。

又伯欽嘎諾（嘎譯師）以拇指給色謨峨作加持身體，卓貢説：

“這一手法法王崗波巴叫它名親細中品。嘿！他在我面前顯威風，我想顯給他看一下。”於是運用奪捨法[34]攆進一死雁屍體中，雁活起來繞色謨峨周圍轉了三遍，復在伯欽嘎諾的面前叫了許多聲。也就在原地將雁屍遺留下來，都把這雁屍作爲是卓貢。

後來卓貢和嘎譯師合著了許多論著。此外還有倫覺卻雍他作會供時取來三十三天界[35]的甘露來製作供品等許多神變事蹟。以上也不過略舉一些以作表示。崗波巴撫育僧眾的時間很久，最後在癸酉年示寂彌留時，有二小僧手捧垛瑪（供食）而高聲呼求道：“我二人是求方便道的，求師慈悲允賜。”師說：“在此近前不便賜。”就在那裏有一侍者高聲呼求道：“我是求‘大手印’的。”那二小僧也高聲呼求：“我們也是求‘大手印’的。”師說：“到內面現在傳賜給你們。”遂將大手印教授傳授給他們。

如是看來在此師傳諸法中，是唯以大手印爲首要。他享壽七十五歲於癸酉年仲秋十五日上午逝世。淨身荼毗時，他的心臟經焚不壞，發現空行母來集，非人來集虹霓彩光遍照鄉土等不可思議的瑞相。諸酋長都來求分靈骨份，由阿闍黎貢楚衡量靈骨後而分賜，一切人士無不滿意。

由崗波巴言教所出大弟子計有：學絨帕巴、勝新·耶協領波（智藏）、色貢·耶協領波（色貢智藏）、讓尼哇·卻季雍仲（法永固）爲四大成就者；格波貢楚、帕謨住巴壩絨巴、堆松欽巴等人爲四大住持傳承者；格波杜真（持律）、嘎貢嘎波、那雅覺色、傑窩耶多爲四親近；覺敦、勒哲、色絳、色耶爲四近侍；以上統稱爲崗波巴的十六位大弟子。此外還出有摩覺巴、穹昌巴、業納、業瑪波、色堆學熱、香江脱巴、喇嘛窩喀哇·卓貢、脱巴達貢、枳貢傑生、甲貢多傑生格（金剛獅子）、卓瑪裕、朗巴彭勒、傑波拉貢、阿闍黎貢穹等許多門徒。其中如從康巴烏生不斷受生而出的有成就士夫其數尤爲不少。而崗波巴的弟子比丘楚稱伯（戒吉祥），成爲烏生的再傳弟子，年屆三十七歲而逝世。後來受生而爲比丘朗喀峨（虛空光），繼續不斷地受生。這些後來復成爲崗波巴的弟子，情況以後將説。

至尊崗波仁波伽的姪兒名阿闍黎貢巴，係至尊崗波巴的哥哥配妻澤江所生長子即阿闍黎貢巴、次子貢巴扎哲、三子貢穹。據説次子貢巴扎哲是一位具有三摩地功德的人士，不幸早死。長子阿闍黎貢巴其母發現殊勝瑞相於丙申年在業邦尼地方中誕生。年屆十一歲時謁見至尊崗波巴，崗波巴説："這是一位印度的大班抵達。"和崗波巴僅一見面即生起"如幻三摩地"（定之一種），十七歲時在格西阿里巴座前出家爲僧，就在當年由至尊崗波巴設布"生都惹"（黄丹）曼荼羅爲他灌頂，並傳授生起次第及圓滿次第的教授命其勤修。年屆十八即生起大手印無所修的證悟，復獲得方便道。年屆二十時住於業拉甲瑪雪山中，雖住於雪山頂峰着單毛衣，仍感温暖，並能觀見（内視）四大（地、水、火、風）風息的色彩，能上下移换和左右移换都無難而做到，能引導風息隨意到手指或諸毛孔。他在崗波巴座前陳述這些升降情況時，至尊崗波巴衹當陽光而捻搓法衣（似乎是暗示應緊束戒律之意）。在當年（即二十歲時）於肖巴嶺寺中受比丘戒，命名楚稱領波（戒藏）。崗波巴將一切教授完全傳授給他後，他去到朗普和俠烏達閣等處，在那裏住了兩年後去到崗波。在桑隆由上師作招待的會供輪時，在學貢帕巴座前問他知道修悟的現況否？他用道情歌答道："證悟合一體，法身無離聚，不羡於證悟……"帕巴感動而墮淚！崗波巴説："現在我們不能勝他，衹好去睡吧！"

楚稱領波繼在金欽賞和色倫住了三年，他年屆三十九歲時歲次庚午在總寺中受灌頂。崗波巴説："我已年邁你們以後去親近楚稱領波吧！"繼後在辛未年楚稱領波講説了一節教授，經過兩年於癸酉年崗波巴逝世。

荼毗後楚稱領波手中獲得未焚壞的心臟，他修了奉安心臟的吉祥多門金塔，並古式供室及修行僧眾的堡屋。此後他去到桑普在那裏集會僧眾約百人，並在那裏親見歡喜金剛九尊。在那裏業敦師遭到誣害，業敦説："我也是勤求佛法的，他也親眼見着的。"此後堆隆的勒敦協饒扎（智稱）前來迎接楚稱領波，楚稱也就建立了堆隆寺，並集會前後藏和康區的眾多僧伽。他去到拉薩時，拉薩地方有戰亂不安寧，由於戰亂拉薩地方多遭破壞，他想這樣的殘破恐不能修復時，在夢中見至尊崗波巴對他説："你敢於把我放置了麼？"釋迦牟尼像也真實墮淚，他也就在像前住下而善修恢復治平的虛空莊嚴圓滿等法。繼後去到亂事正興的雅卓等地方作了妥善的保證和調解。他見其中有許多爲天神擁護的，而弟子安住於教法中的也難以數計。由於他證悟大手印，遠離心中障染，而成爲無礙地説一切法大師，如恰索哇等諸多聞人士也對他十分禮敬。大善巧師哲納巴對他作讚頌説："無福人士雖謗師，熟識見者對師信，威懾千百驕横者，福威師前我皈依。"楚稱領波在窩喀嘎普講説極紅法門（密法之一）約一年之久，到了秋季他去到崗波對僧眾説："從現在起我誰也不見面，閉關靜修，格西康巴和阿里巴等人之前隨你們的信願去作依止吧！"繼後於己丑年享壽五十四歲在九月二十日逝世。本年阿闍黎恰巴也逝世，而漾桑法王在當年誕生。七天過後荼毗楚稱領波的屍體，發現心臟和舌經火不壞等奇跡，以此遺物也作了成熟眾生的因緣。

此後由阿闍黎貢穹繼續撫育寺眾，他是在崗波巴座前聽受了所有教授，是一位具足無邊功德的大德，名協饒絳秋（智菩提），撫育寺眾僅二年，享壽四十四歲而逝世。荼毗後也留下心和舌。

此師之後爲至尊崗波叔姪三代的傳徒格波杜真（持律師）繼掌寺廟。此師誕生在格波舍嘎地方，苯波族姓中，師有昆仲三人，長兄名業德，次名協郡，三弟即堪布杜真。兩位兄長都是崗波巴的弟子。他給兄長送口糧到寺得與崗波巴見面，就在寺中崗波巴傳授他“白度母法”，護法貢波隨賜灌頂，大手印認識諸法。此後在勒喀寺中魯・貢穹座前出家受比丘戒，當天晚上於夢中見有許多人得渡過河去，後來果如夢兆，據説大都在格波杜真座前求得戒律，以此發展了很多門徒。繼在垛喀哇座前聽講“般若波羅蜜多法類”，由於在這裏懶散極大，遂前往“俠彌杜真金”那裏去，得與卻桑哇相見，在此師座前精研一切戒律，並作附座講説。繼即發生重病，以此擱下講説而去到阿闍黎貢巴座前，貢巴將崗波巴的教法完全傳授給他，他服侍貢巴大師有很長時間。後來在業讓康由阿闍黎貢巴作一會供時，有名垛德嘎波和桑瑪嘎波的施主二人發生争吵而大鬧。因此，阿闍黎貢巴心生厭煩，而命叫格波杜真來，貢巴對杜真説：“從今以後再不要作會供，過去已作的都在你的面前懺悔，現在寺廟也由你來掌管。”會供未作完善的祈禱，也未允作。杜真他總想貢巴會來到寺中（作主），殊知未經多年阿闍黎貢巴也就逝世。繼由貢穹住持寺廟也僅兩年之久，此外雖有學貢等許多大師，然而寺廟仍託付杜真掌管。杜真住持寺廟發生諸事難辦，而僧眾也多奔他方。以此杜真想這許是我自已未修善之過，他於是嚴密閉關，一心專修，如是有八年之久。遠奔他方諸僧伽復來集寺中。此後有名業巴・絳秋繃（菩提億）者對杜真下毒，杜真中毒患病，而去到曲惹普，遇一良醫治療獲得痊癒，繼後駐錫絳湯等地復大集僧會。

他在卓區駐錫時，至尊枳空巴對他大興供養，並且對他説："寺廟没有你來住持，是不行的，無論如何請你扶持寺廟。"以此他復來到崗波駐錫。後來至尊枳空巴來到崗波時，對他讚頌説："叔姪三代得意徒，具足三學金剛持，證無生義瑜伽士，敬禮堪布善知識。"此後他對昌寺等也作撫育，並講《毗奈耶》。繼後他同老年諸僧伽共商後，修一座有十六柱基的佛殿由老僧等商量解決，又由他當堪布作了有四十根柱的佛殿奠基者，爲期三年而完工。至尊枳空巴對修建達波（公馬寺）、甲瑪（赤雞寺）、隆夏（風索寺）等時，也助捐了很多順緣財物。有一次夢中見舊佛殿中所有佛像經塔都迎請到新佛殿中去了。至尊枳空巴將帕謨的法典迎請到（崗波）堆滿了一廂房。杜真門下出有仁波伽卓巴等許多門徒。他對於世間法中的保證和調解等及利益他者的事業也作了很多，最後享壽七十五歲而逝世。茶毗後發現心和舌，及左手經火不壞，這些遺物都奉安在納區靈堂中。此師的寺廟則由著名的枳空嶺巴・温・協饒郡勒（智生處）來掌管。此後歷任寺主有：蕩卻嶺巴、敬安卻楚巴、仁波伽拉隆巴、仁波伽笨勒巴、仁波伽卻旺巴等人。以上係崗波巴及其寺廟的階段。

次説至尊崗波巴的大弟子倫覺卻雍，係姆學絨區安達約村人魯曲的兒子，於庚辰年誕生，年届十九歲時在嘉裕哇座前出家爲僧，二十二歲時和崗波巴相見面。他獲得殊勝功德，在崗波巴住世時，他未撫育僧會，後來他撫育僧會七年之久，享壽七十八歲於丁酉年逝世。

又有崗波的弟子成爲殊勝成就人士的卓貢卻雍，係窩喀地方人氏，父名拉傑麥朗壩，母名朗協吉，於癸未年誕生。當年至尊崗波巴年届二十五歲。他十歲時，學習父親所教密法和醫藥學。年届十五娶妻當年死去，以此他心生厭離而去到格西乍扎哇座前受

（出家）戒，繼即去到瑪康杜卓在香敦協饒壩（智焰）座前學通《毗奈耶》。此後他對至尊崗波巴生起無量信仰，他捨一切用具而求得教授。有一天在一座房間頓然生起“光明”（密法成相之一）等殊勝修證。能自在召集世間空行母，他將一切資具施與助伴們而在諾若・熱穹哇座前求得耳傳教授。他親見文殊蒙授烏汝方面的預言。後在恰裕住了兩年，那時他親見馬頭金剛爲他授記將有具緣弟子到來的預言，後果如預言卓貢香前來依止。他想須得收嘎譯師爲門徒，遂示現奪捨法[36]進入死雁屍體的遊戲神通，使嘎譯師生信而請求傳授《中陰教授》，那時他已獲得運用“密法調治”和“看法”以勾召（諸神）的大功能，在壩日譯師座前聽受《成就百法》等。享壽九十七歲於己未年示現稀有瑞相中而逝世。

次說法王壩絨巴・達瑪旺秋（興盛自在），係在彭裕地方達嘎哇族姓中誕生。童年時來到一位習密的幼童跟前，密童說了許多讚頌法王崗波巴的話，而且說你到法王跟前去，是很合法的。他對密童說：“那麼，現在你能做我去的助伴麼？”密童允作，兩人同行而來到崗波。剛到崗波密童已不知去向，傳說密童是崗波巴所化現。繼即同崗波巴見面，崗波巴喜悅攝受他，並用直觀教導法教育他，而使他成爲殊勝通達者。後來壩絨巴在北方修建了壩絨寺，住世到高齡，也擁有許多門徒。傳稱寺址常有空行來集；並有許多飛禽聚集其地。由壩絨巴的傳嗣來住持壩絨的傳承。後來傳嗣內部不和，遂出現輪流主持寺廟。帝師熱巴也是壩絨巴的弟子，以此帝師爲優獎師德，而建的內部供物大銀塔一座，仍未毀壞奉安寺中。

又有法王崗波巴的弟子妥那雅巴・絳秋歐珠（菩提成就）：他如像祖輩係一位具足嘎窩底惹舊密宗功德，而且獲得成就的大德。父名達嘎伯吉享壽一百一十二歲，是一位精研《現對法》和新舊各宗的人士。母名達諾達准，據説是一位智慧空行母。誕生後命名卻季歐珠（法成就），在幼孩時期，没有其他人時，來了一個人有一雙潔白的手帶着裝飾品者，來看護孩子。年届三歲時，在其父跟前學習念誦，他對其父説："父親所教這些我都知道。"所以一點也未教他，他已通曉。他年届五歲時，有一童年友伴被火燒着，他一見之下不由自主地頓然昏倒！這是他有與生俱來的大悲心之故；而且對於細小的惡孽，他也避免去作。他年約十歲時，在格西麥達哇座前聽受《和威幻化法》，而且也略修了一下。有一住在曲切達的叔父座前他去聽受了《慈氏諸法》《現對法藏》和"法行"等。他聽受了兩遍《莊嚴經論》完全領會於心中，使過去所聽《慈氏諸法》更得完善。他年届十七歲時去到後藏在格西江惹哇·凍敦和達覺麥等師座前復聽受了一遍《慈氏諸法》和"法行"，在那裏遇見一位獲得成就的僧人，給了他一條霍爾上品綢的彩帷後，對他授記（預言）説："你前往日出的方向去，會有快樂的日子出現。"於是來到裕區，有一名叫恰格西死後做超薦法會中，迎請來那堆·袞卻喀和桑耶巴二師，他也就在二師座前聽受了《波羅蜜多難釋》。在那裏談論中説是有一位多聞教法的老密咒師，而那堆師卻説：如能追蹤於我，衹須一年使他精通《般若波羅蜜多》。在那堆師將啟程時，裕區有一崗波巴的弟子是一貢欽（大修行者），他對絳秋歐珠説："我送你到崗波去。"於是在裕區未住許久，也就由貢欽引他來到崗波，引他的那人名貢巴細哲。至尊崗波巴説："我雖猶如日落境（言已壽命無多階段），但和妥巴（指絳秋歐珠）相契合，如我和師（指彌拉）有緣份，能速開此修法門。"

於是法王崗波巴使他閉關已，而給他傳授灌頂和教授。而且對他説："你是我上半生的一位弟子死後而轉生來的。現在你可住到我壽命的邊際。”他也就在那裏由師加持對於大手印如值遇往昔熟人一様，速即生起證悟。上師復傳授他許多不同的臍輪火法後，吩咐他將這些法門作記録。他稟師道：“我一心專修，請師不須傳我多種法門。”上師說：“這樣是不行的。”給他授記預言說：“你直到壽命的邊際，那怕已是滿頭白髮的大修士，都還要當千百人的阿闍黎。”又說：“我最初學習的是壩日傳規的《勝樂》法類，那時没有書本也没有得到講說。你應當在一位那若巴傳派師座前請求《勝樂金剛法》。”説後將魯伊巴勝樂法，係阿底俠尊者傳規的釋論，由大譯師仁清桑波（寶賢）所作的論本和誦授一併傳授給他。

當崗波巴在閉關中他不能到師近前去時，侍者來叫他到上師座前去，上師對他說：“我的這次閉關，是爲你而作的，因此，你任何時候都可以來。”他以生起幻身等修悟情況稟於上師，師說：“這些都是附帶而生起的。現在你已成就大義。”後來他再到裕區接受了許多供品；特別對所供許多鎧甲十分喜悦。那次他住了一年，總共住了四年後，對教授、三摩地和證悟都十分滿意。他年届二十二歲時，在菩薩（言師是一大菩薩）達哇絳稱（月幢）座前受比丘戒，發殊勝菩提心。堪布（授戒師）對他說：“現在你當作利益衆生事。”他過去也是關懷一切衆生的，自己從未起過私欲。此後他去到卓窩隆和修行勝地七處及波瑪拉喀等地專修很久。在波瑪附近的岩石上住時，許多鬼神分兩大股聚集而來，見得他所住岩側有火熾然，衆鬼神都不能走近。那一地方雖有兇惡鬼神，但都被絳秋歐珠師降伏。繼學《那若六法》之後，聽受《喜金剛密續》，他復去到日窩惹峨地方聽受了許多密續教授，又去到上師垛巴座前很好地聽受“勝樂灌頂及密續”。此後他攜帶了以駿馬兩匹爲首的許多供物來到拉薩，當阿闍黎貢巴還未到時，他於夢中觀象得知快要到來。剛和貢巴師見面，即將諸供物供上。阿闍黎貢巴對他說道：“你在我這裏住下吧，在此諸人中你將成爲一位有大福德的人。”總的説來，他對這位上師視爲本尊，僅一聞名即生證悟，而且得到能調伏顛狂等無量事業。此不過是略舉而說。以上係崗波巴的直傳弟子等事略的階段。

次說至尊崗波巴的大弟子堆松欽巴（知三世），在賢劫中菩提薩埵薄伽梵彌勒之後，他將成佛名獅子如來。賢劫中一切佛都已現證正等正覺已，然後他才示現菩提薩埵，這是《妙法白蓮經》中所說之故。這樣的諸士夫的數量，雖十地菩薩也難知曉。在這裏但說一些著名者如下：最初是往昔龍樹的弟子名扎連阿朗嘎；次爲措傑（海生）的弟子名嘎瑪杜魯；次爲贍部洲西南方中有一獲得觀世音成就者名達瑪菩提；次爲法王赤松德贊的大臣阿闍黎蓮花生爲他灌頂，獲得馬頭金剛成就者名嘉哇卻央（勝音），後來成爲善知識博垛哇大師，博垛哇逝世後轉生即是此師堆松欽巴。此師於庚寅年誕生在垛康（青海和康區總名）地區的哲削扛雪山綿延地帶，父親是一位修大威德瑜伽士名貢巴多傑貢（金剛怙主），母親是一位自性瑜伽母名拉脱薩崗夫人。此師和帕謨住巴[37]是同年生，命名格迫（善增）。他在父親面前求得“自生佛母的命根心要教授”而修，不久順利地獲得成就。他同上師甲嘎毗若和伯真相見後，聽受了許多教授，又求得丈色卻生的貢波（護法神）法而修，他在岩石上留下明顯清晰的手腳印痕。年届十六歲時，他請求峨勒協的弟子，也是峨諾的弟子哲窩・卻根喇嘛（最勝師）作親教師，恰・生格扎（獅子稱）作阿闍黎而出家爲僧，命名卻季扎巴（法稱），在兩年中他做了建立僧伽住地的工作。繼在阿底俠的弟子裕卻旺，及裕卻旺的弟子扎惹哇兩昆仲座前聽受了阿底俠傳規的“勝樂灌頂”和許多密咒修法，及不動如來等許多阿底俠傳規的法門。繼作精修各個法門都如其法典所示那樣，而發現許多成就的象徵。他年届十九歲時去到前藏，二十歲時去到堆隆地區，在覺隆·甲瑪哇及其弟子藏語名日季巴（一種）和善巧阿闍黎恰巴二師座前聽受《慈氏諸法》《中觀》三遍，復精研成爲善巧。此後又在俠哇巴及其弟子倫覺巴·協饒多傑（智金剛）二師座前依止六年之久聽受甘丹派[38]許多教法，又在巴操譯師座前聽受中觀理論。他請求麥·杜真巴作親教師，耶協洛車作羯摩師，麥·杜真巴之弟作屏教師而受比丘戒，並精研《毗奈耶》後，對他者講說。上師嘎譯師和克巴阿生二師住在甲拉康時，他前去求得《六支瑜伽》和《鴉面明王法》。他年届三十歲時，渴欲前往謁見貢波哇，因此在格波乍喀會見住在那裏的阿闍黎貢楚和俠哇嶺巴。在阿闍黎貢楚座前聽受《四座》，並親見白度母。此後來到崗波和法王（崗波巴）叔姪相見，供上綾等（所制）花朵而請求傳受教授，當即對他講授了一次《甘丹道次第》，並對他說："我也是修此道次第，你也修吧！"帶頭求法者和管理都是阿闍黎貢楚擔任。過了一段時間，他在法王崗波巴座前求傳灌頂，法王傳授他"方便道教授"後，他精修九天中依強制法而燃起暖樂，並衹着單衣而修，九個月中手不離座（有説入座後手結入定印手上撒以塵土，雖經多日塵土仍舊不落分毫，言定力極穩）而修。因此，傳稱他是八百大修士中最大修士，這是生起了三摩地的無量功德。他依法王所授記的預言，去到銅山中修行，計在底普修了四個月，在帕謨住修了三十五天，由此修力自在地獲得"住心"[39]，以及風息的修力無量生起，勝觀（即中觀見）也如雲中現日而生起，最後復來上師近前行苦行而住了三年。又在諾若和熱穹哇相見後，也就在師前聽受《六法》和《座中修法》等那若麥枳的所有教授。他撰出《方便道直觀教導》，由此對於空樂俱生智的認識，猶如鏡中觀相而現起。又在枳譔•朗喀色（空明）座前求得甚深教授，並依教授而生起通達。又在絨巴嘎格哇的弟子本普巴•敦楚座前求得《金剛亥母》《法行》《六種莊嚴大寶釋》《四灌頂修法》等。又在麥春波的弟子江譔邦喀哇座前求得《喜金剛教授講説》。又在雅隆嘎譔伽地區辛巴多傑生格（金剛獅子）座前求得《道果》教授。又在乍嘎譔哇座前求得《阿若耳傳教授》。又在達裕巴•熱甲敦楚座前聽受《勝樂》《喜金剛》《瑪哈瑪那》等密續講義及許多教授。他繼依崗波巴所示預言去到窩喀區的乍姑山一山洞中安住靜修，來一婦人説："我的主母來了叫你不要在此住。"以此他抓着慈心、悲心、菩提心要扼而修，安住而修了十四個月之久。以此暖火達到深度，而發現許多稀有徵象，並生起殊勝定解。此後他去到法王崗波巴住在甲閣寺，陳述自己的修悟通達。法王對他説道："你其中有錯，我對你有大厚望，你再修吧！"他又修了六個月仍如前無變動。復將此情稟師，上師以手置其頂而説道："徒兒，這是斷絶生死輪回的聯繫啊！"説後傳授以認識真實義——認識如意摩尼心性教授。就這樣他在那裏生起許多見景，他依崗波巴授記的預言，帶了五升鹽去到捫域王所轄嘎通地區，捫域王給他作施主他去到俠烏達閣（後藏一佛教聖地）安住靜修，獲得輪回涅槃無别的證悟。繼後復去到崗波住了一年，後來求師允許到各地游方，最初來到巴卓，繼後來到勒堆這裏有一土洞，彌拉惹巴的直傳弟子沙彌兩昆仲住其中，他也前去求得教授。繼後去到膨裕區甲桑岩上住了三年，他示現通行岩石無阻的神通，以此都稱他叫喇嘛乍巴（岩上師）。又他説要到貢嘎（雪山）去也就到了貢嘎，在蓮師住過的聖地白色扁形磐石上住修四個月有空行母供給生活。繼後來到業譔下區有空行母導進勒朗地方並供給生活。依此因緣生起了無量三摩地。此後在須、業兩地之間有一名叫仲的寺廟，有一那若巴的直傳弟子住其中，他和此師相見後，此師談了許多前知神通話。他也就在此師座前求得大手印和方便道的許多教授，此師並將上師拉傑所說許多口教都傳授給他。繼後他又去到拉日敬波及居波地方，並去到雅德和澎裕等地，繼後去到住細寺而安住。繼後他來到了崗波，以此仲寺師座前來的一切人士都向他說："師說在這裏住一夏，繼到崗波勒朗去精修，將會大宏利益眾生事業。"此後他去到曲窩山和住細下區住修。在那裏聽得崗波巴逝世消息，他當即趕來崗波，與阿闍黎貢巴和帕巴相見，他握着法王崗波巴衣衫作祈禱而哭泣，感得法王崗波巴在虛空中真實來到，師徒三人同時得見。此後他來到住細寺中時，正想前往崗波勒朗，而崗波多傑伯哲（金剛祥積）也來迎接他，他遂帶了一些馬匹和鎧甲去到阿闍黎貢巴拉隆住處致告別禮。在楚垛桑稍住了一下。統計他在前後藏共住了三十年都在精勤聞、思、修三業。年屆五十歲時才去到崗波勒朗安住。繼到哲寺會集僧眾約千人，並使那地方的亂事自然和息。他寄到崗波去的供禮有七塊大松耳石、茶以及七十頭牛等物。此後他去到妥居而來到前藏復供上崗波禮物有金書《十萬般若波羅蜜多經》四部，全部經藏計一百一十函，十塊大松耳石，五十頭牛馬等物。在前後藏諸寺廟中也作了廣大的積福結緣供養。他想必須去到前藏，爲了完成貢楚師吩咐的話——你在康區不管來怎樣的苦樂，你都必須西上，還有要在須、楚兩地之間，要修建寺廟，在格拉崗波寺將供上金書經函一百部，還有人眾都不喜喇嘛香的亂事。因此，他說："我是請求喇嘛香不要作亂而來的。"他對香請求不要作亂時，香握着他的手指連捶自己的胸膛而說道："今後我決不作亂了。"他又修建了楚普寺。後來他臨終時對年老的侍徒們留下遺囑説:“要以許多財物來作佛像經塔,對僧伽要作承事供養。”於癸丑年逝世他享壽八十四歲許多空行母前來迎接,發現許多稀有瑞相。這也是從略而説。

次説堆松欽巴的弟子桑傑熱欽,族姓珠谷,誕生於雅隆地方,父名章巴伯扎(吉祥稱),母名准穹瑪。童年時去到帳幕中即有虹幕隨之而來,並有四位身着金飾空行母跟隨其後。年届九歲時,他去桑日熱巴的座前聽受了從熱穹哇而傳來的教授,由此内心深處現起了“樂明無别”的悟境。由於他衹着單衣以此都稱他叫單衣大師。年届十五歲時還有一些未受完的教授,不幸桑日熱巴逝世。他説:“我在這裏教授還未全圓受得時,而法王上師將示寂。”他大哭起來,法王説:“現在你去親近甲貢大師,無論如何你會安樂的。”此後他去謁見帕謨住巴[40]請求傳法,繼後到垛區在楚旺哇座前求得新舊密法的許多教授。他在垛居岩住修時親見至尊二母(即金剛亥母),僅心生信托而内魔即獲得消除。此後到業區在章敦衮勒師徒座前聽受了許多教法,在那時他親見蘇喀舍底本尊。在薩曲堆有一崗波巴的弟子名協饒不斷地常住於光明中,桑傑熱欽去到此師座前求得灌頂和許多教授。他在業區的卓普協精修時生起天眼通。此後去到雅隆在法王貢細哇座前求得所有毗瑪那大師的教授。在那裏他想到由於地方的關係對他的精修有所妨害,以此他去到野脱巴·桑珠座前求得覺謨所傳“覺”(意爲能斷)法諸教授。繼後去到貢波和上師阿里巴相見聽受了許多教授。又在波窩地方業巴覺色座前求得《金剛亥母》和《六法》等法,特别是求得護法神黑棒貢波法,並得親見貢波。從雅隆方面母親派來一位名若勝納波(黑羅刹)的人來召唤他去,他未去。而前往察哇崗及瑪康地區,在這些地區中他生起大福德(言大獲財富),他進入密僧院中調解了許多亂事。繼後他聽得堆松欽巴住在崗波勒朗的消息後，僅寄書問候並求加持。繼想不作求法而去求見的時候，有優婆塞多傑伯哲前來迎接。他與堆松欽巴相見後，那時堆松欽巴對他說："你是一位有智慧的小密士，你可以作我的弟子。"他問堆松欽巴道："你有怎樣的弟子？"答道："我有伯察達德哇和德穹桑傑等弟子，你可以到他們的座前去吧！"他去到德穹桑傑那裏，德穹桑傑說："你是一位有智慧的小密士，你可以作我上師的弟子，現在你前往伯察達德哇那裏去吧。"他去到住處，見伯察達德哇所住洞中有一隻大老虎，驚懼而跑回德穹處。德穹說："你再去吧。"他再去時見是一湖，繞湖而行並投擲了一些小石子而仍來到德穹處。德穹仍說："你再去吧！"他再去時，見着那裏坐着一位大修士，修士的懷中擱着他前次所投的小石子。那修士說："你是一位有智慧的小密士，你可以作我上師的弟子。"他想弟子有這樣德能，師傅自不待說了。他遂再到堆松欽巴的座前求法而聽受諸教授。訂下七年中頭不落枕（即終夜跏趺坐而休息或入定）的誓約，並徹底弄清教授。正如法王（堆松欽巴）所說："我尋找而獲得前藏人你（指桑傑熱欽）和阿闍黎甘丹巴，算是兩大收獲。"那樣，桑傑熱欽無法獨自安住下去而成爲發展廣大無邊事業的人物。他在阿闍黎甘丹巴的近前也精修三年。由於過去堆松欽巴對他有可以出家的吩咐，又經阿闍黎甘丹巴的功動，他年届三十七歲時在親教師瑪哲哇和阿闍黎甘丹巴座前受比丘戒，命名索朗扎巴（福稱）。繼後他和嘎瑪仁波伽相見也就在那裏住了三年，當堆松欽巴起身前往前藏時，他送師直到哲雪納江地方。繼後他去到瑪康廣作利益眾生事業的階段中法王堆松欽巴逝世，他也是得知的。後來他對師寺也作了極大的承事服役。至於他親見諸師及大成就者和本尊的事蹟，則不勝枚舉。

他圓滿完成了利益眾生事業後，享壽七十歲於夏月二十五日示寂往生淨土。示寂後仍對諸弟子示現各種莊嚴身像。荼毗後發現許多佛像和舍利。

桑傑熱欽的弟子法王綳乍巴，此師的前生，是在靈鷲山和金剛座[41]之間，受生後成爲登地菩薩名耶協洛卓（智具慧）。繼後受生於此間名枳嘉蕩巴卻秋（正法自在）。五歲時即已精通書法和誦讀。年届九歲時在上師嶺拉康扛巴師徒座前聽受了許多《勝樂》《喜金剛》等密法。年届十四歲時他聽到許多桑傑熱欽的功德，僅一生信遂生起多門三摩地。他有一次在夢中見有紅色身高的婦女，有許多少女從而圍饒，她對他授記預言説道："你的上師桑傑熱欽的前生係格波貢穹。"過了十四天也就在布薩嘎崗與桑傑熱欽相見，他見熱欽真是金剛手菩薩。又在魯敦楚座前求佛母灌頂，到灌頂中的加持階段時，他見一切上下方隅清楚地現起佛母曼荼羅。上師説道："這一年輕學者真實得到我的灌頂。"從此以後如父子般對他關懷。此後他住在貢寺中時，見到勝樂曼荼羅，對曼荼羅心漸渙散後，頓證悟真實心性。從此不久即證悟無修的通達，他在上師座前請求前往其他地方，未得允許。暫短期間親見無數佛尊和護法等像。當桑傑熱欽臨示寂時，他問師道："你的教法，由誰來住持？"師説："我的諸弟子是有一二已通達事體的，其中仍以你和洛卓仁清二人是有大希望的。並且你是將會成就廣大事業的，你的直傳和直到再傳弟子之間也都是會有廣大事業的成就。"後來果如預言獲得無量事業。之後他想前往其他地區去時，堆松欽巴特地趕來對他説："任何地方也不要去，就在這裏修，可以成就自利與利他二者。"正如預言他光臨伯貢寺中精修了十六年，發現許多不可思議的淨相，他的美譽遍於一切方隅。他聽得嘎脱寺中的章敦師的大名聲，他心想此師是怎樣的人？於是發起希求，見得虛空界中現起圓滿報身像。他遂在章敦座前聽法，以此更成爲廣大的通達者。此後他在察學邦乍管理那裏的寺廟，在那裏親見無量的不動如來，並發現許多瑞相。繼後桑傑熱欽向他說："你不要到瑪康崗去。"但他到瑪康崗去了。以此他身體略有不適時，他正爲上師嘎瑪巴服役。他說："我這次的病，必須離開這裏快到那邊去。"桑傑熱欽對他說："你這是違犯我說不要到瑪康崗去的報應，可是我死與未死，你都不在面前。"綳乍巴臨示寂時，對嘎瑪巴說："應該想如何努力來宏揚法王堆松欽巴的教法，現在堆松欽巴這一教法直至楚普以下，你當撫育一下。"問師往生何處？答："往生兜率，你們可以獲得祈禱加持。但是嘎底嘎地方，有一堆松欽巴的化身示現在那裏，那裏的寺廟應長期主持。"嘎瑪巴復問："我對於你的教法，能做一點事業麼？"答："嘎舉這一傳派，弟子比上師的事業還大。我以前的嘎舉派一切事業，都將會比不上你的事業大。"於是在那裏四月間逝世。頓發現大地震動和嗚嗚的大響聲等稀有徵相，並遺留下心臟、舌和許多佛像等（指荼毗後）。

次說綳乍巴的弟子嘎瑪巴，係枳隆蕩巴卻秋那裏的人，贊波鄔是其族姓。父名甲旺楚察章達，母名生薩芒吉。他是在堆松欽巴逝世經十年之後，於甲子（南宋寧宗嘉泰四年，1204年）年誕生。當年喀濕彌爾大班抵達（簡稱喀欽班欽）到藏。誕生後命名卻真（持法），五六歲即已精通誦讀。年屆九歲和十歲時，對所有佛經，僅一念誦，即能領會於心中。他的心性不變，聰慧本性存生。本來他未和綳乍巴見過面，可是綳乍巴一見就認識他，當綳乍巴和他見面時，綳乍巴對他說："今天虛空中現見勇士空行如雲來集，你是由空行加持的一位人士。"當天晚上給他灌頂後說："你是一位有福緣者，堆松欽巴等嘎舉派諸師都明顯地來到。現在我傳授的教法，你去修吧。”此後他在嘎脱巴・絳巴綳和江芒普巴座前受别解脱戒學處，命名卻季喇嘛（法上師）。他在綳乍巴座前求傳修法指導講授時，以念誦一遍《十萬般若經》的供資來作供養，以此黄銅器具中都盛滿財物來供於上師。師説：“喜歡的是一位認識心本來面目的大修士。”他如法勤修，獲得上師的喜悦。他十年無間斷地修養，親見天神和世間許多鬼神前來爲他服役。他在康區會集僧衆約五百人而爲他們説法，又在江裕之間示現威猛作業（密法之一）來封路（使不能通過）。他繼後來到楚普住了六年。貢嘎瑪和特拉等大神也爲他作奴僕供驅使。當他的聲譽極盛時，大元皇帝派金冊使者來迎接他，他去到内地，沿途對僧伽大衆供施，並作培修殘破寺廟等許多事業。他對元帝及其侍眷等傳授了發心儀軌，使進入於無上菩提。他去到内地和蒙古各地區，特别是在木雅地區建立了一所大寺。在那時他在各地示現了許多成就徵相和神變，並對許多外道和堅執惡見者也都安置於正道中。當内地各處發生亂事時，他修法遮止消滅了許多不合理的事，如驅逐到海邊去的暴行等。嘎瑪巴的名聲日益漸大，特别是將他關在一所堅堡中，用烊銅焊閉各門道，不給飲食，他仍示現了安然無恙的神通。忽必烈也親近過他，他對西藏各處，對於何處太平安樂，他即傳諭嘉獎説，這是依法行並獲得善願之果。從覺垛喀到楚普之間沿途經八年之久，到楚普後，役使諸大神建造許多佛像。這也如法王松贊干布運用三摩地之力以建成寺廟那樣，他作了極爲廣大的事業。後來由於他對嘉哇杠巴的行爲，略有不悦之故，而於癸未年三月享壽八十歲而示現圓寂。到初九日荼毗後發現心臟、舌、眼未焚壞，舍利以白色爲多，也有各色的，並發現右旋螺、佛像、字形、器械等許多加持物。此諸物大都奉安在上下寺院的靈塔中，他的衣服和鞋靴則剪作碎片給一切具信者以滿心願，而作爲於此世間能一切吉祥的緣起。

次說嘎瑪巴的弟子大成就師鄔金巴，他來到楚普在法王嘎瑪巴座前親近，並聽受許多教授。法王有以後生中都接引於他的行願。他的生事在住姑巴的階段中後當提說。

鄔金巴的弟子法王讓郡哇，先是法王嘎瑪巴於癸未年三月初三逝世後，在堆隆拔昌那裏運用奪捨法[42]已，繼想死後返回是不以的，先須父母交配，然而緣起又未適合。法王遂由中陰色身而來到至尊彌拉誕生地扎普崗學謨的旁邊，有勝樂六十二尊的曼荼羅，於其中灌頂已，親見生母水晶胎宮，具足正念正知而住入於胎宮中，也現見受生是苦啊！後於甲申年上弦初八誕生（即讓郡哇）。他本知說話也祇好裝作不知。後來隨父母漸次來到定日，現見大德之身猶如虹彩來與自身相融合。繼後其父傳授他以息結派[43]諸法，他又在修密士峨納和烏扎哇二師座前聽受《金剛撅法》。他不須教導自知念誦，在夢中常現許多淨相，他去到吉仲帕巴座前時，觀世音對他作加持，帕巴心想此子將能作利益眾生事業。善巧大德色康巴以敬信而發問時，他說了許多中陰身事蹟。他年届五歲時已知大成就師鄔金巴的言論。他又說密法大師嘎瑪巴將到來而陳設高座，在那裏他去到大成就師座前他無阻礙地安上座位而坐下。成就大師問他道：“孩子你何故面向我師座位？”答：“上師即我。”師說：“現在你須坐在下邊。”於是對他傳授發殊勝菩提心儀軌，枳布巴傳規的《勝樂灌頂》《母續金剛橛灌頂》等。又給他講說了《喜金剛事業》《幻變網》《時輪》《調伏部多諸密續》，又傳授他《等味六法》《往生法》《認識三身》《八大導釋》《勝海》《垛哈》《俱生和合》，及其他許多略法。年届七歲時在阿闍黎袞欽協饒（遍知慧）座前出家，很好地學習諸《戒品》，那時，在一些善知識的淨相看來是由觀世音所遣讚頌功德使者在作教誨。在那堆卓隆由鄔金巴上師給他灌頂，他見上師即本尊勝樂。他在那堆布扎住錫時，貢波和安達二大護法前來對他説："快前往楚普去吧。"他於是來到楚普寺，在嶺熱師座前聽法時，見有許多傳承諸師從而圍饒。在那裏安達護法神供他以新泉水。他植一乾柴而能生根發芽活起來，繼復變成一大團。他在扎喜色瑪時，達瑪崗巴請求加持時，現起嘎舉派諸師來到前面。此外是他的聞法次第在上師協饒伯（智吉祥）座前求得《集論釋難》和《巴尼扎嘎具蓮論》；又在達比協業嘉哇座前求得《喜金剛》等法；在嶺熱格敦綳座前聽受了許多新舊密續成就法和教授等；在朗措哇・彌覺多傑（不動金剛）座前求得《瑪季行境》等許多教法。他年届十八歲時，迅魯絳秋（童菩提）爲作親教師，格敦仁清（僧寶）爲作阿闍黎而受比丘戒，並聽受《四部教》[44]等許多毗奈耶法門，復求得《救度母修法》等一些略法。繼在桑普嶺下寺院釋迦迅魯座前聽受了許多《中觀法類》《慈氏五論》[45]《上下現對法》《瑜伽師地論五分》[46]《因明》等許多教法。此後他在康區修建嘎瑪特拉頂寺院。又前往察哇崗，諸地神也都來作盛大歡迎，諸非人也前來受命（聽驅使），由此他息滅了哥底大亂事。繼來到前藏時，湯拉地神也來迎接他。繼後去到楚普，發現諸護法神對他歡喜之象。當他在拉薩釋迦牟尼像前（即文成公主迎請到藏的佛像）供傘蓋時，現起如在十方世界的諸佛前也都作供養的境象。他爲了圓滿鄔金巴上師的願望，在業垛哇・袞嘎鄧珠（普慶成義）座前仔細地聽受《時輪講釋》，並聽受了密續和密續釋新舊灌頂，及許多教授，復聽受了《寶積金》《妙法蓮花經》等許多經教誦授及《上下現對法》等廣大教法。又在壩熱師座前聽受《醫方明諸論》；又在楚稱仁清（戒寶）師座前聽受聖傳（指龍樹）《密集》等許多新舊教法；又在迅魯綳座前聽受了許多護法的法類和“等味”“五能”等法門；又在連納西座前聽受《六種邊釋》等；又在持明師姑瑪惹熱乍座前聽受《大圓滿心滴略論》等和“勒古”等法類，並從日空熱巴師前也聽受了這些法類。繼後他前往崗波凍貢波地方作了許多利益眾生事業。他也到過咱日[47]翠玉湖。總的說來，他在貢波住了三年，在香布雪山前面現起了許多內外緣起徵兆，在覺謨雪山住時，現起阿闍黎蓮花生像，並對他作加持，在楚普的貢區住時，親見內外星曜符合，因此，而著出星算論著。此後他修建鄧欽頂寺廟，在寺中發現許多淨相（修證之一種），來到喀惹俠茅蓬嶺空等處也發現許多淨相，後來再到鄧欽頂寺親見內外緣起清淨，因此而著出《甚深內心世界論》。他曾到薩迦、真乍、梁堆等後藏的許多地方作廣大的利益眾生事業，後來他再到貢波修了許多寺廟而安置許多應化有情於解脫道中，繼即安住於納普等處。他在闍澤住時，復著作《甚深內心世界論釋》，於寅年到拉薩，繼即來到嘎瑪培修寺廟，並講說許多教法，繼著出《法界讚註疏》，於辰年建蒙古式橋，繼到納普，因此想前往霍爾地區，此後修建倫珠頂寺，於未年來到前藏，申年從霍爾地區應元帝召請，於十月來到元帝宮中，爲皇后等灌頂，並示預言仁清伯（寶吉祥）王將發生災難，作了無量的利益眾生事業後，而將返回西藏時，於戌年去到五台山（即今山西五台山），繼後到木雅嘎（過去西康泰寧地區）地方，講說許多教法。此後來到康區作了許多調解和息康區亂事的事業，繼後去到前藏，湯拉和貢嘎等處的護法神也來歡迎。此後在桑耶青朴住錫修三摩地，繼後他新制《甘珠爾》和《丹珠爾》[48]經論卷帙時，在作開光的當中，現見許多菩薩宣說正法之相。後來再到中原也就在中原示現自己住在月輪中而圓寂，元帝及其傳眷極生敬信，其時爲已卯年，享壽五十六歲。以上係從此師誕生以來多聞正法時期，及其修三摩地時期和現起淨相等傳記中，閱讀而略撰於此篇中，法王讓郡哇所著《佛教流傳世紀計算法》：在其他承許《時輪》師的年數中，二八月數雖是欠缺，然而和大成就師鄔金巴所著的《佛教流傳世紀計演算法》是相符合的。

次説法王讓郡哇的弟子雍敦・多傑伯哇（金剛吉祥），此師在法王讓郡哇座前聽受諸教法，及對法王若比多傑迅魯，他曾爲傳送前生諸法而來法王住處，這些雍敦・多傑伯哇的簡略事記，已在《幻變法類》的階段中説訖。

次説法王若比多傑（遊戲金剛），先是法王讓郡多傑（自生金剛）意樂重新受生時，大元顧實（一種學位）來到他的座前啟問："大師你想再生於何處，我也願去到那裏，請你説個決定。"大師説："如果你僅是這點意樂，我實對你説，我要去到貢波。"正如所説，他是幼年時代也就去到貢波的，他誕生在垛區的阿那闍清邦嘎的朗仲城中，父名達凍索朗鄧珠（福成），母係智慧空行母名卓薩准珠敬（精進莊嚴），父母二人同居時，這位至尊大師住在兜率天宮，由薄伽梵彌勒清淨勸動而入於母胎中，那時不消説是住在清淨的胎宫中，在住胎時，傳出誦嘛呢聲，而且由於修幻輪的原因，其母也成爲能騰身和動摇等成相。係於庚辰年三月初八誕生，剛一生下即口誦嘛呢（即六字真言）和元音及輔音字母，以此其父大生疑慮。其母説：我夢見許多好夢，不必疑慮。父也就消除疑心。他年甫三歲時來到梁波，那時他對母親説："我是嘎瑪把希[49]的轉生，由於這贍洲中有我許多應化衆生，因此而來，請母親看吧。説後而作出長生幻輪法（一種練身法），這些事請母親暫不必説吧。"母親説："現在應當前往拉薩。”他說：“這次我能到達麼？不如先去到貢波的學喀和乍奇及納普等處，當去觀察一下。貢波的辛傑凍喀的地下有烊銅地獄，以此必須從那裏救度諸有情，見我面者是不會墮入惡趣的。還須漸次去到楚普、嘎瑪和王宮等地，王宮那裏有我無量的應化有情。”向他問道：“你既是嘎瑪把希的轉身再來，不應是法王讓郡多傑麼？”答說：“這二師是無別的（或無二的），但是還須謹守不可向一般凡庸的人們說出此語。”其母眼生眼疔，他念咒出毒而愈。因此對母親說：“你不必失意，你是一百零八位空行母中之一，明年這時將會有許多人前來向你頂禮的。在‘貢市曲色’寺的後面將建一新寺後，在那裏住下，從子年起我將有大批應化有情到來。”繼後他去到梁波和貢裕各處，他對許多人士能說你是某某，你有如此這般的一所房子，你曾經供養我這般的物品等回憶先後的許多話。因此，人們對他極生信仰，而且他也講說了許多教法。有人對他說：“你是成就者的話，請你示現一下成就的徵象吧！”他於是示現在廟堂的捕鳥網上安住等奇跡，峨寺人借口推諉責任，但峨寺人對他仍表恭敬的態度。當他來到達哇甲真時，堆巴・垛敦貢嘉哇也來到，他說：“在同一僧會行列中，燒起火來吧！”燒起了火。以此他又說：“炎熱啊！給我扇子。”給他以扇子。他說：“搧起來真像內地，內地那怕揮動扇子，也是熱烘烘的。這裏也應當照樣搞成熱烘烘的。”又說：“尊師（指鄔金巴）親口許住世八十四歲，何故衹住世到五十六歲呢？”答說：“這是由於上師作撫育善惡的事業太多之報。”又問：“尊師說，‘如來在世時，見許多人士僅於月中存在的。’是否說在那一月中存在麼？”答說：“這是觀待於他們的信仰和自我的悲心而說的，我現在也觀待於他們而這樣作。”說後即時模仿蒙古人的身態，繼即入座安坐已而說道：“不管住在的是月亮、大象或獅子，這些都是我啊！”當至尊鄔金巴在十四日黎明示寂時，垛敦扎生所見是：鄔金巴拿着白布短褲（修氣功用的）住在虹光滿布的虛空中。他問鄔金巴道：“現在的徒眾們何故不能看見安善而逝的奇跡呢？”答道：“我雖是有善良的思想，然而濁世的眾生無福，而且造作無數罪行，所以多生憂惱！”（更説不上見善逝的奇跡）又説往生兜率[50]，他的淨相中也有所發現。請問：“至尊鄔金巴是否這樣説過？”答：“誠然是那樣説過，而且是生起悲感而去的，還有説變化爲良馬和靈鷲等而去的，又有説兜率途程不太遥遠的。”爲了使他人生信，復問了一些問題，而且求得酒料飲後而問：“兜率有這樣的酒麼？”答：“没有這樣的酒，而是有甘露。”又問：“據説以黑色甘露爲佳，是否屬實？”答：“黑色甘露，我没有見過。甘露爲白色具有各種妙味。”又問：“兜率那裏似乎没有如像貢塘的綾綢傘蓋等那樣多的供物。”答：“那裏是輕視人間的物質和資具的，每一花朵都有網罟那樣大。兜率那裏也没有如像河流的清泉，也没有如像工布的大街小巷和達柳那樣的碉堡房舍。”又問：“兜率似乎也没有如人世間的有花紋石頭？”答：“至尊鄔金巴説，兜率的一切泉水都是甘露，並不是如人世間的河水那樣。兜率也没有如人世間的土、石，而一切土、石都是珍寶所成。薄伽梵彌勒的無量宫殿，或菩薩洛卓仁清（智寶）的無量宫殿，或三十三天勝妙宫等都是諸寶所成，那裏是輕視人世間的碉堡房舍的。”又問：“兜率是否有如達柳的良馬？”答：“這是無時間學法，老僧也成爲無稽（言無稽之談）。”爲了啟示一切法雖領會於心中，但仍須不斷和阿闍黎親近的聯繫。他在垛敦貢嘉哇座前聽受《那若六法》《六支瑜伽》等許多生起次第和圓滿次第的教授，並聽受了許多灌頂法類。如是的時間中和後來的其他階段中，他親見許多本尊和護法。因此，諸撰寫傳記的人士心想以佛始能觀見一切所知境之故，對他所見諸相不作爲適可的，但想到他所作的一些利益眾生的事業情況，是值得稱道的。他依照過去法王讓郡多傑所説，在法座背後植一乾柏樹枝，待與法座後幔齊高時，我就來到此間的説法，他來到了“朗脱澤”（多聞苑），登上法座説了許多教法，並作了許多利益眾生事。他在納普妙室中垛敦嘉哇座前聽受了《空行海續釋》等新密法類，及《空行心滴》和毗瑪那等的許多舊密教授；又在喇嘛乍學巴・協饒伯（智吉祥）座前聽受所有《甘珠爾》和許多論著的經教誦授；又在阿闍黎洛卓生格（智獅子）座前聽受了所有慈氏諸論。繼後來到業窩後，如談話中所説那樣不要過河那邊去，將有災障。他去到倫瑪特巴，以此來了一些災障，但未成大害；繼前往克朗也未遇災障；繼來到咱日[51]，爲了親見嘎舉派諸師和許多本尊，及垛敦貢嘉哇之故，他説出了許多道情歌，又在咱日烘烘座前聽受了《古汝古里修法》。繼應曲普哇的迎請，舍格波大路而來到崗波時，復發現許多淨相，此後去到帕謨住示現證得無二智。繼後去到温昌僧會中時，桑野巴和克珠巴前來啟問，他説：這些問題在拉薩貢塘時已經答訖，以此他們對他生起敬信，繼後他來到勒朗。當最初他到勒朗時，對喇嘛達嘉哇説：“今晨當我想觀世音坐在雲中時，有許多諸佛菩薩從而圍饒。”又説：“過去這裏有如此這般的各種莊嚴茅蓬。”使人們都生起決已信。繼後於巳年他來到楚普在堪欽鄧珠伯和阿闍黎索朗綳座前出家，命名伯達瑪甘地。在堪欽座前聽受了許多《毗奈耶法類》，又在法王索朗絳稱（福幢）座前求得《紅文殊法類》。繼來到鄧欽寺，將要謁見嘉哇雍敦巴時，親見許多和威曼荼羅，他和雍敦巴見面時説：“由於我對前輩帕謨上師有敬信而來的，請説鄔金巴前輩諸師的一段實際情況吧！”雍敦巴於是講了當嘎瑪巴希誕生時，鄔金巴去到海岸盡頭調伏了納霍爾（蒙古族中一部分）的史事，因此他極生敬仰而感動落淚。他就在那裏雍敦巴的座前聽受了《金剛鬘》《空行海》《總義心要》《幻變》等灌頂，及許多新舊密灌頂和密續教授。此後他年屆十八歲時，請求過去的堪布和阿闍黎，及對闍哇阿闍黎迅魯伯（童德）作屏教師而受比丘戒。毗奈耶中雖細分諸戒也謹守不犯，絲毫酒肉也不許拿到眼前來。近侍中陳設許多經卷，他於夢中過目將所有一切句義都能領會於心中，而且能通曉六十種不同的文字，繼後他去到色謨垛和措謨汝穹等處。此後來到鄧清寺在大阿闍黎座前聽說大司徒宫室的莊嚴和有如此這般人數後，牢記於心中，將來決定使其實現。繼後元帝脱根鐵木爾及太子等聽得他的美譽名聲，特派定呼温本和酋長袞卻絳稱（寶幢）等蒙藏的許多金册使者攜着元帝召命和太子的盛大禮物前來迎接。他想到利益衆生的廣大事業，遂於戊戌年五月二十日，他年届十九歲時，從楚普起身上道，途經朗區和領仲等地發生雷擊之災，然而人畜未受損害，因此，他想這是吉祥的緣起。此後到貢區和絳區等地作了廣大的利他事業，並著作許多論著。繼後來到嘎瑪，在這裏他所修本尊護法顯示常在作出各種事業，康區諸酋長也都來很好地作迎送服役等事。發生了蝗災群衆前來請求滅除，他當即修法滅除。繼後來到哲區著作了《正法語悦意明燈論》。此後來崗曲嶺寺時，在法座的地上發生一株過去這裏未曾生長過的花株，一根而有百莖，每莖各有百花，每花各有黄色花瓣千瓣，花臍紅色，花房黄色。見此花者和聽説此花者都歎爲稀有。那一地方蔓延毒瘡症，他修法使毒瘡平息多年不發。繼後他來到嘎曲時，元帝復來迎請，他想到將有時局的變遷，也就轉道察昌納波地方而來到木雅饒崗，他調解了閣涑的亂事直到二十五年間不起戰亂。又他在嘎窩山住時，元帝頒來召書和盛大賞賜，由協饒呼西等許多官吏前來迎請，而來到垛麥（康、青一帶）。又有絳央顧實寄來書冊中説：“爲了利益現時和許多衆生，無論如何請起駕前來，祈阿闍黎若比多傑明鑒！”他剛一接書後即從饒崗起身上道，繼即來到辛袞喀寺説法，而將以此寺堪布爲領導的無數人士都安置於解脱道。此後來到薩迦班抵達的駐地粗比德，會集了許多不同語言的人士，法座之右安置了蒙古和裕固（有説即維吾爾族）的譯師，法座左邊安置了木雅和漢族的譯師，由各别譯師翻譯出各别的語言，而使上師一語一切有情都得瞭解。後於庚子年來到元大都，元帝和眷屬等僅一相見談論之下，極生敬信。他特别對元帝和太子傳授了《瑜伽母灌頂》和《方便道那若六法》等，對大皇子講授《百種本生事記》《一乘寶性論釋》《經莊嚴論釋》《時輪本續釋》及其支分的梵本等，又傳授了《佛海灌頂》。此外爲以嘉居和信特爲首的漢、蒙、裕、固、木雅、高麗等地的許多大人物和酋長等説法，而使他們對於無上菩提生起定解。當法王若比多傑未到之前有九年之中，斷絶了種麥子等禾稼，以致發生大饑荒，以一大銀翹寶僅换五袋糧食。加之瘟疫和叛亂内外蜂起，使大元疆土無有寧日。法王修法降伏了一切非人（鬼神），個别的叛亂也得調伏平息。他勸動藥師的悲心，使一切瘟疫都得消滅。又修多聞天子（即財神）的事業，使各方都來糧食，以一大銀翹寶可换五十袋糧食，而使饑荒斷絶。皇子麥枳巴那誕生，大元疆土全境太平。當發生旱災時，請法王求雨，法王在日出時而來修法，午時即大降甘霖。一切人士很是滿意，然而法王對大阿闍黎古公巴説出了元帝將不壽，大元江山也將發生災害。因此，我要西上返藏。在元帝和太子等前，也再三請求回藏，元帝悲淚挽留也未得法王應允。又有羅絳卿尚和細惹卿尚兩官前來懇求説：“過去上師你未來之前，諸方叛亂，糧食斷絶，瘟疫蔓延。上師來後叛亂平息，糧食到來，糧食增長八十倍，一切人士都以糧食增長而稱法王叫吉祥上師的時候，請求法王留住吧。”法王説道：“在大會時間中，留下一些遊戲也是奇異的。我對於國政的事務没有任何知識，僧侶的事務是何方安寧就到那裏去宏法和作利益衆事業。”説後將兩官所説一切話筆記下來以作備忘。繼後再三請求返藏，獲得允許的詔書，並賜烏拉[52]等服役。西上行至木雅塔特巴哇轉道而來到北方，在那裏與皇子惹達納和其妃布納雅達日相見後，向他們説法將之安置於大乘道中。此後他修建了學貢謨伽惹大寺，並在其中一所寂靜處住下。他會集了崗曲附近和路程遥遠的無量人士，對他們制定了今天傳授加持的人們，明天不得再來的規約，從日出直至黄昏傳授加持，如是傳授了十九天。那時上部霍爾王脱魯鐵木爾前來迎接，未允前往。當崗曲一帶瘟疫流行時，顧慮傳染他者而相率逃奔。古公巴請求法王修法消除。他説：“那麼，請不要打擾我的睡夢，我在夢中觀察一下。”夢見房頂上來了大盗而醒。他説：“我現在化現爲一大鵬金翅鳥，將放出的瘟疫諸魔吃掉後，而降落在房頂上，以此是來了大盗。現在舊的病災已息，新的病災也將不會來了。”此後他去到宗喀和白利地方，在這些地方所得一切供物，他都施與前後藏寺中僧伽，每十人以上僧伽寺廟都供施齋僧茶七次，法王上師供施這些是爲佛教承事服役。又供於釋迦牟尼佛像前（拉薩文成公主迎來的），用十一顆大銀翹寶製造的大銀燈一盞，楚普寺大佛像用五顆金翹寶捶出的金箔以飾佛身，並供以三十一顆銀翹寶製造的五盞大銀燈，格敦崗巴前供三顆銀翹寶製造的銀燈一盞，鄧清寺供三顆銀翹寶製造的銀燈一盞。此外封嘎瑪等寺和垛康（康、青一帶）諸寺中都供銀燈和安置長明燈。王妃布納達日爲皇子惹達納祝福，造了一尊佛像，高度和壩達那漾温山相等，是否能成請法王占夢，法王説："這尊像能成，我也當説明。"説後當即補助了一千零九十兩財寶。工匠們不知如何造法，法王指導斷取山面的白石來塑造了一尊釋迦牟尼大像，他授與圖樣，命七百工人塑造了十三個月而完工。大佛的左右兩耳的距視有十一庹（平伸兩臂的長度）寬。可用此量度來比量全身的一尊釋迦牟尼大像。其左有文殊，右有彌勒。佛像的上方有天子天女來作供養。蓮座的下面塑有小鳥等以爲美飾。當開光時發現許多瑞相，將幡供於法王，而當時是在梁波安住。繼後王妃布納雅達日迎請法王到魯伯辛時，發現大聲高呼"里枳枳"的大軍來了。法王談論説："我對衆生不作損害是真實的話，則大军不來。"説後以示安慰。繼後藏傳佛教徒衆們不知應行之道，爲此法王光臨指示正道，繼到嘎瑪講説許多教法。此後法王來到康區上下許多地方而且在那裏駐錫。繼後去到貢波作了廣大的利他事業後而前往波窩。後復再到貢波，在途中和枳空敬安法王相會後，他講授了《那若六法》《釋迦本生事記》等使聞法者滿意。繼在乍阿本雪山正面的山腳下時，感覺身體稍有勞倦，對侍衆説："我此次不會死，你們不要驚惶！還有我在此浮沉許多血肉的潔淨地（指冰川浮沉鳥獸人畜的軀體），對身體可能有壞的作用。你們對書籍不可散失。"對大幡和書籍作了鄭重的保管。法主説："前輩法王荼毗靈骨，是從印度採來沉檀香木。現在我恐北方缺乏燒柴，須攜帶許多柏枝而行。"於是從北方而來到最寂靜的一座山前。那時這一山頂上正荼毗一位清淨比丘的屍身，復正在傳説內地大軍又來到西藏。那時正是癸亥年七月初三法王略現倦容，到十五日夜間在佛像經塔等前繞行五十五周，到黎明時分示現圓寂。在當地荼毗時發現虹光、地震、天雨花等許多瑞相。具信諸人見法王坐在虛空虹光中，或見騎着獅子，或見坐在日月星三光之上等許多現相。繼由阿闍黎古公巴用大銀翘寶八十顆製造銀靈骨塔，並以許多佛像作莊嚴而奉安於楚普和嘎瑪兩寺中，以宏佛教。

次説法王若比多傑的轉世活佛即法王德新協巴（如來），於甲子年誕生在梁波區的異名稱作唉那梁地方中。父係修密士名古汝仁清（師寶），母名拉謨吉（天女樂）。誕生時口誦六字大明咒及藏文三十字母和母音字，爲人們聽得。其母在夢中夢見去到嘎哇（跳舞者）地方，天花雨，虹霓交織成網，異香芬芳等許多瑞相。生起了這孩子決定是由本尊勸動從法王若比多傑那裏而來到這裏的信念，一般人士也作了有這般決定知曉的宣傳。誕生後甫兩月堪欽閣倫巴前來見面時，嬰孩對他示現了許多歡悦的態度。滿周歲時，表現在刃具上面和捆着柱的繩上走的奇跡。兩歲時去到跳舞眾中作跳舞後前往勒窩，説出廣大的預知神通和示現許多神變次第，又來在勒窩大河岸邊時在石上留下了他的足印（用足踏在石上印入的足痕）。年届四歲時他和法王喀覺巴相見面，也就住在達遮聽受《金剛鬘灌頂》《六法》《大手印》《六支瑜伽》等許多教法。年届十七歲時在達卓扎區拉崗寺堪欽索朗讓波（福賢）和阿闍黎堪欽雲洛哇座前出家爲僧，命名卻伯讓波（法吉祥賢）。己年他年届十八歲前往垛康（康、青一帶）地區，貢覺大長官峨熱朗喀（光空）對他盛大供養。當貢覺發生青巴的軍事帶來極大災害時，傳稱他去請求發下消滅這些亂事的上諭文書，繼即將災害遮止。此後他去到嶺區和嘎瑪及類烏齊等地廣轉法輪。後來去到崗波。午年他年届二十在哲拉寺堪欽索朗讓波（福賢）和堪欽雲洛哇座前及約有僧伽八十人的聚會中，受比丘戒。一方面給他傳指導講授（他已感疲勞）。因此他對學習造句構詞不能精勤到底而睡下，並跑到房頂上去示現上半身時而衹現頭部的神變遊戲，他去到師座前時上師再再對他微笑，他極生恐懼而對修善勤奮起來，由此生起特殊的修善功夫等而示現難以數計的稀有事蹟，並對他者説法，意樂供施，親示教導，嚴守戒規等將他者安置於正道。那時由於大皇帝的召請他先來到前藏，繼次第來到前藏各地，來到拉薩和楚普時接受了金冊使者的啟請和皇帝的詔書等。他漸次去到康區各地作利益其他有情事業。在那一階段中他示現光明普照中原，在妙室中豎起彩虹之柱，雲層中真實顯現諸佛菩薩，空中有天子天女等真實前來作供等神變和許多稀有瑞相。因此，大皇帝和其侍眷等極生敬信，由此都被安置於正道中，由皇帝賜號名德新協巴（如來）。他親見諸佛菩薩、本尊和護法等像，並得傳授所見諸尊的修法。總的説來，他作出了最勝而稀有的事業一百零八種。據説帝王家所養雞群也獲得安置於正道而得度脱。皇帝對他供養僅白銀一項就有大銀錁寶七百顆，供已他返回西藏，途經康區各地他復對諸有情説法而安置彼等於正道。先後來到前藏時他對諸大善知識、諸大修士、學習聞思諸人，無邊的修密士會眾、權威著稱的大小官員，甚至一般普通的人們都有所饋贈，並講授教授，互相會晤，作摩頂賜福等，以此安置眾生於正道。總之，他在堪欽索朗讓波（福賢）、阿闍黎古公巴、法王喀覺旺波（空行王）、堪欽絳稱伯（幢吉祥）、堪欽雲洛哇、嘎細哇仁清伯（寶吉祥）、嘉·桑傑旺秋（佛自在）等師座前他雖知而佯裝不知，聽聞了無量甚深顯密教授和灌頂等廣大教授。他復説了許多過去未來某即某人的話。他對他者説法，由此而得成熟的人士雖是難以數計，但其中出有最勝人士顧實·桑傑仁清（佛寶）、顧實·洛卓絳稱（智幢）、顧實·仁清伯（寶吉祥）、顧實·鄧珠峨熱（義成光明）、顧實·卻季絳稱（法幢）、顧實·釋迦讓波（釋迦賢）、四論師仁清讓波（寶賢）、活佛卻伯耶協（法吉祥智）、涑巴甲扎哇（離世務者）、瑪色垛敦等許多有名弟子。繼後他漸次來到拉薩布達拉，在那裏修三摩地獲得增長，不久他對其地眾生講授了許多能生廣大利益的言論。繼後他發生了劇烈的疾病時，啟請他長久住世，他說："由一種緣起我已在垛康嘎瑪的附近地方發下願望，獲得那裏的請願，而我是以悲心攝受。"並吩咐侍寢官對所有書籍和佛像等不可失散，將有一位前來作主的人。在乙未年享壽三十二歲時逝世。荼毗後發現有舍利聚積而成的大悲觀音、勝樂、歡喜金剛雙尊等像，發現彩虹和光明及天雨花等無量瑞相，還有難以數計的各色舍利。總的說來，他的歷代受生而來的活佛，雖都是不可思議而廣作度生事業的大德，但具足眾多通達的弟子，對其他眾生能作利益的，仍以法王德新協巴爲最多。

特別是弟子中瑪色垛敦（具通達師），此師誕生於木雅地方，他直到父母未逝世之前都住在本鄉中，而作依止上師，請求教授，精修本尊等。在能增善力的階段中，法王德新協巴和侍眷等來到了他的鄉土，由此他對法王極生敬信而來座前謁見法王。那時他極爲富有，以此他作了盛大的供養。嘎巴的大小官員們也運用其財富結識法王。繼後嘎巴駐西藏時，來拉薩晉謁法王，最初相識中對他（嘎巴）作出內在的矜驕，當他（嘎巴）來到法王座前謁見時，由侍官扎喜郡勒略表意見，他（嘎巴）在幕門解開頭髮（以示恭敬）向法王頂禮時，侍官在他的髮上以足踐踏（由矜驕對他人作不敬的表態）。繼後法王去到楚普時，才將他（嘎巴）安置在身邊，那時僧裝而蓄髮的嘎巴也就在更敦崗巴座前出家，法王德新協巴也對他關懷而允許他任於何時都可晉見，並將未傳他人的教授也都傳授給他而作爲耳傳。因此直到而今所謂"樹芒寺耳傳"對他者是有廣大利益的。繼後法王來到康區後，去到由父族木雅所主管的洽瑪那喀作了廣大的利他有情事業，並想在那裏修建寺廟，請求父族諸人施給土地而未得允許。有一天陳設起發願旗，法王親自作了那裏的犂地者，犂出一溝作爲建寺的範圍而説道："這範圍內的土地所有權是我的，就是在此建寺。"由於那裏的犂地者不管是誰僧人去作犂地，都要遭受父族諸人的殺害，法王親自去犂地，所有其他人等都不敢反抗。繼即在那裏修建了樹芒寺，撫育應化有情，由此而聚會許多僧眾，僧眾中出有住寺和住持茅蓬兩系，這兩系僧眾中出有最勝八位通達士，虹彩三大德。他們都是有很好的修持，而全是能作利他有情事業者。其中袞嘉大小二師在敦堆修建了寺廟，由索耶巴任副法座教出了許多門徒，曲索峨熱讓波（光賢）在敦麥的山陰修建了曲索寺，庫卓垛敦也管理過此寺。其他二人有一位廣作利他有情事業，並常時專一靜修，還有一位名納温師則撫育院眾，而且也有極高的修持，是以方便道作爲主要，得名爲仁波伽巴（大寶師）。根據上述情況，可知法王德新協巴的徒眾中，是當以瑪色垛敦的事業爲最大。

還有湅巴甲扎哇・朗喀絳稱（虛空幢），他也是一位有很好的修持，並作出廣大事業的大德，此師復是法王通哇鄧敦（見者有義）的再傳弟子。據説最初他見對面山上有鹿，他從這面山中的磐石上伸膝而放出一箭射死其鹿，並在磐石上留下了他的足印。後來他在一所寺院中閉關專修，有一時間有人察覺關房中無人，僧眾遂從門隙注視裏面，見留下僧衣空行而去。此後遂稱他叫空行師。又有一種傳説是，當耶旺（譯音）皇帝派泰江欽波金冊使者到印度南方迎請毗汝巴（八十大成就者之一）時，內地皇宫樓中有一毗汝巴的性情善良的僕人祈禱而獲得他（毗汝巴即朗喀絳稱）再來此世。

法王通哇鄧敦（見者有義），係於丙申年二月初八誕生在嘎瑪附近的凍地區中。父爲修密士，母爲空行母種姓。住入胎宫時，父母都夢見極佳夢相。剛一生下嬰兒直立起來注視母親而發笑，剪臍帶時異香遍滿鄉境。在申年三月十二日他們（指父母和小孩）來到凍巴甲扎哇的住地乞食，凍巴甲扎哇一見孩子頻頻露出笑容，口中不斷地發出啊！啊！驚歎聲。凍巴暗自問孩子："你是誰而這樣做？"孩子但笑而握凍巴手而説道："無生遠離諸言説，無處離處諸衆生，爲引彼等解脱處，我願衆生成吉祥，未遷納瑪察哇地。"又説："還須守密幾天。"口中誦出啊啊、咿咿、嗚嗚的聲音。凍巴甲扎哇對他生信而爲他服役。孩子滿四月時甲扎哇來到瑪康地方，突來一種大聲音説："壯年所殺。"因此一切人等都正在愁苦，而孩子卻喜笑而歡舞。孩子的母親問甲扎哇道："你想將發生甚麽？"答："不會遇着任何禍患。"説了許多過去和未來的話。當孩子滿七月時宣説諸佛名稱和六字真言，並登高座而作加持。迎請孩子到業康時，他觀看佛像、經、塔等，特别注視黑帽而發笑。問他："這是誰？"他答道："是我當即合掌當胸。"當其父將他抱在懷中時，凍巴甲扎哇握孩子手而問道："你是誰呀？"答："我是德新協巴的轉生，你知曉嗎？"當凍巴和類烏齊巴不和睦時，他吩咐當如此這般作，就會勝利。按照他所説作後，果然鄉境成爲安寧。在酉年二月去到拉欽時，喇嘛覺巴的姪兒問孩子："希望什麽？"孩子手指寺廟説："是這個。"孩子來到寺中認識到堆松欽巴的靈塔，取其黑帽説："這是我的。"而持着不放。此外他還説了許多神通預知的話。那裏的覺巴們（修覺法者）發現許多淨相，三日中天雨瑞花。覺巴們在各方普遍宣傳孩子是法王德新協巴，並寄信到嘎瑪去。因此，由管家漸次來迎，孩子對來人都能叫出其名。繼後來到了嘎瑪普賜加持，以此使痘疹疾病消滅。孩子辨識諸佛像、經塔（以前生佛像等物滲雜以其他佛像等物使其辨認出前生的）等物後，大眾生信。又對佛像畫軸作開光法事時，向空擲青稞粒時有七粒青稞停駐在空中。當旱災發生時孩子用水戲玩而速即降下甘霖。有一時間他模仿堪欽巴態度說："將有見證人要來。"堪欽闍倫巴也獲得大悲觀音的授記（指示預言）後，他說："我的上師已來到康區，遂召集僕從人等，每人發放了一方綢緞，並且上師的父母有如此這般的皮膚異相，我的上師在懷念我，我決定前往。"來到康區在嘎瑪分寺中相見。當堪欽巴供上見面禮物時，他（孩子）認識出他的（前生的）唸珠。茶罷時所有嘎瑪諸人都已離去，堪欽巴請求道："請你將你自己掛懷的一物賞賜給我。"他說："是釋迦佛世尊。"說後以佛像賜與，堪欽巴油然淚流滿面。一切人等更生堅信。他的母親臨終時，迎接他來到枕邊對他說："請你對阿媽大悲攝受一下。"他說："我和阿媽在兜率相會。"說後作了回向祝願。繼後迎請他到拉頂時，在月蝕的時分他詳細說出內地皇帝的體態顏容，身材高矮等情形。他在楚崗寺中閉關時，親見嘉哇嘉措（佛海）、救度佛母、四臂護法、黑棒護法等像。四論師給他傳授不動佛隨賜灌頂時，他親見鐵橛佛母像。此外又親見無數佛尊，並說出許多神通預言。有一階段中他住入三摩地（定），以致那裏所有諸大修士也獲得極佳修境。繼後他從昌空來朗嘉崗，繼到楚寺時，在初十會供中他親見至尊瑜伽母。貢覺達波細看其黑帽，以此他詳細說出這是元代時候的，而不是漢皇的。他在那裏親見許多佛菩薩和十六尊者等像，對僧俗二眾講說了《大悲觀音誦修法》和《上師瑜伽》等教法。那時他雖是未滿三歲，但對他者任問何種和諸教法已能無礙地宣說。當發生旱災時湅巴甲扎哇去到他的座前請求求雨，他當即説道:“勒波嘎雅、格業欽波(護法神名)現在降雨吧!如果不降,則本誓可畏(言護法所發根本誓詞有破壞的危險)。”剛一説完立降大雨。又他宣説兜率莊嚴等稀有事業也作了不少,繼後漸次來到公波作出廣大的利益他有情事業。繼從格波轉道而來到窩喀扎喜塘後,堪欽索讓巴迎接他到垛里,他示現出家相。旺扎巴絳稱請他施茶,他也放施。此外他依止活佛卻伯耶喜(法吉祥智)和法王絨波等許多上師作廣大聽受諸教法。總的説來,他的足跡走遍康區各地,公波、格波、西藏各地區、康區和前藏各地區,而作成熟諸有情的事業,是難以數計的。壬申年他住在哲拉貢寺中時,女卜者觀諸夢徵後説徵相極爲不佳。於是阿闍黎桑傑生根啟請他長久住世。他説:“我現在無妨,一直到九個月中我可以擔保。”繼後他去到桑普寺閉關時對那裏的佛像、經、塔,都大興供養和供衣飾等。在諸護法神前供垛瑪(食供)後吩咐他們護教。個别的佛像等則奉安於篋中而加蓋封印,並對法王業窩哇説:“我未到之前不可壞掉印章。”問:“是何原因?”答:“由於香拔拉和喀瑪雙方發生戰爭,以此具種(香拔拉國王名號)之友必須前去幫助。”信眾雖是請求他在這裏長久住世。然而仍然發生地震、日光晦瞑、天雨花等示寂的許多徵相。有一天他説:“我仍是在嘎舉派的行列中。”説後而作祈願,並説你們也可獲得祈願。那時他將佛像、法籍、黑帽、往生口訣等書籍都交給顧實哇,並作了保密授記(即預言)。繼在癸酉年享壽三十八歲而逝世。他的殊勝弟子,總的説來,雖然都是不可思議的人物。但其中以壩嘎·絳伯讓波(文殊賢)和顧實伯覺鄧珠(富成義)二人爲主要弟子。

法王通哇鄧敦的轉世活佛爲讓郡袞欽卻季嘉補(自然遍知法王),係於甲戌年誕生在峨地區的鄔金山莊。父名扎巴伯珠(名稱吉成），母名拉謨吉（天女樂）。此師是一位在各地區作成熟無量眾生事業，不可思議的大德。

具德堆松欽巴（遍知三世）歷代轉生諸活佛的最勝弟子依次列出有：塔瑪·楚稱峨（戒光）、朗喀峨（虛空光）、麥烏·絳秋峨（菩提光）、甲貢·耶協峨（智光）四人。此外還有香仁波伽、克巴旺多、達德巴、章索哇、甲·頗哇隆巴、法王杠巴、傑仲巴·仁清生格（寶獅子）、桑傑熱巴欽波等人。堆松欽巴轉生活佛及其弟子依次列如下。

嘎瑪巴希的弟子有：耶協旺秋（智自在）、仁清伯（寶吉祥）、在蒙古地方和納那王相善，出有麥色巴八人時，其中二弟子也稱麥色。此外有雅汝熱巴、垛敦夏色巴、夏瑪巴、夏察巴、達閣巴、思閣哇、凍閣哇、敬安達學巴、絳央洛卓生格（據説此師因宗派關係，巴希對他稍有不悦）、温仁波伽、朗措哇欽波、絳生嘉耶、珠欽鄔金巴、領熱等人。

法王讓郡多傑（自生金剛）的弟子有：垛敦·桑敦仁清（靜慮寶）、俠·扎巴生格（名稱獅子）、垛敦哲窩、垛敦庫約哇、察鳩巴、耶嘉哇、東敦迅魯繃、敬安垛仁哇（此師常有黑棒護法神護持）、達隆袞邦仁波伽、嘉哇雍敦巴、克珠達瑪惹乍、雅德班次、克珠達嘉哇、喇嘛達郡、堪欽枳壩哇、阿闍黎絳業、洛甲四論師生格繹稱（獅子幢）、烘巴哇、麥隆巴、那堆巴貢嘉哇、更敦崗巴的堪布克准巴等人。

法王若比多傑（遊戲金剛）的弟子有：阿闍黎古公巴仁清伯（寶吉祥）、法王日烏貢巴、袞邦袞嘎鄧珠（普慶義成）、妥仁波伽、傑准納閣哇、日閣哇、俠惹哇、措嘎謨哇、絳卻巴·絳秋絳稱（菩提幢）、嘎瑪巴袞迅、法王喀覺巴等人。

堆松欽巴的著名弟子法王杠巴，係於乙未年誕生在甲巴地方，那時堆松欽巴已是六十六歲，其父係一舊密宗修士。他（杠巴）出家後命名仁清峨熱（寶光）曾依止枳空法王、達隆塘巴、摩覺巴、那雅巴、格巴杜真、業勒色絳、喀飲班欽等許多上師。主要上師爲垛窩熱巴，從此師而得證大手印的通達。他曾在覺謨崗的嘎勒宫等聖地精修，後來廣作利益衆生事業。他的晚年（將逝世之年）元軍來到西藏，於己酉年享壽七十五歲而逝世。

法王杠巴的弟子桑嶺仁波伽，係於己酉年誕生在梁下區的卓隆色穹巴的庫隆地方中。祖父名峨•多傑旺秋（金剛自在）有子三人，長子普巴貢、次子普巴嘉、三子普巴達。長子普巴貢在達納給人作僕役，繼後去到定日成爲瑜伽修士，有夏哇學安的瑜伽修女名達瑪江也在定日，二人結爲夫婦而生桑嶺仁波伽。桑嶺年届二十一歲時，在甲卻讓（法賢）和章巴薩波二師座前出家爲僧。他依止許多上師，廣大地聽受經教，他任過嘉寺的副法座許多年。梁上區色澤寺中有一達波嘎舉派的大修士，他在此師座前求得《修行五分》等教法，由此而獲得大手印的證達。他親近杠巴仁清峨熱（寶光）聽受了許多教法，他又是閣乍巴的再傳弟子，他到晚年在梁下區修建桑嶺寺。證德極高，所作利益衆生事業也極廣大。於庚申年享壽七十二歲而逝世，此師與法王閣昌巴同年生，壽數比閣昌巴多二年。以上係轉世活沸傳承次第第一階段。

次説楚普寺歷任寺主，初由至尊堆松欽巴建楚普寺後，而作撫育衆生事業，直到示寂之後，次由妥那雅巴來主持寺院約有兩三年；此後由堆松欽巴的弟子堆隆丈巴•讓郡桑傑（自生佛）繼掌本寺；繼由堆松欽巴的弟子甲巴杠巴主管本寺；此後由嘉措喇嘛主持寺院約有兩三年；繼由仁清扎（寶稱）即松裕甲哇巴，後來此師在任寺主時，嘎瑪巴希從康區而來接任寺主；此後由嘎瑪派的納温繼任寺主即傳稱的温仁波伽；此後寺主爲嘎瑪派的汝温•喇嘛勒朝巴；繼後寺主爲嘎瑪派的切雅珠垛交之子阿旺耶協旺秋（智自在）此師之子爲喇嘛扎喜綳巴繼任寺主；此後爲扎喜協綳巴的兄弟温波阿伯的長子喇嘛旺仁任寺主，此師取得因明班抵達（博士）後，任寺主僅六月而逝世；又有説喇嘛旺仁任寺主幾年後，繼由法王讓郡多傑（自生金剛）任命喇嘛勒朗巴之姪喇嘛仁清伯（寶吉祥）繼任寺主，此師别名喇嘛納波（黑喇嘛）；此後由喇嘛納波的叔父喇嘛卻絳任寺主；繼由阿伯的次子喇嘛卻嘉主持寺院很久時間，此師最獲得“卿古公”（譯音）職務及金印和水晶錘杖等物，繼後又獲得灌頂國師晶印和詔書等；此師逝世後，由他的兄弟卻洛（法智）繼掌寺務；卻洛逝世後，由其弟嘎吐的長子仁波伽衮嘎洛卓（普慶智）掌管寺務有十五年之久；後來將寺務托付與他的兄弟卻季峨熱（法光）此師掌管寺務有二十四年之久；此師逝世後，由其弟喇嘛索朗嘉措的長子絳央鄧珠峨熱（文殊義成光明）繼掌寺務。此師在位時，適逢法王德新協巴到上都獲得金印和灌頂大國師職務稱號等，返藏主持寺務四十三年之久；此後寺主即現在（著者當時）的顧實巴。以上係楚普寺歷代寺主的階段。

次説轉世活佛傳承次第第二階段，至尊達里巴的弟子柯波嘎（奴喜）捨壽（即逝世）後，轉生爲那若巴的弟子生於乍倫達惹名丈熱衮日（婆羅門普明），衮日轉生爲尼泊爾的迅魯桑卻（童密地）。此師多聞密宗教授，繼而加以思考，他説：“從密宗教理來説，僅依密道不能成佛，密宗仍然是唯一憑藉於上師。”當他正修祈願和上師大德相見時，去到林中採花，見雲層中現有一多種美飾莊嚴的少女對他授記説：“徒兒北方有雪域，佛所授記名藏土，前往能成汝所願，汝將得見佛化身。”他於是在上師甲嘎洽納座前陳述此情，得師應允而來到北方雪域，得與許多善知識相見而增長淨信，由此復發下許多祝願。繼後和至尊彌拉惹巴相見，他頂禮多拜，流下信淚接觸彌拉之足而發願。彌拉對他作了許多授記（預言）説："汝於此雪域，屢生並發行，超人示人相，值遇諸導師。於何心專注，往昔福力生，決能速熟果，後能成所願。"繼後他去到尼泊爾和西藏交界處行苦行中而捨壽（逝世）。

此師逝世後於丙子年轉世誕生於鄔汝上部地區中，父名格業郡生，母名卓馬綳。後來前往至尊崗波巴叔姪住處，年届十九歲時就叔姪座前受比丘戒[53]，命名楚稱伯（戒吉祥）。依止甘丹派[54]的許多善知識和至尊熱穹巴等許多上師。仍以叔姪二師爲主，對二師視如真佛而作爲根本上師。他見堆松欽巴來謁至尊達波叔姪時，他生起無量淨信，並求得許多教法。此師於丙子年三十七歲時逝世。

他的轉世活佛即比丘朗喀峨（虚空光明），此師係於癸丑年誕生在汝昌地方，父名貢巴鄧珠喇嘛，母名拉謨江。幼時即能憶念往昔上師而生淨信。年届八九歲時，把他供獻於堆松欽巴，他未離開過堆松欽巴作了八九年的僕役。學習了許多教授和隨緣教授。他没有孩童的行爲，唯以敬信依止上師，並能以教授斷諍。因此，至尊上師對他極生喜愛。在法王逝世以後，他前往杠嘎、色謨垛、喀惹、湯拉等寂靜處所精修。在未修時間中，他晉謁卓貢香、妥巴、傑崗巴、嶺大師等許多大德，聽受教授。特别是對德協達隆湯巴信仰極深，求得傳法，主要以修爲主。繼後法王來到前藏後，復傳授他以許多剩餘教授和隨賜教授。繼後十七年中都在閉關專修，也獲得一些成就的微象。於已未年享壽六十七歲而逝世。

朗喀峨的轉世活佛爲扎喜扎巴（吉祥稱），此師於庚申年誕生在垛康（康、青一帶）地方中。父親係修聖馬頭金剛的瑜伽士名旺秋勒巴（自在善），母名卓瑪措（度母護）。由宿世生中的信願影響力，他來到前藏後，即在達隆巴大師座前求得教授。得到達隆巴的喜悦決定傳授他以教法。桑傑雅郡也對他慈悲攝受，使他多年精修。他在昌空和法王嘎瑪巴相見，對法王生起無量敬信。法王對他說："你前世是堆松欽巴的弟子，這生又成爲我的弟子，現在你的正修應如此這般修。"並將《教授釋要》傳授給他。於壬午年他享壽八十三歲而逝世。

扎喜扎巴逝世後立即轉世誕生在邦波地方，父族係從俠、布二系中所出，旺姑是其族姓。生於癸未年，名垛敦扎巴生格（名稱獅子）。父名達穹，母名阿闍薩。繼後父母和孩子三人去到喇嘛敦絳哇座前求灌頂。當迎請智慧尊降臨時，其母之身表現出舞姿，口中説出許多梵語，師説，她是一位智慧空行母。他五歲時親見救度佛母，而且童年時代即發現許多無礙神通。年届十三歲時在至尊柯哇的弟子洛卓扎巴（智稱）座前受優婆塞（居士）戒，在那裏依師住了兩年。繼後送他到喀吐協巴的處所，勤奮念修（即閉關念修），以至地方也發現許多徵象。年届十七歲時在上師耶協生格（智獅子）座前，於邦寺中出家爲僧，並聽受《俱生》和《覺讓舍生法初生要義》。耶喜生格係甲波哇隆巴的弟子，而甲波哇隆巴又是在堆松欽巴座前求得教授的。在這些上師座前他求得許多教授，特别是在耶喜生格座前求得《方便道導釋》而修生起了特殊的暖火，穿着單衣足以禦寒。因此，都稱他叫旺姑熱巴意爲旺姑單衣師。那時他親見黑棒護法，護法對他授記（預言）指示他前往前藏。於是他想到前藏，還想學習一部書，以此情稟告父親，父親不允。以此他暗地裏牽一駿馬和攜帶一包金銀，同壩日卻桑合伴而逃走，途中幸無災厄。到索曲喀時，夢中見黑棒護法前來對他説："我給你作助伴。”醒後感覺意識生樂。繼於戊申年來到楚普，那時法王讓郡多傑公波寺前來迎接到公波，在公波住下。在那裏的阿闍黎楚仁座前他（扎巴生格）聽受了《密集灌頂》和《密集續》等許多教法；又在阿闍黎索朗生恪（福獅子）座前求得五大灌頂等修法，並得賜堆松欽巴用過的手鈴。又在朗巴的阿闍黎鄔瑪巴座前求得《勝樂》和《喜金剛》的灌頂，及瑜伽灌頂的作法和學習音書彈線等法。繼後他去到桑普在喇即巴・絳央釋迦迅（妙音釋迦童）和附法座阿闍黎洛卓沖麥（智無等）座前親近而求得法相論藏《瑜伽師地論五分》[55]《慈氏五論》[56]《量決定論》《攝論》《入行論》等許多講授。特別是對於著作《波羅蜜多大疏》一事，經阿闍黎洛卓沖麥觀察緣起尚佳，但是住持執筆言詞構造的人未來，衹好將著作事項擱下。繼後法王讓郡多傑從公波前來在察巴嘎・德協大師的節宴列席中在領誦師的帝位那裏他來和法王相見。他每年由精研而通曉《波羅蜜多》，遍游後藏辯場，以此獲得熟悉精通《波羅蜜多》法語的美名。他在桑普駐錫時，甲扎法王倫巴伽哇前來相會，僅一見面即能使內心改觀，使空性、大悲純熟，坐在他的近前能使三摩地（定）力生起。因此，法王極生信解而求傳息結派[57]的《三種離邊教授識真》和《中觀派發菩提心法》，桑普袞枳哇在法王近前住了七年，對新舊教語所起憎愛之心，心生追悔。在法王近前啟請說：“如果法王作庇護，有師徒約十人可前來這裏安住。”法王說：“昨日黑棒護法來說，你有護法作護眷。”在那一年中法王修建鄧欽頂寺。由於那裏未修建茅蓬，以此他（扎巴生格）求得《六法導釋》後，在夏季去到生格隆靜修而生起了極佳悟境，發現全境被水淹滿之相，以此相問於法王。法王說：“這是水中風繫持之象。”在冬季（扎巴生格）在鄧欽寺中靜修獲得生起了幻身和夢中契合的修力。又如他所觀察那樣——雖是發生上方元朝大軍來到的盛傳消息，但元軍未抵海彼岸而撤回，爲時僅半月果然傳出不用兵馬的消息。他在夢中屢次夢得去到鄔仗那的真實境相，以此他想去到鄔仗那做一個如鄔金巴大師那樣的人物。他以此情稟告法王，法王除說“這名修境中的野馬”外，是否能到達全然未說。繼後他作前來迎接法王到業讓住一秋季的役使，在那裏服役後去到後藏，在覺讓隆和絳生嘉耶（菩薩勝慧）相見而說道：“我是法王的僧侶，名扎巴生格，現在我要前往鄔仗那。”答道：“印度佛教已湮没，將有都汝喀（有説即土耳其的）的災難到來，以此不要去吧。”他對絳生嘉耶大師生起敬信，隨一些人中求得《時輪上灌頂》後，又求得《六支瑜伽攝要》而精修，獲得圓滿諸徵相，以此問師，師說：“是到達隨念（證境），或許是過去修過。”又在法王讓郡哇座前求得許多修法導釋，特别是求得《心滴教授》後也見諸徵相，以此問法王，法王說：“許是已在頓超種姓中。”繼後他前往普讓乍寺絳生嘉耶大師的住處作服役，在那裏住了一年，獲得大師將《六支瑜伽導釋》圓滿的傳授，並傳授了許多梵本經教誦授和利他一座修法教授。此後他去到薩迦有一晚上在夢中聽得度母說：“不能到達鄔仗那。”以此他斷了前往鄔仗那的心念。繼後在前往西日和彌拉六堡的途中他和譯師洛卓敦巴（智堅）相見，在那裏住了幾天，在譯師座前求得《勝義念修法》和《成就法海》的經教誦授。又在薩迦貢根枳江（婦人名）的茅蓬中，有一康人修六支瑜伽士娶枳江作業印（活佛之妻）身色神采極佳者的座前聽受“風息、脈絡教授”。繼後去到西日在閣昌住時，他能清楚地聽得住在覺讓杠（覺讓雪山）的法王所作道情歌聲，又在夢中和法王閣昌哇相見而談論了許多教法，並在那裏見到彌拉惹巴所留足印之上復有閣昌哇所留下的足印。西日（吉祥山）的北方有一成就師蕩巴住在那裏他也去求得法緣聯繫。此後去到彌拉六堡，在乍嘎（白岩）、庫鳩温巴仲（杜鵑寂静堡）和乍瑪（紅岩）三堡處住了一些時間，其他各處也去遊觀一次。在夢中復和至尊彌拉相見，並宣説道情歌，他的修持也極爲增長。在那裏他住了三年，也和聖者哇底相見，繼後在返回途中在法王誕生地也住過。復去到定日，繼來到布扎這裏有一大成就者的轉世活佛年届十三歲諸根清明，他也去到座前聽法取得法緣，又在堪欽索朗峨熱（福光）座前也求得教法。在這裏和温欽温波頂真讓波（定賢）相見，並供上黄金一兩。此後他來到鄧欽寺法王的座前，一直住了五年在鄧欽寺中一心專修，並聽受許多教法。繼在堪欽迅魯絳堪（童菩提）和阿闍黎扎喜仁清（吉祥寶）座前受比丘戒，復在堪欽座前聽受一些教法。他在那裏的一次僧會列席中現起光明修境中親見達拉崗波山和達波拉傑大師坐在虹霓光中的時候，頓能憶起宿世住地，並清曉前世諸生中事蹟。在他的道情歌中也説有此事，峨敦和漾讓巴二師是他的弟子也是那時説的。有一時間法王讓郡哇患病。吩咐説："在後藏我們無可信託者，以此由你們垛敦（具有通達）諸人作誦經祝福禳災的法事吧。"於是各賜誦經祝福法事的財物。一些人誦修長壽法，一些人誦修摧壞金剛法。他説："我（扎巴生格）同楚洛二人修閻曼德迦避免法。"經過一月後薩迦以下一帶發現光明相，有一密宗寺院聽到蓼子草叢中有嘈雜清晰的哭聲。第二天修法者都齊來到法王近前，遂稟告法王有如此這般的光明發現。因此，派遣了阿闍黎多傑生格（金剛獅子）的侍者去看，看後報告説，在修法的寺廟背後有一些咒師死在那裏。法王也説，我的身體已愈，繼即爲垛敦耶嘉、堪布楚洛、敦巴、拉傑漾讓巴等約二十人傳授五種大灌頂。對灌頂來説算是先修法，從此以後由灌頂和導修之門而廣作利益其他眾生事業。當法王來修建公波納普寺時，鄭重地另委鄧欽寺主管人。寺方未遵命去辦理。因此，法王說："後期中將有一批不聽話的徒眾。"扎巴生格繼在仁真普瑪惹瑪座前聽受《大圓滿秘密法類》等教授，繼即住在普謨茅蓬中。此後又在桑普寺喇嘛敦達座前求得《那若空行母法類》，獲得加持授記（預言），以此即以此（預言所示）爲修持的中心。他來到惹察後在覺謨座前獻供養，以此發現許多加持的現相。他說："能代替印度金剛座的地區是拉薩，而代替鄔仗那地區則是惹察。"他在普謨伽住了一年，繼後來到楚區甲惹普，這裏是堆松欽巴的弟子成就師曲貢瑪·桑敦敬（禪定莊嚴）所建茅蓬名達普喀卓嶺，他來到茅蓬後很好地細觀"勒朗"地區內的風水，有一晚上在夢中見到曲貢瑪從空中而來對他說道："在那邊建寺將能獲得廣大利益眾生事業。由於我是婦女是不能達到成功，以此兄長你能達到成功。"說後即刻不見而消逝。於是他打算於申年在那裏建寺，有一晚上他見一度母身着粗飾，面有塵土，來對他授記（預言）說："你打算的那年不適合犂地動土，應從酉年在勒朗建寺，開建時黑棒護法寢殿下的土都搬運完後，就在那裏建寢室，經一月半時間寺廟能建成，並能會集一百多僧眾，他們都能精勤修持，由此修《那若六法》和《六支瑜伽》者有許多獲得成相的。在這一茅蓬（山寺）中，修持興旺將經人世三代，我將來此執犂動土。"他在那裏作利益有情事業，經很長時間後，將寢室托付給敦巴，命建講室後，寢室也改建寺院。他在那裏一年中誰也不會見專心精修。此後大東宮法王派來致書使者命他到鄧欽寺去住，因此他到鄧欽寺中安住，在那裏修建上妙寢室已，住了一夏，身體略有小病，心想勒朗水土適合而來到勒朗後，病也全愈。於卯年他在鄧欽寺中閉關專修時，他真實預知法王在大東宮中逝世。他年屆六十一歲時在勒朗患病當中，見前面空中有一美飾莊嚴，異香芬芳的救度母，以此病得痊癒，又在子年十一月患病時，見有救度母次第排列中有許多妙齡美女在舞蹈，病立痊癒。他在這以前還親見許多諸佛刹土，真實現見中陰身，由中陰身作諸事業，又爲諸大修士消除許多魔障災厄等事業，是難以數計的。最後在己丑年三月享壽六十七歲，初示現病容，從十四日起體質更差。於是對堪布和弟子等作詳細的吩咐說："所有財物應如此這般處理，並說我此生本想成就虹身而去，但因障難而未如願。現在淨治我的遺體後，應以六種莊飾[58]來莊嚴我體，奉安我體於白銀塔中，面向東方。"繼在十九日正午逝世。於二十三日修喪祭法事時，大降天雨花，爲衆目所共睹。那時與他前生有關繫的達隆地方也降天雨花。當迎遺體奉安於塔中時，諸方隅都現起虹彩交織，又在所陳設佛母會供上面也現起虹彩光圍。

總的説來，此師有許多弟子其中著名的四大弟子是：垛敦貢嘉哇、絳央卻多哇、雅德班欽、克珠達瑪絳稱（宏幢）。

四大弟子中的雅德班欽，係於已亥年誕生在雅德地方，當年是布頓仁波伽年届九歲時的亥年。父名阿彌袞卻伯（寶吉祥），母名甲嘉卻吉。他年届五歲時，即在奔波卻旺座前聽過一次《淨治惡趣密經》。又在垛敦仁麥（寶願）和覺敦達准（宏精進）座前學習念誦讀本；後來又聽受《毗奈耶》和《對法》；又在堪欽卻伯（法吉祥）座前受優婆塞（居士）戒；繼後又在座前出家爲僧，並聽講幾次《毗奈耶》；又在熱敦索仁座前受沙彌戒，並聽講《毗奈耶》；後在堪欽峨郡（光生）和夏欽仁郡（寶生）座前受比丘戒；又在桑普哇·洛卓沖麥（智無等）座前求授《量決定論》《慈氏五論》[59]《入行論》《攝量論》《修詞學如意寶樹》等；又在法王讓郡多傑（自生金剛）座前求得《佛海》《亥母》《勝樂》《能怖》《四座》等灌頂，及《六支瑜伽》《那若六法》《俱生和合》《三身認識》等的導釋，又求授《勝樂本續》《喜金剛第二品》《垛哈》《甚深內義》《前後二生本事》等釋論，並求授《念修修法》《熱穹耳傳法》《采英僻谷花鬘》等；又在奔波准釋迦座前聽受業譯師的《四面怙主法類》等；又在垛敦扎巴生根（名稱獅子）座前求得《那若六法》《六支瑜伽》《俱生覺母加持法》《熱穹傳規金剛手威猛法》《消除災障法》等許多教授；又在勒堆旺嘉座前求授《六支瑜伽》《灌頂略示》《日月並修》《啟開暗眼》等法；又在仁真姑瑪惹惹乍座前求得《大圓滿心滴法類》等；又在袞邦卻扎伯（法稱吉祥）座前聽受《時輪根本續釋》的講解，及《紅閻摩灌頂》《金剛心要釋》《勝樂上集釋》《時輪後續》等；又在邦譯師洛卓敦巴（慧堅）座前求得《金剛頂》《瑜伽師地論五分》《阿毗達磨雜集論》《能仁密意莊嚴論》《詩鏡》《文殊真實名稱經》等許多教法；又在雍敦巴座前求得《智慧秘密圓滿續》《阿若教授寶積》《空行心滴灌頂》等導釋、誦授，《阿若略續》經文誦授、《扎彌所譯時輪續釋》經教誦授和灌頂等，《閻曼德迦經教誦授》《集經密意論》《心部本末十八種》等教法；又在布頓大師座前聽受《時輪圓滿灌頂》《時輪續釋》講解，《密集灌頂和教授導釋》《密集續釋》《攝行論》《成就七論》《波羅蜜多》《量決定論》《紅閻摩圓滿次第》等許多教法；又在青・洛桑扎巴（善慧名稱）座前求授《集學論》和《入中論》等教法；又在袞欽垛波哇座前聽受《時輪續釋》的講授，《最勝灌頂》《六支瑜伽》《了義海論》等許多教法；又在伯敦喇嘛蕩巴（具德師）座前聽受《攝金剛幕種姓灌頂》《中觀傳規之發菩提心法》《道果》等教法。總的說來，他共依止一百零八位上師，在一些上師座前有僅聽過一次教法的，有僅聽受一份修法的，有聽受過廣大的顯密經釋的。他的上半生中資具財富是不富足的，自從在大德桑敦伯（禪定吉祥）座前求得教授，從此也的受用財富的緣起，也就很好的備足。他説："直到去年我的口還憂愁找不到財食，而今是財食受用多得來憂愁找不到我的口了。"由於他具足這般財富圓滿的緣起，因此他修建了唉邦寺。他復具足神通，依止因緣作了利益廣大有情事業。他擁有善巧而有甚深修持的弟子，住茅蓬的弟子著名的有貢波耶協（怙主智），住持寺務的弟子有絳比央卻貢巴、克珠絳秋絳稱（菩提幢）、堪欽桑傑洛卓巴（佛智）等許多弟子。他對一日僅聽受一座教法的諸人士，由賜食物贈品之門以備足學法緣起，因此出有許多能利益衆生的大善知識，最後於戊午年他享壽八十歲而逝世。此後唉邦寺的法流直到而今（著者的當時）仍未中斷。住茅蓬弟子貢波耶協在班欽逝世後他曾主管唉邦寺爲時不久，他修建了哇那納寺，戒法謹嚴，並集會許多僧衆，作出了廣大的利益衆生事業。後由堪欽哇任僧會堪布，在上下許多地區駐錫而講授導修效法，作出了許多利益衆生事業，由此出有弟子堪欽仁波伽・嘉讓哇等人。後來修建了裕仁清嶺寺作出了利衆事業，又有法王絳嘉哇長久住在卻柯嶺寺中，後來一度住曲彌新寺。他的能作利衆事業的弟子，爲阿闍黎朗喀扎巴（虛空稱）等人。又有絳央卻貢巴主管唉邦寺後，作出了宏法利生事，由此出有絳央仁嘉哇和江青巴・釋迦西等許多弟子。

又説克珠達嘉哇，誕生在湯拉附近地方。父名索朗貢（福怙主），母名扎喜（吉祥）。其母在夢中夢見有一印度瑜伽修士裸形着白綢短褲，戴冠冕和金耳飾，手中持有滿盛甘露的顱器以爲標識，有以美飾而爲莊嚴的婦女五百人從而圍繞，而來到自己跟前作灌頂、説法並示現神變。繼後諸婦女一一相入相合，最後入合於瑜伽修士一人身中後，瑜伽修士復從她的眉間入合於中。得此夢後七日中，感覺舒適異常，全無惱害。此外還發現許多稀有徵相。他童年時代即具有淨信和大悲心，喜悦佛像、經、塔等，對僧伽恭敬，不僅自己不作惡行，見他人造惡他也難忍而作阻止等許多功德。年届六七歲時學習誦讀成爲智巧者。閱讀廣、中兩種般若，即能將句文和大意粗略領會於心中。他依止喇嘛牟桑巴・仁清喇嘛（大寶師）等上師，有一天他和許多童友去採摘花朵作戲玩時，不慎跌倒，由這一痛苦作助緣而生起唯佛能作救怙的定解，遂皈依於佛，並生起回憶往昔生事而憂苦，而且唱出歌來，有些人聽着認爲稀有，有些人認爲他被魔鬼加持。繼後他和住在近處的法王讓郡多傑（自生金剛）相見，他見法王是聖觀世音菩薩，而生起猛利的信心，遂來到鄧欽頂寺而爲法王作服役。於是由法王作親教師，由堪欽迅魯絳秋（童菩提）作阿闍黎爲這年届十九歲的達嘉哇授出家戒和比丘戒。他依止業垛巴・袞嘎鄧珠（普慶義成）、喇嘛楚仁（戒寶）法王扎巴生格（名稱獅子）、甲扎法王、堪欽朗喀絳稱（虚空幢）、喇嘛索仁、絳秋貢波（菩提怙主）、索朗生格（福獅子）等善巧、有成就、戒精嚴的上師，而廣大地聽受了許多顯密經論，特别是他以教授秘訣爲主，而願一心精修。遂在各地的茅蓬寂静處所中，斷離散亂而精修，因此獲得一切人士的尊敬。他的行持是：頭不落枕（即夜亦正坐修定而不睡下），背不靠墊，行水、石僻谷的苦行，常修甚深調治風息法等，因此獲得成功，生起了許多修悟。特别是在發生險惡修感中：得劇烈的虱瘟有三年，犯心風病有兩年，犯遺漏（遺精）災障有一年。這些險惡的修驗，唯一依自己的修持力而都脱險，並且生起了最勝的修悟通達。他親見不動金剛、閻曼德迦、摧壞金剛等爲他摧伏魔障，及貢波護法向他下跪而承許助成他的事業，以及現起無量壽佛和釋迦牟尼等許多淨相。此外還能親見他方疆土，他者的種姓、行爲、心的動態等如鏡中顯現。又他不待勵力而使圓滿次第的定力在修境中運行，還有當法王讓郡多傑和仁波伽桑勒仁巴來床前慰問時，他親見薩惹哈，在垛敦耶迅巴座前求得發菩提心，而親見文殊等不可思議事蹟。他在湯拉茅蓬等處也住過很久時間。繼後在普謨茅蓬親近於法王扎巴生格的座下而作服役，又在大成就師曲貢的住地——鄧欽頂及勒朗等處隨從作僕役而聽受《念修法》《心滴》《空行母念修法》等不可思議的教授。他獲得淨治純熟的夢修力已，能於一日中親見鄔仗那聖地十三次等難以盡述的功德。當求得甚深灌頂時，他親見上師即本尊，當發現兇惡神眾走來顯示許多神變時，他運用修證力威鎮下去。法王扎巴生格的座前雖有眾多的弟子，然而法王將他這一住茅蓬修士視作持密衣缽弟子而將一切教授完全傳授給他，並任命他爲勒朗寺主使其扶持利益眾生事業。他依教授而宏《那若六法》和《六支瑜伽》等法以撫育應化有情，而安置於成熟解脱道中。由於他具有廣大的慈悲之力，對於貧苦、疾病，及濁世中邪行諸眾生，特別能作饒益。後來他在將逝世之前曾説：“我最初年少時由猛利精進力將身命投入於求法中，因此上半生中勤行苦行和修持，那怕發生了許多災障和過患，我也未去尋求其他方法，唯依修善而都消除，而且修證功德也隨之而生起。人生在離世務中而渡過，唯依修行而到終局，縱然想作一個倒在今後兩世的中間人，但是不敢破壞上師所説，應作利益眾生事業的教誡語。由於完成了上師的誡命，我無愧悔，心也安寧，而且我也活到這般壽數，母女也在見到上師的手用唸珠這一緣起上面而逝去，在人世間我也過得太久了，對諸有情我也作了一些饒益事。我前往極樂刹土無量壽佛的座前，看來是不須懷疑的了。”等許多話説後，於丑年三月二十三日黎明逝世。荼毗時發現佛像、字跡、標識和許多舍利，空中天雨瑞花。此師逝世後最先轉世活佛誕生在南方海岸穹巴種姓中，成爲瑜伽士。係乍色城甲吉金地方英扎菩提最後的弟子嘎瑪巴所攝受的弟子。

次説垛敦扎巴生格（名稱獅子）的轉世活佛法王喀蹶旺波（空行王），係於庚寅年誕生在北方乾闥婆王五髻所依聖山附近朗季切瑪隆（天沙地區）的喀納壩哇地方。父名拉嘉，母名卓謨。誕生後七天即能看清堆松欽巴等所授記（預言）和所説法。三歲時即在許多人士聚會中傳授觀世音誦修法，而且能知他人心性如實説出許多通達他心的話。年届六歲時在一些他過去生中教化過的人士面前，他承認他是垛敦扎巴生格的轉世活佛，並且詳述其前生行事。克珠達嘉哇聽他説後，而迎接了他去，召集來許多師徒，都是見面之下，即生確信而表示尊敬。因此他生歡喜而前往楚區勒朗，在行程途中行至切隆的河水交叉處師徒們墮入水中，正恐慌時，至尊救度母真實前來解救而得到安寧。他對楚普寺的比丘達瑪楚稱（宏戒）講説朗喀峨（虚空光明）的往生本事。年届七歲時，在措麥和法王若比多傑（遊戲金剛）相見後，得傳授優婆塞（居士）戒和發菩提心戒，並聽受《六法》和大手印等的導釋。繼在鄧欽寺由仁波伽鄧珠伯哇作親教師，法王若比多傑作阿闍黎給他授出家戒，命名耶協伯（智吉祥）。他在堪欽仁波伽的座前聽受了一些偈文等略法，又在雍敦巴座前求得《白度母長壽法》，又在日措巴座前聽受《俱胝怛特羅》及多數顯教經文的誦授和許多隨賜灌頂，特别是對於嘎舉派的甚深而且廣大的教授作了鄭重地勤求。他在拉薩住時，有一晚上在夢中得見法王讓郡多傑在許多人士集會中給他傳授發菩提心戒，並賜名彌滂伯敦（彌勒吉祥）。又在惹察覺謨的近前住時，也曾示現自身變成俱生母從眉間放出光明成爲自性的紅色卍字，觸及身體頓生大樂。又在漾桑巴索朗峨（福光）座前聽受了許多導修講釋後，他遂閉關精修。以此他能顯見在勒朗諸大修士所斷之道，而對他們各别作出根本的斷論和攝受他們的談論，因此都歎爲稀有。後來他年届十八歲時，由仁波伽鄧珠伯哇作親教師，絳央卻季多傑（文殊法金剛）作阿闍黎，迅魯伯哇（童吉祥）作屏教師，在僧眾當中受比丘戒。當天晚上他在夢中見空中現有四日輪，自己身着三衣[60]向人天大眾説法而使其喜悦滿願等稀有徵相。又在鄧哇金巴·阿闍黎絳仁座前聽受《慈氏五論》《量決定論》《律根本》等教法。又在法王讓郡多傑的弟子堪欽衮嘎峨熱（普慶光）座前聽受《金剛鬘灌頂》等許多灌頂法門。又從北方蕩區和蒙域轉道而來到熱學的那邊在熱交和約江雪山那裏他見到（修力照見）法王上師戴上佛冠，對他作授賜記别（預言），而那些地區中的一切僧俗人等手持許多供品來到師前，上師傳授了與法相順的規章，並贈僧眾以順緣（資具財物）。在至尊日措巴逝世後，他對於愚昧粗野的僧眾心生厭煩，而將寺院托付給喇嘛索朗綳（福俱胝），自己則獨到勒朗的後山等處專住茅蓬。又在堪欽峨熱嘉措（光明海）座前聽受《心滴法類》等。又在阿闍黎峨熱伯座前求得舊譯的《續釋》和《上下秘藏》大多數的經教誦授，並晝夜心不散亂地閱讀"密續經論"，主要的修持，唯一是三摩地使心不放逸散亂。繼後師徒約十人從鄔堆轉道梁波而來到甲達時，閱讀堆松欽巴所授記，並漸次去到公波的一切地方中。特别在咱日新地的敬勒那裏住了很久，並遵照法王若比多傑的諭令對壩約日寺等賜給了鼓勵的獎品。又在法王座前求得《那若六法》等廣大教授，並聽受《中觀思擇焰論》等中觀諸論。他在咱日瑪欽的乍嘎（白岩）那裏住了三年當中親見許多勇士空行的稀有神變。他前往達拉崗波而安住時，清楚地意識到比丘戒成爲功德的情況，而使其修持得到極大的進益。他又在公波的達瑪普和閣昌等處住過很久，聚集了約三百人的僧會，隨各個希求而爲之説法，夏冬兩季他每季閉關三月後，經常爲衆傳授修學導釋。當他到嘉裕時，閱讀到佛所授記（預言），在午年由諸施主供財物，而修建達哲朗嘉嶺寺，也聚會僧衆約二百人。又他在咱日新地住時，預知法王若比多傑將逝世而哀號。又在寅年建嘎瑪讓寺，並和法王德新協巴（如來師）相見，在達哲爲法王傳授許多經教誦授以滿其願。又在新寺倫珠頂和嘉春嶺寺中安住時，諸空行母也來聽他唱金剛歌。又在嘉山中真實得見山中珍寶女根相等許多淨相。當法王德新協巴前往前藏時，他們師徒一行從梁波漸次來到堆隆楚普，在生格閣凍講説《那若六法》，並説法成熟蒙古官員仁惹等人。後來來到公裕後純以住茅蓬靜修爲主。繼後爲調息公隆三惹的亂事費時三年之久。他在瑪惹頂住錫説法時，遠距二“俱盧舍”[61] 所有人士都能清楚地聽其説法聲音。他還將許多凶頑非人（鬼神）降伏後使其持優婆塞的禁戒。又對愚頑難伏的有情，他用各種方便調伏之，顯見他有許多方便。他對於甚深諸教授著有不明顯的，或特明顯的導釋釁論，或悟道歌和許多零散的論著。

喀厥旺波的弟子出有：法王德新協巴（如來師）、四論師理智利劍真名仁清讓波（寶賢）、乍貢袞邦·卻奉耶協（法智）、格梁垛敦·卻伯耶協（法祥智）、樹貢四論師仁清伯（寶吉祥）、日瑪墈巴·索朗仁清（福寶）、拉思仁清絳稱（寶幢）、粗息·索朗绷（福俱胝）、曲稱喀巴·協饒伯（智吉詳）等人。

當喀厥旺波的事業將近最後圓滿的時侯，法王德新協巴從貢寺而來相見，在拉哲貢等處他（指法王）也説了許多法，貢寺的賜施也日漸增長。最後在咱日住時著有“永生常存”等悟道歌，來到嘎敦瑪譔後在諸書冊上加蓋圖章而對侍者説:“很快就要到這裏來的。”康區的僧徒常依隨行，在來的途中他（法王）再三説，這次緣起未夠，大眾再三問故時，他説:“水陽中間（藏曆演算法）可以來到。”來到嘎區傳授了未傳完的諸法後，略示小病，繼於乙酉年七月二十九日享壽五十六歲時逝世。那裏普降天雨花，空中遍佈虹彩交織，遺體用肩輿抬運到嘎敦瑪譔建金塔。至於遺體奉安到塔中和祈願法事等則由喇嘛卻讓（法賢）和比丘扎巴絳稱（名稱幢）二人很好地完成（以上係法王德新協巴事略）。

乍貢袞邦哇（名卻季耶協），駐錫乍貢寺中而作撫育眾生事業。乍貢寺原係帕譔住巴的分寺。這位袞邦哇在位時，是依大德喀厥旺波的法傳而行，虔誠而修的，是格梁垛敦大師的鄉土——邦波崗穹巴。袞邦哇在大德喀厥旺波座前作親近依止，並得師所傳教授以修持。他專來往於茅蓬山寺中，僧徒多時也到過五六百人。他出有許多能作利益眾生事業的弟子。

次説格梁垛敦的弟子法王枳麥哇（無垢），他曾作江納王的上師，粗略地作了一些利益眾生事。又有舍嘎桑協，係邦波崗係人，他以喀厥巴作爲他的根本上師，在邦波崗修建薩色寺而作利眾事業，會集僧眾約三百人。以上係格梁垛敦的弟子事略。

次説四論師仁清伯（寶吉祥），此師在敦嘎堆修建樹貢寺，有住茅蓬和寺院者二系，會集僧眾約四百人。

次説拉思・仁清絳稱（寶幢），此師先是枳空巴大師的侍寢僕人，後來他親近喀厥旺波獲得師傳教授的加持，以此修持也得到圓滿。他所説諸法都作有記録，因此也獲得很大的饒益。上下各方人士都前來師處，他作出了利益廣大眾生的事業。

拉思的弟子堪欽釋迦扎巴（釋迦稱），此師最初雖是親近在喀厥旺波座前，然而關於一切教授都是依止在拉思・仁清絳稱座前而聽受的。此外他還依止了許多上師，並在長久時期中作利益衆生事業。於甲戌年享壽八十二歲時逝世。

次說粗息・索朗綳（福俱胝），此師誕生在勒朗區附近裕瑪地方中。依止喀厥旺波等師座前聽受許多教法後，住持勒朗寺院。他將上師喀厥旺波所說諸法作出記録後，復著出《念修導釋廣論》等論著。此師的弟子即阿闍黎喇嘛絳稱（師幢）等人。

又有喇嘛卻讓巴（法賢），誕生在納學地方中。他在喀厥旺波座前親近依止，求得一切教授。曾任達哲湯哇裕寺的寺主，作出了廣大的事業。

又有喇嘛仁讓嘎波（寶賢淨白），誕生在納學地方中。他修建枳湅寺後，會集僧衆約有百人，並繼續成就上師喀厥旺波的事業。以上喇嘛讓巴和喇嘛仁讓嘎波二人也是活佛卻伯耶協（法吉祥智）的上師。

又有法王日彌壩巴，此師於戊寅年誕生，洽是喀厥旺波大師年屆十三歲的那一年。依止格敦巴座前出家爲僧成就出家的威儀。他親近喀厥旺波，常時住入在大手印定中，係於癸酉年在達波那壩逝世。

次說喀厥旺波的轉世活佛法王卻伯耶協（法吉祥智），喀厥旺波曾授記説："後世現密行，遍遊瑜伽士。"這和他臨終時，親口許將轉世再來是相合的。轉世誕生地爲梁波別名克乍垛，係在丙戌年誕生，父名桑珠，母名壩薩，命名倫珠（任運成就）這一名字具足幸福圓滿之意，他的足心中現有蒙文"新王"的字跡。誕生後剛五月時有一些松喀人來求加持，嬰孩即能次第而作加持。他的父親領他到哲區住時，有一部分喀厥旺波的僧徒們前來見他，都生起確信

（爲喀厥旺波的轉世活佛）。年甫周歲時，由比丘温扎巴和喇嘛卻讓巴等人運用權便在梁河水中用皮船將他迎接到達哲安住下來。在峨普鋪他突然去到人衆難以攀登的岩窠中，請他回來時，未見他是怎樣來的而突然來到。他示現通行牆壁而無阻礙，也説了許多神通預知的話。繼後前往安頂和嘎瑪謨對前生的徒衆們詳説其史事，並向一位施主傳授教授。又取出了喀厥旺波秘藏的遺囑紙卷，繼後在喇嘛卻讓巴（法賢）座前聽受《金剛亥母》《佛海》《黑棒護法》等的灌頂修法，及嘎瑪巴·若比多傑和喀厥旺波諸師的語教全集：《那若六法》《大手印》《風心無二》《大圓滿》《五次第》等的導釋及《密續論集》等。他見上師卻讓巴是閣昌巴大師的轉世活佛而撰有讚詞。又在比丘温扎巴座前聽受《密續十七心滴》等，此外還聽受了許多教法。此後迎請他到波窩而前往耶閣等處，年届八歲時，在公波與前藏交界處邦垛地方他和法王德新協巴相會後，給他傳授優婆塞戒，並對他説了許多讚語。繼後在達哲由法王作親教師，洛卓絳稱伯讓波作阿闍黎而給他傳授出家戒，他在法王座前聽受了無量的灌頂、經教誦授和導釋等。大明皇帝也賜他以金剛持佛像、鈴杵和壇板等物。年届十三歲時來到業波，繼即對公波的諸寺廟作了宏大的增益，並在壩約等寺中安住，又在咱口扎喜郡那裏修無量壽佛長壽法親見無量壽佛。又在卯年從達波同法王通哇鄧敦（見者具義）一起來到窩喀扎喜塘，也就和乘肩輿而前來的澤敏仁波伽索朗讓波（福賢）相見，在那裏受得比丘戒。他同勒烏凍巴蓋章立約而作了很好的供奉茶飲事項。回來時在嘉措崗寺四論師日比熱枳（理智利劍）座前聽受《自生金剛全集》《慈氏五論》[62]《龍樹所著中論》《回諍論》《六十如理論》《七十空性論》等許多論著。他隨在何處都講説了許多教授和道情歌等。繼後他作法王通哇鄧敦巴的侍從，在丑年從梁波開始漸次去到乍松、絳勒、瑪察通、峨阿日湯等地。此後去到貢德和蒙區之間，在納學有喀厥旺波的弟子嘎波仁讓前來迎請後，在枳凍和布達講說了許多教法，他復在喇嘛仁讓巴座前聽受了《坐山法類》等許多教法。繼後轉北道來到楚普作了廣大的供施僧粥和供養份，又在勒朗說法，又在喇嘛杠巴旺秋絳稱（自在幢）座前聽受《哩姑法類》《察巴法類》和《垛哈》等教法。繼後來到拉薩作供養和發廣大的宏願，繼從鄔堆開始上路轉道梁波而來到公波，在嘎瑪讓楚敦・卻季仁清（法寶）座前聽受《空行海灌頂》等許多灌頂，及《甚深內義》《喜金剛第二品》《威儀》等許多講釋要法。續後他爲父母等人祝福作廣大佈施之故，在達哲迎請法王通哇鄧敦時，他作了廣大的供養，並對僧會一切僧眾都散襯錢施供養份。那時在喇嘛耶協旺波（智王）的住處，他騎着一頭大犏牛兩次來到喇嘛的小門洞前，也就在這位法王座前聽受了法王的《言論集》和《集學論》，他也將許多要法回供於法王。此後他在堪欽釋迦扎巴（釋遵稱）座前聽受了《坐山法類》和《竹系法類》及《息結派索系傳規》等許多教法。此後他籌備修建嘎瑪讓的寺廟，由於尋覓不到石料，他親掘發出大石礦，此後他從上下各方迎請來諸耆老。他又修驅魔法事使隨塑造神像工匠之後而來的鬼魔離開，以此發生真實（鬼）叫聲。那時達隆法王絳秋嘉措（菩提海）前來和他相見，彼此互相傳授和聽受教法，並在嘎瑪讓講《俱胝密續》。此後在瑪惹頂賜施許多物品使有十二天路程一帶的亂事都得到平息下去，對難伏可畏諸神催動事業，以此河流改變也直流到城邊，由於勤供"垛瑪"他親見護法神像，並顯示無人撐持而高舉起黑色旗幟等許多神變。續後他在松喀地方閉關安住時，聽得法王通哇鄧敦患病消息後，他立即從公波而前往梁波、妥絨、類烏齊等地，行至凍水河畔有嘎巴官員朗巴前來迎接而來到嘎瑪，他和法王相見後，修法事將凶頑鬼神降伏。繼後來到約達和拉頂等處，那裏有當初他出家受比丘的親教師，及他曾啟問過許多教法的處所，他想或許不能到達那些處所，但經虔誠祈禱而到達時，他的身體略感不適，復返“約達”而安住。法王通哇鄧敦也迎請他去，他遂從貢德轉道穹波而先到公波，隨後也就來到嘎欽，在嘎瑪謨安住時，係在壬申年七月享壽四十七歲時，天空晴朗，不斷地天雨瑞花，法王德新協巴和至尊救度佛母等也來到，他吩咐陳設諸供等説了許多話後而逝世。發現白虹如旗帶直豎等許多稀有瑞相。他的遺體奉安在大菩提塔中。

次説法王卻伯耶協的轉世活佛即住持紅帽冠冕法王仁波伽第四代活佛，係於癸酉年誕生在哲雪梯地方中，剛誕生下即作廣大的利他衆生事。在法王嘎瑪巴、喇嘛本嘎哇絳伯讓波（文殊賢）、顧實班覺鄧珠（富成義）等師座前聽受許多教法後，去到公波，迎請阿闍黎喇嘛絳稱巴（師幢）來到公波後，他也就在絳稱巴座前廣大地听受《金剛鬘》等許多灌頂教法，及許多導修講釋和許多論著的經教誦授等。並去到上下各地區，繼後復去到垛康地區而直到西寧堡，爲一切有情説法而安置於解脱輪回道中。繼後去到蒙區度化霍爾隆巴等人，並使其知道酒的大罪惡而戒酒；使其對僧衆生恭敬心；使其依於正法；使其廣作供施而決定勤求菩提。後來復道經康區各地，而由公波去到前藏疆土廣作利他衆生事，並住世很久。以上係説轉世活佛傳承次第第二階段。

至尊達波大師的弟子在達波大師的晚年作親近依止後，獲得量等虚空的證達時，啟請他安住於那裏所有一切僧伽席位中的首席。話雖如此，然而這是對善知識康巴欽波列在席首所作的讚詞。

以實際來説，是對嘎舉派[63]教主灌頂（即授權之意），尤以當時教主名爲具德帕謨住巴[64]的美譽名聲普遍於三世間[65]。其中偉大的權威人物，普遍傳稱有三類：即成爲最上根者，即是指佛；成爲中根者，是指獲證成就的士夫及其傳系；成爲下根者，是指具善緣的普通凡夫由漸次淨治身心而成爲登地的大菩薩。此中一，作爲上根來説，也即是指過去和未來的佛世尊，如是也可以高聲叫作即是我釋迦牟尼王佛。這些説法，實際也是佛親口所承許的。獲證成就的士夫傳系情況：二，《俱生成就根本釋》中也承許説："鄔仗那區域中有名丈松卓哇烏敬（仙人名眾生安息）所攝受的巴窩多傑（勇士金剛），次第傳出蕩扯多傑（誓句金剛）、伯瑪多傑（蓮花金剛）、倫季傑比多傑（俱生金剛）、塔嘎巴嘎尾多傑（喜織金剛）、丈熱謨多傑（婆羅門女金剛）、蔗客住比多傑（剃頭者成就金剛）、伯敦袞卓貢波（具德眾生怙主）、倫覺巴吐季多傑（瑜伽師意金剛）等人，前前後後都已成就三摩地境界莊嚴。"此中由最後的一位吐季多傑度化其夫人根喀裕嘎安置於成就的地位。又由夫人度化其兄長英扎菩提王安置於成就的地位，英扎菩提王爲了度化諸空行母，僅留下一件毵衣而自己身軀忽然不見。因此諸空行母扯碎其毵衣而食後，諸空行母都變成羊身。王知此情向阿闍黎祈禱，並使諸空行母承認了懲罰，最後恢復其婦女身相。以此普遍傳稱作那哇巴（毵衣師）的英扎菩提王即是具德帕謨住巴，這也是他（指帕謨住巴）親口承許的。

普通凡夫由漸次成熟而獲解脱的情況，在這裏當説帕摩住巴多傑嘉波（金剛王）的史事：係於庚寅年（宋徽宗大觀四年，1110年）誕生在垛康（康區和青海一帶）區的南方枳隆勒雪的達峨芒康地方。喂穩澎脱是其族姓，父名喂穩阿達，母名若切薩准勒。他親口説："生的痛苦如同從拉絲孔拉出那樣。"又説："我僅見着從一隻無底空桶而出之相。"那時他能想起父親拿來一塊豬腔肉。年届兩歲時前生的住地自然地能想起來（原文意爲居住自生）。見一童友在作嬉戲放逸，他想這樣如是我作應當悲痛。他生起了大悲心。年甫三歲時他從母懷遺尿，而能生起難以掩飾的羞愧心，由此而忘失憶念往生事。那時他曾殺死一蛇，因此後來若東察康事件他説是殺蛇之報。年届七歲時復能憶念宿世生處，及在迦葉佛的教法住世時，他曾生爲猴子等事蹟，父母給以有瘡傷之肉食後而宿念忘失。幼時父母俱亡，將他安置在兄弟家中由叔父作助養。年届九歲時，在甲樓寺堪布頂德應吐布楚稱和阿闍黎頂德峨熱絳稱（光幢）座前出家爲僧，命名多傑嘉波（金剛王）。對於文字他未經學習而知曉，堪布新制一部銀書《十萬般若波羅蜜多經》時，他爲製經服役。他也未曾學過畫佛像而知畫法，他在喇嘛嘉欽波座前求傳灌頂的僧會中，立誓永不飲酒，因此阿闍黎對他也十分歡喜。繼後聽受《入行論》等許多教法，又在鄔仁敬壩的主座前聽受了"三界九地"等許多教法。他説："以他人的見境來説，主座是一凡夫，然而在我的見境主座則是十地菩薩。"總的説來，在康區他有十六位阿闍黎，並講説過幾次《入行論》，師徒等互相喜悦，因此派遣他到前藏雖經大眾同意，但所攜財物不過幾顆小松耳石，幸遇喂欽波來到，由於他擁有大量財物，他説：我兩人合一而作也就足夠。以此得到助益。當他前往蒙區麥納康時，前後藏各地區，真是暗無天日。有一尊不動金剛的寶劍折斷，由此他發現一切方隅的僧俗都逃亡之相。年届十九歲時去到前藏，在堆隆甲瑪地方交給馬鞍而在格西約座前請求旁聽講《中觀》和《量釋論》。在那些時間中，他又在甘丹派[66]善知識漾杠巴，鄧頂巴和嘉裕哇等師座前求得發願菩提心，並聽受《教法次第》等。他説在甲瑪聽講和安住時，格西洽巴座前應允八年中懺淨所積罪惡。他年届二十五歲時，由樹普甲杜作親教師，甲瑪作阿闍黎，阿爾作屏教師，使他受了比丘戒。又在親教師座前聽受了《律經根本》等許多戒法，又在梁真座前聽受許多《行法》方面的教義。普遍傳稱他有大智慧，以此通達廣大教法。他復搜集除疣方法。繼後在布桑諾穹的直傳弟子瑪·卻季絳稱（法幢）座前聽受《勝樂密續》等許多密法，又他與伯欽嘎諾相見後在此師座前聽受了許多法門和教授。嘎諾未説完的諸教法，則在喇嘛阿生座前聽受時，對喇嘛借茶而未辦到。這樣對師略生不信，以此是背叛上師，於是發現夢中身着壞衣，所受三摩地灌頂一百零八全都壞失，他復聽受《六支瑜伽》等嘎諾所傳許多法類。此後去到後藏在乍嘎波哇座前求得阿熱的教授，以此他想這僅是單純的“奢摩他”（即定）法而意略有未足，又在廓蕩哇日的江乍達巴的姪兒峨牟尼座前聽受《聖龍樹所傳法類》和《對法》。繼後去到布歐布的貢納波座前求諾若哇的諸教授，得到很好的傳授。在布師座前進修八月全身充滿大樂，足上被荊刺扎入也生樂感。此後去到薩迦在薩迦派[67]大師座前聽受《道果》等教授。他是一位喜問教法的人，向他問了許多教法，他作了很好的回答，因此都對他喜歡而稱他爲康區智者。繼後在喇嘛咿瑪·譯師姑瑪惹布多座前聽受了《三種融合法》等許多密法教授，又在絳生達哇絳稱（月幢）座前求得大悲觀音和發願菩提心的傳統作法。他説：“上弦日閉關，下弦日講儀軌和作灌頂加持，如果不這樣作對他有情是不會有饒益的。”又在喀惹貢穹的弟子妥巴，妥巴的弟子梁貢閣波座前聽受《喀惹所傳三法》，又在喇嘛芒喀哇座前聽受《八法》，又前往堆隆和敦絳合伴來到桑傑梁穹哇座前求法時，請一位修士傳達師座，師座不允謁見，再三請求後，師座說：“那麼你供一次‘垛瑪’（供食品）吧。”作供後見師而求法。師說：“你今晚當觀察夢相吧。”他在樓上安寢，看完寢處，飲了許多酒料，以外套蒙頭很快就酣睡下去。第二天早晨醒來知道昨天情況，心想僅這點會是夢嗎？略有不信。師有所得知而說：“康區法師你的後面有四位金飾莊嚴的空行母跟隨着，現瑪學日納的座前將會作出對許多衆生有益事業，因此你說法吧。”說後將《方便道甚深教授》的傳統作法和“幻輪”法等傳授給他。此後也遂對他人說法，以此獲得一些供物。後來復去到薩迦大師座前，此外還親近依止過瑪季夏瑪等十三位瑜伽修女。有些說某一教授偉大，然而没有與道相接近的。他在薩迦座前時，有康區智者的大美名，因此格西香也對他起敬而前來迎請他。但由於他對甲薩章波等地區想使這些地區都變成施主和上師的關係，而未作到大家同意，以此喇嘛香略有不喜，可是無罪過的喇嘛香因此而遭到人蜚謗，喇嘛香在卓貢座前問道：“我根本無罪，發生這樣的流言誹語，要如何作才能平息下去？”卓貢說：“依止一位大善知識，或許可以平息。”香又問道：“那麼誰是大善知識？”卓貢說：“現在唯一是達波尼貢的聲譽爲最大。”以此格西康巴說：“如能作助伴，我們到他那裏去吧。”於是兩人合伴而前往貢波。由於貢波哇略患小病，以此數日未能得見。繼後見面說了許多教法史，而且每晚上都在傳法。有一天上師說：“格西康巴和你等應當各别地傳授導釋。”其他諸人聽完一座法也都回去。於是傳達卓貢到貢波座前去，他來後，貢波問：“你過去曾聽受怎樣的法？修行甚麼？”他遂將曾聽受許多教授和過去修行情況稟告，並求授此間喇嘛薩欽所傳《見道無分别慧認識教授》。師說：“唉呀，你對於那法，僅有那樣的打算麼？”答：“是有那樣打算。”師說：“我祈願而作的一把糌粑，任在那裏手中捧着（言雖常有成他者的祈願），但對你這樣打算更加不喜。”在那裏他憂愁而去時，貢波哇說道：“你去到東山德鄔那邊姑康生巴面前，他掌握有一些教法我們應當思考。”因此他去到德鄔東邊後作仔細思考時，漸次感覺過去（所知）一切法都是外表和雜混都消逝後，而生起如淨潔虛空般的善妙通達，心境也如向空旋矛瞬即空逝。繼來到貢波座前，貢波哇早已預知而說道：“我也没有較那更好的法用來開示的了。話雖如此，還有我的一種傳規教法應當開示。”説後遂將《俱生和合導釋》傳授給他。他在貢波師座前問了一些關於“本性”方面的問題，貢波哇説：“格西你對於教法有很好的通曉，以此我也無需多説，我但祈願成爲十地菩薩。”時過不久至尊貢波哇逝世。格西他帮助作完貢波哇靈骨塔等事項，並作爲阿闍黎貢波哇的難友而住下。繼後他啟程西上心想當初薩迦大師曾對我讚美爲康區智者而生喜悦，現在我生起了這般智慧應當去到他的座前稟告一下。他遂再次來到薩迦，但是他改變了眼界，這次全不發問。後來去到“聞”區在察崗安住，在這裏也聚集了很多弟子，一直有五年時間中，對所集弟子們傳授以達波教授爲主的許多法門，使其各得滿足。對諸僧眾則以佛語所制定的《毗奈耶》正法來約束使其不逾越戒律威儀。對授與教授諸人使其生起修心而易達目的，並傳許多三摩地法門，因此他的盛大美譽名聲不僅本土皆知而且遍於一切方隅，如普遍傳稱他是將至尊貢波哇的甘丹傳規和至尊彌拉的傳規——甘丹和大手印兩種法流合一而作者。在察崗所作九種舞姿中也與此“法流”相符合。繼後他想到那裏距離城市很近，對他不適宜，應當去到一處寂靜的地方。他作出祈禱文中也説：“祈願棲止林寂處，能如法行且自在。”此後有一天早晨他未與僧眾商量，而去到前往寺主的路上來到察絨哲波的門前送上了一根哈達（有事通白的禮物）說道：“我是住在察崗的，現在我想到‘帕謨住’森林那裏去住，請求寺主給一答復。”寺主的答復中說有到察哇去的話。又由於他有不在貪戀上拖延的誓約，因此請求賜住察哇，而他自己也到門前求賜住察哇，並稟告還未說的話。於是他騎着一頭騾子前往與帕謨住城相近的地方中去，由於他的身體沉重將騾的四腿壓得如柱僵直而不能走動。繼後也就在仁清繃巴的塔扎（邊底）那裏設座安住下來，由此普遍傳稱他叫仁波伽塔扎（大寶師邊底）。僧伽大眾也隨後來到他那裏，芒嘎崗和德協普巴他也暫時住過。在那裏先有一位名甲貢彌熱的住過，因此他的茅蓬中迎請察哇師座來住，察哇師座：“你的這一茅蓬是很安樂的。”這樣連說了三遍。彌熱說：“如果意樂，我可以供獻。”他想那地方是勝地的心臟，遂說：“那麼到我的貢敦隆來吧。”也就決定那裏爲住地。總的說來，於戊寅年（察哇師即帕謨住巴）來到那裏的寺院中，在那裏達隆湯巴係壬戌年生人於癸酉年年届二十四歲始來到察哇師座前。那裏彌熱所供獻的茅蓬確僅是茅庵草舍，以此請求建一可取的茅蓬。有一天他說：“如果能完成的話，就快作吧，拖延更長的時間是不可的。”説後在一天中就完成了較好更可取的茅蓬。從各方聚集了很多僧眾，茅蓬房間中面積很小雖是僅容一頭牛多點的斗室，然而也能辦到發給很多僧眾的口糧。達隆湯巴剛到察哇師座前，即作近侍（亦稱侍者）。請求作一較好的衣服時，師座說：“你對我是怎樣的看法？應知我主要是必須撫育僧眾的（言不能偏重自己的侍者）。”説後唯作撫育僧眾事業。這一情節，也是與繹秋生巴達哇絳稱（菩薩月幢）所說相合的。他在下弦日閉關，上弦日則是上午閉關，下午講說導釋和在僧會中說法。僧眾也對師座極端敬信，因此從新建茅蓬到法座之間，沿途路上都鋪上衣帽和綢緞等物。在那裏除極少數人外，一切人士都生起了美滿的感覺。以此都認爲衹須來師座前即能滿足的美譽名聲遍於一切方隅。從各方面而來的許多施主的承事供養和供獻財物等他都用來純作撫育僧衆之用，而決不拿來作美飾茅蓬寢室以圖快樂之用。可是對於來到他的座前一切施主中，對王公長者他賜以瓷碗，對窮人乞丐賜以剩餘食物等。他主持那裏的寺院從戊寅起至庚寅年，駐寺共十三年。弟子中出有許多有成就的人物。普遍傳稱説，八百僧人中五百豎傘者（有名説法師於座後方可豎起傘蓋）。往昔他説法時，他説不須聚集我的僧衆。後來枳空法王是優婆塞（居士）身來到他的座前時，他説現在知道聚集我的僧衆。他説：當法王未來之前，他所現起的一切大手印證境，頭上還没有顱冠蓋覆（言没密宗佛尊相）。普遍傳稱法王來後，生起通達法輪（指密法）等而始得到與前不同的許多法門。如是在撫育僧衆時期中在其他各地區他還示現出十二種身相莊嚴，及去到鄔仗那在諸空行母座前聽受《大密續部》，而且著出《攝彼密續》的品數和教義的論著。又在如是等一切方隅造許多他的肖像以作利益有情等廣大事業，這在前輩諸師傳記中，早已詳明。因此在此間僅是略録而已。這樣的猶如第二佛陀的大師（帕謨住巴）係於庚寅年（南宋孝宗乾道六年，1170年）七月二十五日逝世。那時發現天雨花等許多瑞相，在迎請他的遺體時又發現大地震動，供水碗中水半增溢出，天雨花、音樂齊鳴，稀有神變等不可思議瑞相。在許多僧人中也發現見有許多諸佛菩薩前來，及許多勇士空行聚會的淨相。還發現許多舍利，及未焚壞的心臟和舌根。舌分作兩段奉安在靈骨殿中，據説現在存於康區。心臟奉安在吉祥光焰靈骨塔中，即現在大寺中的主要供塔。

這位大師所出大弟子：信解究竟弟子爲達隆湯巴，通達究竟弟子爲納普哇，智慧究竟弟子爲巴普哇、能力究竟弟子爲青布甲熱。以上稱作究竟四弟子。嘎敦協饒生格（智獅子）、垛敦木雅貢仁、大成就師梁熱色窩、衮敦章巴熱穹稱作教授四弟子。卻傑季敦貢波（法王世間怙主）、澎達普巴、卻傑涷、卻傑杜稱作通達一味的三個半弟子（末一弟子通達一半）。協貢嘎哇、梁協卓巴、峨生格喀巴、枳隆巴稱作得意四弟子。這些依數目而列出的也是前代著名諸論著中所説的，此外雖是還有衮敦熱巴的叔父仁波伽嘉察等人，及示現許多成就相徵的比丘朗喀峨（虚空光）等許多有成就的士夫著稱於各方，而且也有極大事業。然而前輩諸師所撰著中僅如是攝略而已。枳空貢巴釋迦仁（釋迦寶）説："吉祥帕住寺，百支泉水源。"確如這樣的説法，此間西藏地區所有佛廟和僧寺雖是難以數計，然而大都是由此（帕住）寺流佈而出的。由枳空法王流傳而出的也遍於前後藏、康三區是難以數計的。普遍傳稱由嶺熱巴流傳而出的珠系諸支也是遍佈於鵬飛十三日里程的大地之上。從具德達隆湯巴分出的支系也是廣大流佈於前藏和康區大地之上。由具善耶協生格（智慧獅子）攝受魯・杜哇正巴（持律）由此而發展出漾桑巴塔傑等人流傳極廣。在康區也是由法王瑪哇修建學寺，而發展出約有兩千人的僧會。在法王瑪哇之後復發展出俠漾貢巴、摩・敬安仁波伽、俠鄔哲哇、倫仁清嶺巴等出類拔萃的人物。由此傳承而出的大弟子根里卻峨（法光），由此師建日甲寺，而發展出日甲的分寺——嘉寺等許多寺廟。特别是倫仁清嶺巴門中有邦峨熱嘛喇（光明師）成爲著名的修吐部大悲觀音獲得成就者，他所造出的瓶水丸遍於藏漢一切地區。他的大弟子出有垛敦格哇絳稱（善幢）、衮卻絳稱（三寶幢）、新閣哇等許多能利他有情的人物。又有梁熱色窩謁見卓貢大師後獲得成就，去到康區修建勒貢寺，而且示現許多成就徵相。有說此師即是嘎瑪巴希的。而嘎瑪巴希自己也承認是他。又有協貢嘎哇，族姓爲“協”，名多傑旺秋（金剛自在）。他在“扎”地區內修建寺廟，由此普遍傳稱他叫湯雪麥巴。此師出有香察巴等許多弟子。

此外還有梁協仲哇，又名隆協仲哇。此師童真出家，謁見卓貢大師後求得圓滿教授，後在他的誕生地精修，而前往空行刹土。

又有峨·生格喀巴，此師在江生格喀建寺，因此名爲生格喀巴（生格喀寺師）。他顧慮上師寺廟將遭損害，施捨給僧衆後而來到家鄉。曾示現將身和法函懸掛於陽光中等奇跡，由此利益衆生事業也獲得增長。此師的弟子即是伯清卻耶（法智）。

又有枳隆巴建枳隆寺而作利他衆生事業。此師係季敦貢波（世間怙主）大師出家受戒的阿闍黎。

喇嘛敬湯巴，此師謁見卓貢大師後，聽受許多教授。在由護法神所變化的烏鴉銜“垛瑪”（供食）放置的地方上建寺，直至現在（著者當時）事業法流仍未中斷。

喇嘛耶普巴耶協哲（智積），此師修建絳達納寺、妥耶普寺和俠妥仲等寺。出有傑貢兩弟子，其中一人在麥哲地方勤行修持，枳空法王也對他極爲讚歎。又由喇嘛繃建崗閣隆寺，而作出廣大利益衆生事業。

欽布甲熱，總的説來，此師已獲得成就，特別是護法神常時保佑於他。

木雅貢仁，此師謁見卓貢大師後聽受了修法導釋。卓貢大師對他説：“你的面前懸掛一繩網，也擱置一寶劍吧。”和他的茅蓬相近的前方有一殺父的仇人，領來他的面前時，卓貢大師也來到了。貢仁生起了嗔恨帶着寶劍而跑。因此卓貢大師向他説：“你應觀你的嗔恨心。"由此他生起了殊勝的真實通達。由於他有極大的利他心，以此對於卓貢大師的諸弟子也很好地教導修法。後來他在枳空建寺而安住，並集會僧伽約百人。由於他不精念誦，以此對於利他事業略有損害。他臨終時，僧眾悲泣，因此他說："你們上師不會墮入惡趣，在耶區那邊有一磐石下邊有一會修行的優婆塞（居士），應當傳呼他一下。"説後也就逝世。

巴普哇：此師誕生在約汝乍地方，恩是其族姓。從童年時代即已做過許多聞、思的學業，特别是他長久依止阿闍黎洽巴座前，因此在洽巴的眾弟子中普遍傳稱他是智慧特大的。他著作了許多智理（如中觀方面）方面的論著，並作講説。在後期中他和卓須哇相見，從阿蘇（有説阿修羅處）而來的《垛哈法類》充滿於他（巴普哇）的心中。喇嘛耶巴·耶協哲聽受《垛哈法類》時，耶巴的心中認爲這衹是單純的講説，如果我和上師相見，定會有殊勝修驗的獲得。於是來到巴普哇座前，在一次有卓貢大師在座的當中，他啟問上師（巴普哇）一些理由。巴普哇説："你是否有特别的希望？"答説："無論如何是有的，特别的也可能來。"以此巴普哇對他心生歡喜。在帕謨住巴普哇謁見卓貢大師，他和卓貢作了許多談論，在巴普哇的心中認爲此師（指卓貢）持有唯識見[68]。卓貢大師通知其心思而説道："由我的這一法總有一天對你將會有饒益的。"卓貢傳授以《導釋》，以此我（巴普哇）想我對此是有詳知的，以此未生功德，在聽受對僧會所説法時心生喜悦而回來。又喇嘛耶巴説："在上師仁波伽（指巴普哇）座前有敬信者會有一種功德現起，在阿闍黎座前未見生起，因此我請求再來一次。"師説："是可以的。"此後師徒從卓業而來到帕謨住，卓貢大師爲了摧毁他（巴普哇）持有由多聞而來的我慢，作了一緣起徽相，在蔗糖上很好地印出蓮花模象，真是美麗耀眼。他對此糖貪着不想吃掉而擱下，喇嘛耶巴站起來將糖打碎而進獻於諸師請食。進食已，卓貢大師説道："《波羅蜜多》和《中觀》等爲'因'之教法，果法密宗金剛乘和方便道異門，及大手印教授等一切也都是純爲證此心通達的方便而説的，此諸教義也全是必須修的。因此我説修吧，如果任何教授都不作開示的話，應想我如何能説出修吧。這樣略作思考時，真實之義顯然現前。"巴普哇又著有《祈禱眾生怙主（即卓貢大師）如意牛願文》。後來他（巴普哇）修建巴普寺。巴普哇親見許多本尊像，他也是著名的"住脱"（成就者），聚集僧會人數約五百人，他認爲自己的證達和佛的證達是一體無別的。以此有名爲證達無生之宗，所以他説我不是四瑜伽修悟次第中的證達次第。此師的座前大成就者嶺熱等許多法友也來聽講《垛哈》，還有淩熱·更敦繃和耶巴等許多大師也來親近他。

又有卓貢大師的弟子桑傑淩熱，此師誕生在桑耶區的康松巴地方，淩是他的族姓。他在帕謨住和諾若熱巴的弟子里熱座前聽受諸教授。在瑪裕絨的垛讓塔普精修九年，依空行母的授記（預言）在瑪裕地方建寺。後來在諾若帕那建寺而安住，此師的姪兒嘉哇也在瑪裕寺中一座之中（入座後不起座）精修九年。以此他的發問和座墊間都發現有蟲窠，達到智慧怙主的成就境界。桑傑淩熱出有喇嘛仲巴等能住持修派傳承的許多弟子。

還有喇嘛香，此師最初和卓貢大師是兄弟般的法友，後來他對卓貢生起敬信而作卓貢的弟子。他修建色索和昂嘉兩大寺，並撫育僧眾，他在卓貢大師逝世後對寺院作了許多服務的事，他又作過枳空法王的親教師。關於《道果》等教授，最初他是在薩欽座前求得後，自己復著出論著。住持這一教授的弟子傳流，仍常興未斷。

以上係具德帕謨巴大師及其弟子的階段。

如是所出諸弟子傳承次第大者將在後面詳説。在此間略説“鄧薩楚普”（楚普寺），在草蓋茅蓬中奉安的大寶上師肖像，係大寶上師逝世後，完全由弟子們用藥物、珍寶、綾綢等糅合粘土及靈骨灰而塑造的。此像有極大加持，而且多次説過話。肖像的座角之土被鼠掘成洞窟時，肖像對香燈師道出此情後，即刻將鼠所損害痕跡補好。鼠所掘出土沫也藏起來而塑造出許多（小）肖像稱作“棲薩瑪”（意爲外泥像）。當塑像時，像身各肢所剪切下來的多餘泥土復用來塑造出許多（小）肖像稱作“乍薩瑪”（意爲剪泥像）。

至於奉安在法座上的那一尊肖像，是名叫瑪巴拉嶺在芒嘎崗塑造的。像初成時，不知從何而來的一貴婦説：“這像完全像我的上師，現在不須再修改。”以此認爲稀有而奉安在法座上的。

繼後在卓貢大師逝世後，雖有喇嘛香坐在僧眾的首座，然而從庚寅年底起直至丙申年之間，爲時七年仍缺寺主。又從丁酉年起至己亥年，這三年中雖由枳空法王來作寺主，但由於財富受用微薄，堪布等僧眾也就敬信小而希求偏大，以此無濟於事。他祇好虔誠祈禱於卓貢大師，見卓貢大師來對他授記説：“糧食下面有一舊軟墊拿來給他們，你前往鄔汝北方去吧。”他遂於夜半主僕五人相率而逃去，來到勒波垛巴的地區察哇，勒波爲他作服役，並供了一件新大氅。繼從桑普轉道而來到枳空，已是己亥年了。就這樣從己亥下半年起直至丁卯年之間，仍無寺主，但幸那時年届五十七歲的達隆法王和年届五十六歲的枳空法王於戊午年新建大寺，而且是修建在芒嘎崗。枳空法王説：“金剛座（佛成道地）以上將會作一次集合。”達隆法王説：“總之不會將我的上師赤身安置下去。”在寺中必須有一草蓋茅蓬，以此兩位法王掘出岩石後，在大深坑上很好地建起寺廟，在這裏發現許多佛像和經典。後來昂雪的兩酋長不和，揚言婦女們將搗毀寺廟，而我們的毛幕前將搞成一片黃銅碎塊時（言寺毀後之象），枳空法王帶來極多的財物，對培修桑耶寺也安置了多數財物，對兩酋長也給了許多財物來作調解。雖未獲得和好，然而由這一調解事業之力，得到十八年中未發生亂事。後來枳空法王率領僕從僧眾將上師寺中諸經典都搬運到崗波去。以此（這一搬運）與世間諸人士的心思是不相合的。而卓薩的倫覺絳生也誹謗枳空說："他毀壞了上師的寺廟。"達隆法王也說："這是不讓上師寺中的諸經典得到奉安寺中之舉。"等許多令人沮喪的話。也有說由於這些原因使達隆法王意亂不調而逝世的。在枳空法王本人是想到依原而生起之故，因此應説是和世人不合的一種超越事業。總的説來，枳空和達隆兩師在那一階段對上師寺廟雖抱有極大的關懷，然而師寺的頹廢已成爲不能培修復原的地步。繼後於戊辰年枳空法王年届六十六歲時，傑敬安年届三十四歲來任（帕謨住）寺主，仍由枳空法王單獨直接很好地辦此事項。有一天枳空法王陳設起極佳的高座，請傑敬安坐於高座上而說道："過去你是我的愛子，即是我的弟子。今日你是我的上師，即是我的父親。"於是將敬安送到帕謨住。

傑·敬安，誕生於勤住地方。出身於由堪布菩提薩埵的弟子康巴果洽，及蓮花生大師的弟子阿彌絳秋蔗閣二人的世系有成就者和酋長歷代傳衍而來的朗拉熱的種姓中。父名雲清嘉哇交（勝者護），母名卓峨薩居姑江。此師係於乙未年誕生，那時帕謨住巴已逝世六年。他年届十三歲時在季勒約姑寺堪布仲峨哇，及阿闍黎敦巴即湯波伽巴兩師座前出家爲僧，命名扎巴郡勒（名稱生處）。出家後在播垛松上師耶普哇座前求得《座修安定法》和《俱生和合》

等一些導釋。他年屆十五歲時，通知父親説他爲了給上師耶普巴辦事要前往達區去。以此其父送來良馬一匹，他遂乘馬而逃到嘎雪地方。温喇嘛也給他送來迎賓馬一匹和僕役一人，臨時有何需要也都給他送去。他遂同惹西送禮的來人合伴而來到枳空。其父的兄弟堪布耶協喇嘛來迎接他表示歡悦，並説明他來謁法王。他初次和坐在紅色法座上的法王相見，法王面露笑容以手置於他的頭上而説道："此子是眾中極聰慧者，積福也大，還穿着童裝，你將作到像一位大修士。"在那裏僅以手置其頭上加持之力，他頓然生起一切法平等性中戲現三摩地王的悟覺。他遂將馬供於僧會而生起無量歡喜。此後三年中，他和温絳峨二人在法王所賜的茅蓬中，共同勤修。他年屆十七歲時爲法王在達波逝世而前往服務。當法王在桑隆駐錫時，他在貢波哇身像前虔誠祈禱時，他親見由像眉間放出光明遍照達隆地方的稀有徵相。他的身體略有病時，法王説："可愛的這一藏孩之身，這次能不死的話，後來將會住持達波噶舉的祖寺。"説後爲他作了修法禳解。法王對他説："現在你的壽命無任何災厄。應説是倫覺巴闍嘉哇（意爲瑜伽士爲首得勝）。"繼後法王前往帕謨住時，他作法王的侍者。法王在"聞"區，拉枳杠巴師前來謁見時，法王對（傑敬安）説："你受比丘戒吧。"他回稟法王説："我衹有十八歲不行。"法王説："我是精通戒律的，十八歲上是可以受比丘戒的。"於是由香松脱巴作親教師，拉枳杠巴作阿闍黎，堪布仁波伽作屏教師而受比丘戒。繼後在枳空他作了法王的侍寢（寢室的侍者）。由此都稱他叫"敬安哇"（意爲上師的近侍）。法王説法時，他坐在右邊聽講諸法，而在不忘侍寢服役中，他在黄昏將所聽者法都熟習於心中，夜半修定。在僧會中他接收供法王的供物，法王説法完後，回到寢室念修的中間，他飲茶吃少許食物後，即同堪布仁波伽和覺窩昂學巴等人復習說法中未解諸處。他從十八歲直至三十四歲之間都未離開法王而作服役。從帕謨住迎接法王到崗波說法中，達隆巴和昂雪巴諸人進言如此這般的人去住持祖寺時，法王說：“我爲祖寺當在百、千中派一賢者去住持。”說後遂派遣了傑・敬安。法王說：“我派遣我的愛子不僅是尊重撫育那裏的僧眾，而且是供獻給至尊帕謨住巴。”傑・敬安雖於另外一處寂靜中精修，然而他對法王視如真佛的思想沒有刹那（極短時分）失去。以此看來，也不必說此師是佛，可是此師對於飲食、著衣、擦足等一切細事也（如戒）不逾時（言過時不食等）分，由這些因由看來，他真是超群的。法王對昂雪的酋長和庫貢等有關諸人賜給茶葉和綢帛等佳品而吩咐說：“是想到阿闍黎（先師）離去而派遣愛徒到那邊祖寺來的，他將會成爲一位人天世間中無與倫比的人物，因此你昂雪諸人也當在他足下極端頂敬。”當傑・敬安剛來到祖寺時，法王給他寄來蓋印一封包藥丸。他拆開看時書有偈句說：“內心不堅空樂定，身語意三復散亂，不作加持他心時，爲修明潔服此丸。”就這樣傑・敬安在祖寺安住時，爲隨順法王的傳統作風，從不廢失佛所稱讚的戒規，除說法時間外，一心專注於閉關精修中，他不與外界作口角之争，對諸僧眾但鼓勵他們修持。由於這般無上的作風，使昂雪巴諸人深信完全如法王所說百、千人中挑出的勝士，都說我們有了這樣的上師，跟界也高起來了。桑耶的拉准・細哇峨（寂光）之子患病，召來珠俠仁真巴作卜算，卜者說：“此子本年沖犯兄長，有生命危險。”問：“没有解除的辦法麼？”答：“送兄長之母以食品，則能解除。”遂送兄長之母以食品而轉危爲安祥。此子年届六歲時，問卜有何辦法可得饒益？答：“没有饒益的辦法，今年決死。”問：“全無辦法麼？”答：“昂雪地方有一賢良的善知識座前能送到食品，則能免厄。”誰是賢良？大家一致認爲傑·敬安是賢良的，遂想迎請敬安來轉變危機。卜者珠俠説：“此師縱然是獲得緣起證達，然而他是永恆堅固的麼？”（言他也要犯死厄）以此（珠俠）他不聽衆人的話。大衆説無論如何迎請來作轉變危機，遂派人前來迎請，大家都請求傑·敬安不要逝世。因此敬安説：“無妨！猶如一切四足獸類中以一獅子即能威懾一切，我是如獅子般的瑜伽士，以此是能夠威懾其他一切的。”説後也就前來。珠俠先在橋頭以熱水注入水中畫各種畫紋後而作風息行動（即修氣功），在橋口畫有狼的身形上作了許多影像的缺點，一些房上也擱置許多食品；座位下復擱置頸脖交錯的狗屍和髑髏豎牙的口中安放食物。此後傑·敬安來到時，珠俠説：“如果先有騎黑馬而來的，則食品不變（即是好的）。”敬安師説：“阿闍黎底斯哇騎着一匹黑馬先已來到，因此食品不變，阿闍黎丈熱拿有一銅號説吹也就吹起來了。有如此這般一套完整的加持先已來到了，以此我就足夠了。”此後還未來的諸騎者大半都已來到。對狼的償還是：將影像缺點向着他那面放過去而使倒下。敬安説：“諸侍者先將這座位香熏一下，然後將鉢安放其上，這樣就能破除他的一切詛咒。”説後以左足置於座上説道，即是這座位，説後飄摇而去。由於對方面向東而住，以此傑·敬安向南而安坐。珠俠已無氣力而返食（食即吐出）。他認爲敬安也犯死厄而不聽衆言。現在他説：“現在我也是否能回家鄉？或許此後將死，主人（指孩子兄長）你自己如有辦法，儘量作吧，除此衹有死。”七天后珠俠死去，三月後兄長也被人所殺。而傑·敬安和徒眷等竟未發生任何過患和災厄。這些故事出自枳空，以此枳空法王對敬安説：“你如果安置一衹代替鉢的皮火筒，將會來一種更温和的結果。”由於敬安没有鑽進桑耶酋長（即拉准）的食物之下，以此普遍傳稱他叫“傑•湯切欽巴”（意爲至尊一切智）。嘉哇漾貢巴也讚歎說：“勝伏凶魔敬安哇。”總的説來，這位傑•湯切欽巴總依圓滿戒律的基礎上，並追蹤先賢作風。他自己連放入油脂而熬的粥也不食用，由於過去長久時間中祖寺破舊之故，僧眾中雖有不少襤褸不堪的，然而仍能守持戒律而一心專修。他運用大慈三摩地的定力，不作口角糾紛和訟事，梁清雅隆等處的亂事也獲得平息，饑荒不起，一切人士都來到敬安仁波伽的座前無休止地請求皈依。在這般事業當中他主持祖寺二十六年之久。繼後他送温仁波伽逝世的祭禮而來到枳空，在作供養靈塔後，過了幾天的當中，有居仁波伽、枳空嶺巴、嘎卻頂巴和貢巴等人共商後，請求他在枳空寺安住下來，經十三日他仍未應允。最後他意識到當和達隆巴及甘丹巴等人不起鬥争而應允。他住寺二十二年之久，在寺住到第七年即庚子年大元大軍來到“蕩”區，聲勢浩大，以此枳空寺僧眾也開始作逃走的時候，傑•敬安說：“不必怕！安慰眾人安住。”先是元軍武官彌里季來到寺中，僅一見敬安即生敬信，而且發生如父與子般的思想，他承許以後送供物禮品來，於是對人畜都不作任何損害而退去。此後過了二十八天山垛達當武官而前來寺中，他抓着貢巴釋迦仁的手而帶走時，天降雹雨。他問道：“這是何故？”答：“由於你捕促了敬安之徒貢巴而敬安不喜，至尊上師敬安不喜，因此天公也不喜悦而降雹。”以此他又問：“這人是作什麼的？”答：“敬安大師既不務農，他人所供諸物一到他的手中是作撫育僧眾而用。”凶頑的武官聽説後也變成極大的和善，他所率領諸軍也都比商客更加温和而銷聲匿跡地退走。這以後除個别罪過外，未發生殺人和燒毁寺廟等事。就這樣一切由運用三摩地（定）之力，而使枳空獲得興旺，普遍傳稱十八萬數（枳空徒眾）也是那時而有的。那時有一些對居仁波伽偏喜的人對敬安略有表示不敬的態度，因此敬安説，現在我走吧，而且在一平原中撐幕而居。居仁波伽從閉關室隙觀見而揣其事，遂突然出關而來到敬安座前請求留住，敬安未應允。居仁波伽説道："現在你雖是説到印度地方於身體很好，可是在這一時期中間我決不主持寺務。"並立下誓言。敬安説："那麼現在你提出九個中證人來，我則不走。"之後他仍安住於枳空。總的説來，傑敬安的恩惠遍於康、藏全境。又用珍寶建成兩塔。對印度和西藏的拉凍巴等一切賢士都開示正法使其悦意滿足。享壽八十一歲於乙卯年十一月十八日逝世。荼毗時發現無數舍利，諸弟子爲了圓滿祈願修建了一座殊勝的靈骨塔，這樣作是對於以後能成爲最勝吉祥的緣起。

傑•敬安的弟子出有：嘉哇仁波伽、居里巴、居仁波伽、嘉哇漾貢巴、嘉色脱喀哇、仁波伽扎索巴、仁波伽德交巴、敬安閣芒巴、業垛•湯切欽巴等許多徒眾。

弟子中的仁波伽扎索巴（名稱福），係温協饒嘉（智勝）之子，嘉哇之兄。他獲得預知神通和神變等功能，普遍傳稱他叫温波俠嶺巴。後來他在峨河的下游建達貢寺後，事業也常興未衰。他曾經到過咱仁日山，至今遣往之規仍未中斷。

次説敬安閣芒巴，由於他談論建閣芒塔事，以此稱他叫閣芒巴。當他前往底斯山修行時，在途中斷絶食物，地神投以犛牛屍體而得生活。他擁有預知神通等無量功德，並在閣隆駐錫時，作出廣大的利益眾生事業。

嘉哇仁波伽，係於癸亥年誕生。父名雲欽桑傑交（佛佑），母名耶協錯勝（智護勝）。年届十五歲時在堪布敦巴和阿闍黎倫巴座前出家爲僧，命名扎巴准珠（名稱精進）。年届十六歲時去到前藏，得傑•敬安加持而生起證悟。十九歲時來到枳空，堪布敦巴作親教師，俠嶺巴作阿闍黎，漾哇巴作屏教師而受比丘戒。此後專修由此發生神變功能。年届三十三歲時，於乙未年登上枳空寺主職位。恰是傑•敬安來到枳空的第二年，他住持寺務三十三年。有一次降下霹靂，由於法力庇護全身，他竟安然無恙。因此都稱他叫“脱杜巴”（意爲阻雷師）。他的功德美譽，遠播他方，胡那王也從上區對他作三次盛大供養。此外還有生嘎嶺、底惹都底、亞澤等王也對他供了許多財物。後於丁卯年享壽六十五歲時逝世。荼毗時發現天雨花，出現兩股大光明和三日（太陽）齊現，遺體兩次説話，淨治遺體時，大菩提塔四角出現以舍利而爲莊嚴等許多瑞相。

此師的弟子中出有名爲麥朗壩（願焰）大成就者，他流血如乳水。如是等許多稀有人物。嘉哇仁波伽之弟即居里巴，德交仁波伽所生之子即索仁巴。

次説居里巴：普遍傳稱他是卓貢大師轉世活佛。係於戊寅年誕生。在阿闍黎朗嘎巴座前出家爲僧，命名仁清多傑（寶金剛）。年届二十二歲時來到前藏和傑•敬安相見。年届二十五歲時，由香色舍壩巴作親教師，那康巴作阿闍黎，堆隆巴作屏教師而受比丘戒。此後在傑•敬安座前聽受嘎舉派的所有教法。到十二歲時立下頭不落枕（即漢僧所説的不倒單）的誓言，一心修持，由此生起多門一味的悟達。傑•敬安臨終時對他作加持，以此他的證達得到究竟。繼後他在嘉哇座前聽受未聽完的《甚深導釋》諸法，於丁卯年他年届五十歲時前來祖寺住寺十四年之久。他獲得開光和緣起法門的成就，具有無礙的預知神通，他祈禱布桑諾穹傳規的黑仇（屬於大威德法類）本尊而使南方一帶的亂事平息，還具有使麥隆巴、垛體巴、温湯日巴多傑伯諸人得見仁波伽巴黑汝嘎、馬頭金剛、彌勒等像的無量功德。他到祖寺後即修建嘉哇仁波伽逝世後圓滿祈願的美好無比的靈骨塔，這算是祖寺諸塔中最初之一塔，於庚辰年十二月吉口逝世，本年卓貢帕巴也逝世。居里巴遺體淨治時天雨瑞花，靈骨中發現有勝樂、馬頭金剛、救度母、觀世音等像，復發現有無數舍利。

此師出有許多弟子中，有堪欽衮色哇，名叫仁清嘉補（寶王），此師的修證，雖是獲得如至尊彌拉惹巴修持中所生起諸證悟，但是他住山林静修的時間很短。出有汝巴卻哇雅甲杠居，及阿闍黎敦納等許多弟子。

次説仁波伽扎巴耶協（名稱智），係温貢波嘉（怙主勝）的兒子名錯窩本，此子生布仁清協饒（寶智）、仁波伽巴、里卻巴、温仁清交（寶護）四子，後於庚子年生仁波伽扎巴耶協。他童年時即與傑・敬安相見。他在達貢寺中精習念誦。繼後奉嘉哇之命來到帕謨住出家爲僧，圓滿地聽受教法諸導釋。此後來到薩迦寺卓貢帕巴的座前，有一清晨他誦略本般若波羅蜜多經僅一遍生起通曉後，普遍傳稱他有大智慧。後來在居里巴座前聽受甚深教法後作專修，於辛巳年他年屆四十二歲來到祖寺安住了八年，於戊子年他年届四十九歲時逝世。

計扎巴耶協來祖寺的辛巳那一年，元軍在西藏失敗後，甲若宗被元軍毁滅，温欽衮嘎讓波（普慶賢）被元軍殺害。第二年壬午大成就師鄔金巴在桑耶著作《佛教流傳世紀計算法》。大成就師來到鄧薩梯祖寺的時間，也正是仁波伽扎巴耶協住寺的時候。他來寺的第三年即未年，這年嘎瑪巴希逝世，俠扎生哇誕生。第二年爲甲申年讓郡多傑（自生金剛）誕生。

仁波伽里卻巴，係於庚子年誕生。他年届六歲時，傑・敬安逝世。在居里巴座前聽受《會供導釋》，出家後命名扎巴仁清（名稱寶）。於己丑年他年屆四十歲而來到祖寺，住寺約有二十多年，由帝師扎峨（名稱光）及王子二人賜他虎頭狀兼政教共主。他到祖寺第二年即庚寅年薩迦派搗毀了枳空，佛像塔東西方的溜金屋頂等殊勝諸建設也是在里卻巴在位時由雅澤王供來的，並稱作"敬安色脱"（意爲內侍溜金屋頂）。於庚戌年三月二十三日享壽六十一歲時而逝世，涑措熱巴也是此師在位時前來親近依止的。

澤細·寧瑪哇，係於癸巳年誕生。父名温仁清交（寶護），母名香江瑪。將誕生時其母在夢中見有許多瑞相，童年時即在堪布楚達和阿闍黎香准布桑哇座前出家爲僧，命名扎巴絳稱（名稱幢）。堪布楚達係衮嘎巴（普慶勇）的知事僧，温波·迅魯讓波（童賢），所謂"温波"（意爲姪兒）也由於是他（堪布）的姪兒之故而立名。澤細他在里卻巴座前求得諸法導釋，又由喇嘛拉康巴給他開導法門，他又在上師乍巴仁清座前聽受諸護法修法。那時上師對他授記（預言）説："你有護法守護。"他又在上師底斯哇達瑪嘉波（盛王）等座前聽受嘎舉派的所有詳細教授。繼後於庚戌年他年屆十八歲時來到祖寺，撫育僧衆有五十一年之久。對乍底哇和底斯哇諸山人開示預知神通。臨示寂時見有空行母前來迎接和有獅子座來到。享壽六十八歲時於庚子年十月初三逝世。荼毗時發現許多舍利。

此師的殊勝弟子爲居里仁波伽。早期弟子有：喇嘛喀脱巴，此師專修十二年，獲得預知等神通，又有喇嘛瑪鄔哇，垛正桑傑絳稱（佛撞），此師具無戲論證達，喇嘛貢迅巴此師親見耶協貢波（智慧怙主護法）像等許多弟子。後期弟子有：沖麥仁迅巴等成爲住持修持傳派之教主的很有不少。

居里色瑪哇（即扎巴協饒），母名澤麥瑪綳吉，父温仁清交（寶護）生子大司徒、居里色瑪哇、仲索朗讓波（福賢）等人。其中居里色瑪哇於庚戌年誕生，發現枯樹開花等稀有瑞相。年届八歲時來到祖寺，九歲時在堪欽雍珠索朗（永固福德）和阿闍黎旺索（自在福）二師座前出家爲僧，命名扎巴協饒（名稱智）。他在澤細巴座前聽受所有教法導釋等，年届二十歲時在堪欽生嘉哇座的受比丘戒。又在法王喇嘛蕩巴、布頓仁波伽、嘉色脱麥巴等師座前聽受了許多教法。又在雅隆上部的納謨宗念修護法僅一億遍，普遍傳稱他獲得預知等神通。他講説《發菩提心教授》時，多次天雨瑞花。年届五十一歲時於庚戌年來住持祖寺，住寺十一年享壽六十一歲時於庚戌年九月十三日逝世。

澤細色瑪哇，父名仲仁垛哇，母名勝哇扎喜吉。夫婦生有二子，長子嘉色扎仁巴，次子澤細色瑪哇。次子係於丙申年誕生，迎請堪欽生仁巴前來時，堪欽親見藥師宫中從佛像心中放出光明入合於澤細身中，以此作出賢善的預言。澤細四歲時學習念誦，在嘉色扎仁巴座前聽受《喜金剛第二品》經教誦授。年届十二歲時受優婆塞（居士）戒，命名扎巴絳秋（名稱菩提），並聽受《六法導釋》，阿闍黎楚嘉哇由四種語文之門來成熟他。此後他在扎薩塘講説《喜金剛第二品》。他年届十五歲時在具德喇嘛蕩巴和堪欽迅旺巴座前出家爲僧。後來仍由過去的堪布和阿闍黎，及楚嘉哇作屏教師使他受了比丘戒。年届十六歲時他來到祖寺，從十九歲起一直經過八年時間中，是他政教兩管主持的時候。他任高級官職時，對於世間諸事務，從不入其中而仍專心修持，計任職有十六年之久。他在嘉色脱麥巴和諾欽絳扎等師座前聽受了許多教法，並親見觀世音和勝樂金剛像，他擁有預知等神通。喇嘛業湯巴・扎喜生哇（吉祥獅子）曾見他（澤細）的頭上有彌勒安住，卻康喇嘛卻又見他頭上有觀世音安住。他享壽三十一歲時於丙寅年二月初五逝世。逝後天雨瑞花，並發現許多舍利。他逝世之年法王業里巴誕生。細澤的座前至尊宗喀巴大師也前來親近而聽受《六法》等諸甚深教法，而且大師對澤細極爲敬信而著作出《本生事記妙高山論》。

法王索扎巴（福稱），係於己亥年誕生。父係土官仁垛哇，母爲垛乍哇女官名仁措。他九歲時在居里巴座前受優婆塞戒（即居士戒），並聽受諸法導釋。繼後在勒鄔凍由法王喇嘛蕩巴作親教師，堪欽迅旺作阿闍黎給他受出家戒。年届十歲時來到扎塘任寺主五年，在拉薩有許多善知識聚會中他大轉法輪（即說法）。此後由諾欽絳扎、堪欽迅旺和阿闍黎楚嘉給他受比丘戒。他繼任勒鄔凍最高職位五年之久。於丙寅年他年届二十八歲時來到鄧薩梯任寺主職二十年之久。他曾在措嘎哇聽受大手印導釋等許多教法而生起殊勝修持。他在具德喇嘛蕩巴座前聽受護法隨賜灌頂時，上師說，這一護法將守護阿闍黎索扎巴一生。後果如師說，得護法幫助成就其事業。由此之力，穹波（護法）對“對薩祖寺”職員那交巴，及穹波諸人顯示無量神變，崗底（護法）對鄉土作出許多破壞等事，對其他邪修者也摧毀了多人。他在“吐巴水柯瑪”（意爲牟尼水沸像，係有一尊釋迦像置水中時，水沸騰起來，因此得名）像前作祈禱，以此堆隆普的泉水也沸騰起來。他又在北方妥昌頂設帳講經，因此那裏的人畜都平安無恙又有名朗貢的修派，雖以佛法作修持，但現時仍持苯波之理，其中有一盛稱具神通師他親見索扎巴面前有那業湯拉（神名）前來作歡迎，並有許多護法神也來到。因此他生起敬信而在索扎巴座前出家爲僧。又朗隆巴親見索扎巴爲真正金剛持等無量功德。索扎巴主持祖寺二十年之久。他交付寺務後，又住了四年於戊子年享壽五十歲時而逝世。逝後四十九日中不斷地天雨無量瑞花。

敬安·伯敦讓波哇（吉祥賢），係於癸亥年誕生。父名達波釋迦仁巴（釋迦寶），母名思納仁清仲。夫婦二人有子六人，伯敦讓哇係第四子。年甫三歲即在敬安·扎絳哇座前受優婆塞（居士）戒，命名伯敦讓波（吉祥賢）。他年届九歲時學習《喜金剛第二品》。十歲時在敬安邦哇座前聽受《諸法導釋》，並在堪欽扎垛哇和阿闍黎細哇伯（靜吉祥）二師座前出家爲僧，命名扎巴洛卓（名稱智），由喇嘛卻伯協饒（法吉祥智）給他開導法門。他年届十四歲時在哲塘講説《喜金剛第二品》。年届二十一歲時閉關修持成爲靜修者。年届二十二歲時由生洛哇作親教師，堪欽嘉讓哇作阿闍黎，堪欽嘎居巴（十論師）作屏教師而受比丘戒。年届二十三歲時於乙酉年任敬安（內侍）職位，在喇欽仁迅巴座前圓滿聽受嘎舉派[69]的諸教授。伯敦讓波哇僅撫育僧會兩年於丁亥年十月二十五日逝世，享年二十五歲。

敬安·索朗桑波哇（福賢），係於庚申年誕生。在敬安扎絳哇座前求得優婆塞（居士）戒。又在敬安·索扎巴座前求得許多法門導釋。繼在堪欽扎垛哇和阿闍黎楚嘉哇二師座前出家爲僧。由卻閣哇楚稱讓波（戒賢）給他傳授四種示意灌頂。他聽受《喜金剛第二品》，繼即研習，後在哲塘講説此《第二品》。至尊宗喀巴羅桑扎巴（善慧名稱）和堪欽索讓巴（福賢）在上面所説諸師座前曾聽受許多灌頂、密續教授等。索朗桑波哇年届二十九歲時於戊子年來任鄧薩寺寺主職。在喇嘛仁迅巴座前聽受嘎舉派諸法導釋。後於己未年由至尊宗喀巴羅桑扎巴（善意名稱）、及堪欽嘉讓巴和屏教師班抵達袞嘎絳稱（普慶幢）等師在扎喜垛喀給他授比丘戒。他住持祖寺九年，年届三十七歲時，於甲申年十二月二十八日逝世。

法王索朗絳稱伯桑波（福幢），父爲達波釋迦仁清巴（釋迦寶），母名思納仁清仲，夫婦二人有子六人中，法王爲第五子，係於丙寅年誕生，他是一個不閉眼而入睡的小孩。堪欽嘎居哇（十論師）也説："喇嘛帕巴幼時也是一個不閉眼而入睡的孩子。"法王薩班説："這是宿世有質厚的'光明'（密法成相之一）習氣，這孩子也有'光明'的深厚習氣。"他幼時心思聰明，見其他受苦人時，油然悲哀墮淚。年甫六歲時即在堪欽生洛哇座前聽受《紅色閻曼德迦灌頂》，年屆七歲時聽受《喜金剛第二品》並作研習。在那年冬季他在堪欽扎垛哇，阿闍黎細哇伯（靜吉祥）和報時師卻閣哇・卻伯協饒（法吉祥智）等師座前出家爲僧。在三年中他對於密續作聽習的階段中，同時在法王勒巴哇座前受發菩提心戒，並聽受《喜金剛第二品中聖號攝義》等經教誦授，又聽受《耶協貢波護法隨賜灌頂》；又在法王絳嘉哇座前受長壽灌頂；又在卻閣哇卻伯協饒（法吉祥智）座前受《金剛亥母四種示導灌頂》；又在敬安・索扎巴座前聽受《六法迅速導釋》《耶協貢波護法隨賜灌頂》及姑蕤瑪梵本教授等，並具德帕謨住巴全集等；又在堪欽嘎居巴（十論師）座前聽受《喜金剛九尊灌頂》及《金剛鬘灌頂》等許多教法；又在堪欽索桑巴（福賢）座前聽受《長壽修法》和《馬頭金剛法門》等許多教法；又在法王絳嘉哇座前聽《時輪智慧品釋》及班欽的七種耳傳法等不少的教法；又在夏魯仁波伽扎巴絳稱（名稱幢）座前聽受《瑜伽大灌頂》等許多灌頂法門。主要是淨治意念後結合"勝樂"的念修而修，因此經九年時間，修完念修三億遍。他在居里巴座前於哲塘寺著作新釋而講説《喜金剛第二品》，此後他依止阿闍黎協鄧巴座前研習《量釋論》而獲得精通，並召集扎清巴・扎雲等許多善巧人士來到自己面前研習理智經教。待法王商談完畢後，他在諸人的中間，修護法念修法已完九百萬遍。他又在十五日從哲塘召來講説理論三藏法師約二百人，又迎請來拉薩吉雪的諸三藏大法師等而開轉法輪大會。那時吉雪地方有一善巧的耆老係嘉哇之子名鄧郡（樂生）説："廣大通曉三藏者爲達欽絳央（大主宰抄音），評論導師仍以此師爲賢良。"他作了這樣的讚説。那時在釋迦雙尊像[70]前也分别供了許多成堆衣服等物。又那時大教皇聽得由他方傳來的美譽名聲，以此必須阿闍黎協鄧巴前往公波去喀厥巴的座前，繼後大教皇任命業塘巴・仁清嘉波（寶王）爲阿闍黎在説法中駐錫色康，在察瑪魯窩前供一垛瑪（食品）據説供食徵相也很好。於是使阿闍黎住入小寢宫，侍寢官桑傑不忠於職守，於夜間逃走，遇降大雨使他十分辛苦，於當晚來到新江昌的下邊，待到翌晨衣服乾後，纔來到夏塘，還未抵夏塘時，巴希垛仁乘馬而來。因此他（侍寢官）説，需用你的馬迎接（阿闍黎），迎接漾貢朗索到敬安・袞邦哇座前，敬安和他歡談了許多話。他從小寢宫已將衣服完全换裝，心想此後一心專修而在恩達住下，並迎請來喇欽仁迅巴而很好地聽受諸導釋後，遂衣不解帶而修，並爲使身體端直，以繩繫發拴繩於梁上而安住。這樣一心專修，腰部屢次生瘡，也不顧而勤修，終獲得最善清淨三摩地生起。由於大教皇申斥衹好由他的兩兄弟給他送食物與管家經管。經三年後，由法王絳嘉哇在大教皇前進言以釋過去嫌怨。上師與施主二者都來到嘉讓的座前，大教皇的心思是須貶低這位（阿闍黎）一下，使欽波雲仁巴來作商談，以此提説道："法王你（雲仁巴）最佳，今上旨意是欽波你作前藏導師爲最善。"但在商談中仍説："我的阿闍黎爲最善。"因此大教皇認爲過去的嫌言不實而解除一切嫌怨，此後阿闍黎協鄧巴遂可以同師徒等在一起共住。繼後他（索朗絳稱）到漾思在喇欽巴座前在僧眾法會中聽講過去未聽完的諸教授時，有一天他頓然生起等同虛空般的大手印通達，而對過去所學的一切經教也一閱而皆通曉。這種通達是：凡嘎舉派之宗規，在將生起殊勝功德之前，必有礙難生起，待災障解除，立即生起功德，見有多人都是如此，所以此師的通達也應知是如此。繼後索朗絳稱在鄧薩祖寺和哲塘等處也住過幾年。後由桑傑洛卓（佛智）作親教師，乍絳巴・絳稱讓波（幢賢）作阿闍黎，堪欽嘎居巴・索朗生格（福獅子）作屏教師給他授比丘戒。此外他還在阿闍黎協鄧巴、妥仁波伽・扎巴雲敦（名稱功德）、法王衮邦哇、法王德新協巴、法王羅桑扎巴（善慧名稱）、堪欽嘉旺洛卓（勝王智）、卻闍哇・卻伯協饒（法吉祥智）等師座前聽受了許多教法。在這些時機中納塘的大堪布住巴協饒（成就智）同納塘的諸耆老共商後，迎接他（索朗絳稱）到納塘而將納塘主、支各寺都供獻給他。此後直到返回原處時一年中他雖發生劇烈的心風病，但他仍不使他人知道。繼後來到貢色（新寺）的那一天他的心風病霍然而愈。因此他著有“哈哈感覺快樂中……”等語的悟道歌。從此以後他的證達更是無礙。即在睡眠中也完全成爲“光明”（密法成相之一）境界。哪怕是已入酣睡中生起思維時仍然未忘失念誦計數（是若干）。他於任何時也不動摇而安住於大手印的當中，適逢敬安二十八歲逝世，迎請達隆法王扎喜伯哲（吉祥積），他是佛教的護鎧作爲送祭禮的領隊人。祭禮剛一完畢，達隆法王陳設起四柱撐持的高座而握着法王仁波伽（索朗絳稱）的手説道：“啟請你登上此座，現在總爲了噶舉派，特别是此寺的寺主除你堪任外實無他人。”説後當即散擲讚頌吉祥的花朵，並百拜頂禮。就這樣由這位修行自在師住持祖寺，雖是當時未顧及與一切大小人士是否協商合不合理，然而從丁酉年起直至甲寅年之間，住持祖寺以來爲换水土也就在祖寺和哲塘兩處輪換而安住。對彼此兩處不計其賢良和大小人士，凡一切求法者都傳授以《大手印導釋》，而祖寺所有師徒和住山住寺一切人等誰也不敢違犯寺主的命令。一切方隅中都在説這祖寺中住有一位如佛的寺主。主要是住山修行諸人士無不心悦，有歪曲心思的諸人的肩脖上加上金犁般沉重的法規，也不敢亂動。這樣從阿里盛大事業者（言如過去阿里王的盛大事業）將會再來的當中，雖是由拉哲哇引來許多匪徒前來搗毁，然而一經修誦真言敵方即發生死亡和赤痢等大傳染病，而受到護法神的懲罰。如是還有布桑地方有名叫嘎凍巴的苯波[71]對佛教的諸大修士，作極大的損害時，也在僧會中修誦真言，而他們流落他鄉，有一些與祖寺相近而不信敬的人家也日漸衰落而變爲芒地區人。説法獅子絨敦大師等許多三藏法師都來到寺主座前經他説了一番有關的談話後都無不敬畏。甲瑪仁波伽・迅峨巴對寺主視如真實勝樂金剛而敬依於他的座下。大弟子垛敦饒澤是一位能教導衆生的大德，直至而今還住在芒地區。索朗絳稱在四十六歲時用珍寶建造了一座佛塔，其中佛像等也較其他更爲美妙。雖是這樣然而他見得濁世中最濁惡世的來到於甲寅年正月下弦二十一日示現圓寂。此中諸侍徒們爲了更加美化崇高稱他是業里巴（印度成就佛果者之一），享壽爲四十九歲。繼後由王者扎巴郡勒（名稱生處）雖在時局不寧中仍大力完成殊勝意願，而於祖寺供養佛堂中建一（奉安索朗絳稱靈骨）的大銀塔。後來扎巴郡勒王雖是心願極大，而且對於密法有廣大的通曉，然而他想到祖寺的寶座有極大的嚴厲和風險（是説不易登此寶座），他未住持祖寺。但他對於到諸大聖地住山修士們講説速捷的導釋後，不久逝世。能持對師時節紀念供養的弟出有不少，而祖寺直至癸酉年之間二十年中竟無人住持。後來大主宰袞嘎勒巴（普慶善）

和伽薩·桑傑絳稱（佛幢）共商後，於甲戌年十一月初十啟請年屆十六歲的法王伯昂根旺波（吉祥語王）登上祖寺獅子寶座。繼後於戊寅年因南北的時局不寧，勒涷（即勒涷寺主）親自到鄧薩祖寺掌握自主。繼後經過十六年於癸巳年由諸神、空行、護法和地神等的迎請而登上祖寺獅子寶座。

從卓貢仁伽波誕生後，直到現今（著者當時）丙申年，計以前已經三百六十七年了。以上係帕謨住寺廟主座的傳承世代的階段。

次說大寶世系傳承，成爲我們見聞所知的，是喜離世務而意樂山林寂靜處的，則是大寶兩昆仲。

先說妥人波伽·扎巴雲敦（名稱功德），係於丁亥年誕生。獲得法王若比多傑（遊戲金剛）等師傳授教授後，一心專修。後來他成爲康區上部的妥巴諸人士的上師。因此普遍傳稱他叫妥仁波伽。此師享壽六十八歲時而逝世。

俠仁波伽，誕生於甲午年，對三藏經論作過廣大的研習。後來成爲垛麥（康、青一帶）的俠巴諸人士的上師，因此普遍傳稱他叫俠仁波伽，他也成爲諸王子和王妃的上師，他對熱振寺和桑珠等寺也作過廣大的承事服務。享壽七十四歲時於丁未年逝世。

現在能隨誦法王業里巴的教語，而且以《教法次第導釋》來教育弟子的最勝上師是：堪欽仁清讓波（寶賢）和倫覺旺秋（瑜伽自在）兩代大師。其中造作帕謨住十種木身幻輪，並高聲授記（預言）說："汝將來一大修士，僅一修士是賢良。"這是指法王枳空巴，他的誕生地是敦堆宗區。父親是住甲居惹氏族，不斷出有寧瑪（舊派）的成就師。父爲修閻曼德迦的瑜伽修士，名多傑（金剛），母是隱修的瑜伽母名准瑪。此師誕生於癸亥年，幼年時父所習法他大都通曉。由於家鄉發生饑荒而去到南方爲富人們念經，以所得報酬養活自己和店主。此後年届九歲時即已成爲他人的教師。當他正處在隨所適宜而修，並爲他者説法的時候，他聽得帕謨住巴的美譽名聲，油然生起無比的敬信，而産生一種希望——本月出現時或在後月能見到我的上師（指帕謨住巴）那是多麽令人歡喜的事啊！繼後來了一些順緣即是要供獻茶葉和馬匹到帕謨住去。他到帕謨住將茶、馬等物供後，茶葉收納了。上師説："馬是畜牲，我不收畜牲供。"以此未收。而將茶熬後召集了約有八十位大頭首的僧會，飲用其茶後，卓尾貢波（意爲衆生怙主，帕謨住巴名諱）面容頓現光彩，心情也略感高昂。卓尾貢波繼即説道："優婆塞（居士）你對我有極大的希求。應知我多劫以來是爲你們的意義而行苦行，即是指這裏僧會中所有的僧伽大衆。"枳空巴當即蹲身下拜而頂禮，以此普遍傳稱他叫具信優婆塞。他聽受教授後生起了照見一切法真實性的大智慧。他來到卓尾貢波的座前經兩年零八月而卓尾貢波逝世。此後他在唉穹普巴（山洞）中安住修持時，突然發生麻風病，他心想走入岩隙中以避免族人看見他，將啟行時，他有一尊觀世音本尊像，想在像前作告别頂禮，但因他的體力衰弱，衹好略作匍匐而坐時，最初他思維自己的痛苦，繼即思維一切有情的痛苦，以此油然生起了難忍的大悲心如水流不斷，直至睡時悲淚不止竟至濕透了一切鋪被。他親見龍魔及其眷屬等從身中出而遁去，在那時他的疾病雖是痊愈，然而其他人士則是三日發生暖熱而四日即病。在這時他説："這叫作'自我惡業自處淨'。"其中因果一切法也成爲真實，具德嘿汝嘎（即本尊）也爲他示現，他獲得等同佛的地位。繼後他突然而起接受迎請而來到他人所作宴會首座時，有脱巴桑珠的女子朗喀敬（虚空嚴飾）裸體跑到他的座前來，因此他想這由於我仍是優婆塞身而有此現相，現在無論如何我當出家。

就在那時他依大悲觀音而治癒許多麻風病患者。他年届三十五歲時，由香松脱巴作親教師，枳隆巴作阿闍黎，業巴杜真作屏教師而給他授比丘戒。他在郡喀隆寺業杜真座前聽受《律經根本》，由此而成爲善巧精通者。上師的寺廟他也管理過三年，於己亥年他年届三十七歲時來到枳空，在這一年中來了新僧約有百人。中間有一時期，他啟程前往崗底斯時，業塘地神也來作盛大歡迎，師徒共二十四人中，除一人外，其餘都見大神來迎，並見得有一身軀極大名衮嘎窩（慶喜）的，而且也發現在説話。後來復回到枳空寺，在衆比丘不可思議的希願之中而聚會。他的由甚深教授而通達真實的許多弟子遍於鄔伏那和那爛陀以上，及五台山以上的各地及一切山林茅蓬中。有一時雖斷缺聚集僧會，然而在略區布敦仍能召集五萬五千五百二十五人的僧會。其中復由西藏一些大善知識對於佛所説了不了義二者中，他們發心善良開示一切不了義時，雖不立名爲虚妄，然而仍承認於量有害（言不合邏輯）。至於法王仁波伽（指枳空），他所説教語確是佛語，並叮嚀以後哪怕是一字也不可損害正量。這不僅是我們唯一導師（指佛）之規，而是一切佛之規。因此應承許一切佛同一密意。佛語所説教法也衹是波羅蜜多（指顯教）和密教諸法，除此無有餘義。因此語是未説偏私之語，意是兩種菩提心（世俗和勝義）無分别自性中雖刹那也不動摇。佛教的根本是僧伽，可是觀察到僧伽復依賴於大寶戒律後，他自己對於戒律縱是細分也不違犯，葷酒絲毫也不沾受，一切弟子也都圓滿具足戒律，在山林寂靜處住的諸弟子也都能不散亂放逸。他的美譽名聲遍於南贍部洲（即此世界）。如是具有佛事業的大德（枳空巴），最初堆松欽巴（知三世）大師來到枳空時對他説："你是大阿闍黎龍樹。"後來他年届六十歲時，有生嘎嶺（有説即錫蘭）的阿羅漢以鮮花四朵置一匣內加上印封，而祈願加持其花不到交給完畢之間，花不凋謝。將花交給托與喀欽班欽之弟而吩咐道："請以花一朵交給枳地方中有一位阿闍黎龍樹轉世受生爲菩薩仁清伯（寶吉祥）的手中；請以花一朵交給惹達納姑枳寺中有菩薩名嘎敦新達（具緣車）的手中；請以花一朵交給底壩啃的手中；請以花一朵供給新建的一尊大佛像而置於其像胸間。"以此看來這位阿羅漢也認識（枳空巴）龍樹。當喀欽班欽住在勒謨伽時，有一枳空巴的康區僧人到班欽座前募化法衣，班欽的侍者對康僧說，衹有身上穿着的一件法衣，而未施與。因此康僧用手抓着班欽身穿的法衣而求施。侍者衹好給他，但怒而打了康僧嘴上一下，打得鼻血直流。喀欽班欽修持時，常有傑准瑪（指救度母）不斷來到。可是從那日起一直七日未來，班欽心想這是何罪過？因此修總懺悔而作祈禱。七日後度母雖是來到，然而卻以背向他。於是班欽問道，"聖母！我作何罪過？"聖母說："你在阿闍黎龍樹的弟子前積下了罪惡。"又問："這事我不記得。"答："即是前些日子鼻血直流的那一僧人。"復問："這樣的罪惡，當如何作始能除淨？"答："當以等同自己歲數來計件的法衣施與其他出家僧人，這樣可以除淨。"後來班欽來到前藏生波山中住時，迎請來楚普哇、枳空巴、甲瑪哇諸師。班底達毗布底真扎對班欽說："這位洽甲哇（言說修大手印師，指幟空巴）太虛僞！不合來到我們嘎舉派的地方。"班欽心中失驚而說道："布底！布底！（班底達之名）不可那樣說，對於佛來說，是没有淆惑顛倒的。枳空巴即是阿闍黎龍樹，你造下了大罪業，我當去到他的座前作懺悔，而求說法。"毗布底也依班欽所說而作。繼後班欽啟問救度母道："毗布底的罪孽是否已除淨？"答："在此地建一勝樂的寺廟可除淨。"後依所說很好地建起寺廟。如是偉大的枳空巴享壽七十五歲，於丁丑年逝世。在這一年中嘉哇敦勒也逝世。而業垛•湯切欽巴（一切智）卻在本年誕生。當枳空巴將近圓寂時，近侍諸人問道："法王仁波伽逝世後到何處去？"答："我任何地方也不去。我仍住在你們諸弟子的康區一帶。"在往日枳空巴來到咱日裕措時，見得殊勝靈塔的莊嚴，照原樣用木料建造了一座靈塔，後來用珍寶建成一塔。逝世後首要諸弟子復修建了一座大塔。

枳空巴的弟子獲得成就者是難以數計的，而後來作廣大利益眾生事業的弟子出有：傑敬安仁波伽、温仁波伽、居仁波伽、（略、嘎、卻三師）、温協郡、索柳嶺巴、底西熱巴、希日普巴、壩魯貢巴、壩卓•扎喜生格（吉祥獅子）、尼瑪絳秋（日菩提）、甲隆巴•絳塘熱巴、雅汝伯扎（吉祥稱）、居嘎杠巴、布本杠巴、絳秋多傑（菩提金剛）等許多弟子。

次說其中的略嘉哇拉朗巴，此師係略譯師的後裔。父親富有佛法和世間的大財富，名略納扎巴伯（名稱吉祥），於甲申年誕生此子後，喇嘛香認爲此子是納波覺巴（印度大成就者之一）的轉世活佛。在童年時期即已很好地學完其父所知諸法，對法相也作了很大的研習。他也如其父和諸祖先那樣前往印度學翻譯事業。他見枳空法王一面後，想前去求傳一不起障礙災厄的方法，在麥卓他和法王相見。法王對他說："你先去到塔瑪垛迅座前出家受比丘戒後，再到我的這裏來。"他去到那裏由塔瑪作親教師，壩底作阿闍黎而給他一次全授了出家和比丘戒。他再來到枳空聽受教授而精修，以此生起了殊勝通達。他將自身、受用和眷屬等一切都供獻於法王。後來他在底生區的拉朗地方一心專修，因此普遍傳稱他叫嘉哇拉朗巴。他聚集了無量的侍從服役僧眾後，在妥捫和前後藏撫育僧伽會眾，而轉大法輪。他晚年在北方修建拉特仁清嶺寺。此後不久於甲申年他享壽六十一歲時而逝世。甲申這一年是枳空法王逝世後第八年。

嘎蕩巴·卻赤巴，此師於庚子年誕生在康區。其地大都是修其祖先的閻曼德迦法門的瑜伽士。童年時來到枳空寺，做過幾年的掃垃圾者，繼後安置他在寢宫中作內侍。最初他去到咱日很好地修養密行。後來在達波的嘎普洞中住修時，西藏地區的一切鬼神聚集起來最初對他身體直接投擊許多器械，將近天明時鬼神衆都疲倦不堪而來皈依供出命根心咒。他也到過勒堆和吉絨等處，他觀察到若來大量的應化有情，即有障難災厄來到。爲了消除災障來到枳空，受過法王許多斥責，因此諸財食受用也斷過。後來他再到枳空地方在弄雪達修建寺院，在那裏聚集了許多僧伽，以此他想可與枳空寺相比倫。繼後他捨離寺院而於雅堆開路從達波漸次來到波窩，在那裏奠定了普貢仁欽嶺寺的牆基。此後經六十三天后嘎蕩巴逝世。然而他的加持力仍影響根本的寺院（弄雪達），而由他的姪兒鄔金巴等人掌握管理。嘎蕩巴爲一般人承認是聖龍樹的弟子阿闍黎阿雅德哇（聖天）的化身。

伯欽卻耶（大吉祥法智），此師在枳空法王座前聽受諸教授，並作了很久的侍寢內務。他曾經同略、嘎二師一起到咱日，但是那時他未同略、嘎二師一起修習密行。因此法王吩咐他説：“你再到咱日去當修密行。”他依法王所説而作，獲得許多殊勝功德。此師係峨·生格喀巴的再傳弟子，著有《大寶四種馳行》等一些論著。此師在枳空寺時普遍傳稱他叫納昌哇，直到而今爲紀念他派人到咱日去仍未中斷。

泊布貢哇，此師係以寺名安立其名，又名峨傑熱巴。由於他精通法相，以此在法王座下。先是他來到脱昌和法王見面而生起敬信，以此求傳教授而獲得極大殊勝功德。他在喀欽班欽座前也聽受了許多教法，他著有《教法心要廣論》。

温協郡（智生），此師種姓係居熱內部峨仲支系，此支系分拉乍和拉朗二系，此師出自拉乍。而拉乍又分伯欽和格兩支，此師出自伯欽支。父名敦巴桑傑伯（佛吉祥），據説是至尊瑪爾巴的轉世化身，母名卻敦（具法）是一位通曉許多教法者。夫婦二人有子六人和女一人，共有子女七人。温協郡是長子，次子爲吐巴索柳巴（乞食者），最末兄弟即敬安杠波巴。温協郡係於丁未年誕生，這一年季敦貢波（世間怙主）年届四十五歲，而傑·敬安則年届十三歲。温協郡年届八歲時學精念誦，十一歲善巧書法。後來他從撰著席中接受《多傑仁波伽傳記》新著時，僅一日即撰寫竣事。年届十三歲時，對於道情歌和歌舞已善巧精通。最初他有專一作瑜伽士之心，可是年届十七歲時，他到吉祥昂普地方，由其父作供養，他生起敬信後油然有出家之心。他也就在十七歲那年前往昂普出家爲僧，而請求傳授教法導釋，並依師四年，對於大手印的修法真實生起。由於有服裝惡劣者遭到蔑視，他問侍者是誰這樣做的？侍者説，不知道，不是我做的。他説："我看還有一位衆生的大導師將要來到。"他年届二十歲時，上師昂普哇逝世。在第二年他同旅客約三百人結伴而來到前藏，他和季敦貢波（世間怙主）相見後，命他作修士的供施處所，經三年擔當供施，他的資財盡空。此後他在季敦貢波座前極得信任，漸次任侍寢内侍。他能記持所聞之法，以此過去上師所説何法都記於心中，後來季敦貢波説法時，如有忘失諸義，他復另行善作補習。由於他對上師的服侍和智慧通達二者都是廣大無邊的，因此都稱他叫討本巴（意爲軌范師）。上師再三命他建寺，他請求專一修行。以此上師説，以後就在這裏建立，過後仍允如所請。

他承擔起修造季敦貢波的吉祥多門塔的內部供物和一切緣起（即修造條件）的任務，法王逝世後他作師靈骨的管理，從速將塔的寶篋（遺體裝於大篋中）封口而將靈骨奉安於塔斗中。他在枳空寺中很長時間裏復修大靈骨塔的牆垣和外表及內臟等諸吉祥緣起。他很好地完成滿願諸方便後，於戊寅年到朗措住卻貢寺中。於己卯年去到底斯，對唉根王傳授了《大手印導釋》安置王於通達一味中。又雅哲哇王帶着軍隊而來，但是王在消滅敵意而對（温協郡）生起敬信後，温協郡仍給王傳授灌頂和發菩提心法。他所作如是等利益他有情事業是無量無邊的。有許多班抵達和他相見也都極生敬信。那時由於內部和內亂等方面都發生了許多起因，他認爲一切因果緣起之理，更成爲真實。他承許爲直至十地（菩薩第十地）之間當作利眾事業。在上部地區住了七年後他年届三十九歲於乙酉年去到枳空，在乙酉年底他去到妥扎，經途中在桑耶和法王薩迦巴相見，他自己赤着腳手捧私自禮物同僧眾前來迎接法王。對他是疊起所有座墊（成爲高座）而使他坐上去，對他也談了許多法語。他雖是説要暫住一下，可是繼即去到妥扎，而於子年從妥扎運送大批供物到枳空寺去。在那一年的夏末阿闍黎貢桑巴也供獻了卓窩隆。在戌年他去到喀曲將八種特法和九十兩種一併編撰成爲《一意集》，此集中後來共搜集爲一百五十法，此外他爲了利益在各方宏法諸有情，還著有許多論著。總的説來，温協郡於乙酉年底到妥扎，於甲午年初到枳空而在喀曲住過八個夏季。第一個夏季他在卓窩隆，此後的六個夏季都住在雅嘉，最後的一個夏季他到雅卓，雖未教育僧眾，但純作山林茅蓬事務，並聚集了後藏暑格哇約五百人。從妥扎轉道雅隆而來到帕謨住，敬安仁波伽前來向他頂禮，並爲首率領僧眾來作歡迎。他也在敬安座前供上禮物後而求説法。

因此敬安講說了關於大寶傳承中傳承之法，及傳承之宗派兩者。此後他去到枳空梯寺，他但恐有人前來作歡迎，而秘密地到和溫仁波伽相見而供禮物。在這裏三昆仲也相聚會，就在當年崗波方面前來迎請而去到崗波。在那一年內溫仁波伽逝世，復於那年內來到枳空梯寺後，將《一意集》分作七品來講說。修士們對他雖請求作寺主而籌備了緣起，但他不願作而推舉了傑・敬安任寺主。後來他去到杠波，應覺窩・雅扎哇的迎請，雖是前去而未到達。他去到仁波伽蕩巴嘎珠座前彼此互相聽受教法。他在晚年對應化有情大都教化後於癸丑年享壽五十五歲而逝世。他親自承認他的後半生中是和法王季敦貢波（世間怙主）的身語意無二無別的。在堪布杜真之後他也任過杠波的寺主。

伯希日普巴，此師在季敦貢波大師座前聽受教授，以此而獲得成就，他去到垛麥地區，作出了無量事業後，修建裕江拉康寺。

波波扎喜（吉祥老爺爺），此師誕生在桑日魯貢崗地方中，他和諸大弟子（法王的弟子）比賽神變時，於法王的胸間變化出阿字等，他具有如是許多功德。

又有一法王獲得成就的弟子名章細，他建梁區的昂甲寺。他性喜酒，因此直到而今對他供獻節供從未中斷。

此後爲尼哇梁細，名嘉哇日措生格（山林獅子）。他是曲彌哇的弟子，到曲彌座前獲得大手印教授後，在達波貢楚所建珠寺中精修。此後同曲彌共建第二寺名昂珠寺。

此後爲色傑哇，此師使裕伯哇諸人守斷殺之戒，直到而今每年都有在護法神前發誓（不殺）之規從未中斷。

此後爲克珠仁清絳稱（寶幢）。從此以後直到現在（著者當時）共經歷六師，前三師之名未覓得，後三師是：卻嘉仁清（大寶法王）、仁清洛卓（寶智）和仁清伯桑（寶吉祥賢）。

章細的轉世活佛即是薩惹哇欽波，薩惹的駐錫處爲稱松季嘎敦，此師係比丘身。裕伯哇諸人在章細的肖像前供酒，因此又有叫作嘎敦的薩惹酒醉比丘。以上係枳空法王弟子等的階段。

次説其中寺廟寺主、堪布、活佛等的傳承世代：

堪布仁波伽·多傑楚稱（金剛戒），係甲戌年生人。在枳空法王逝世後，他年届六十四歲時繼任持寺廟，於庚巳年十月享壽六十八歲時逝世。

此後繼承者爲温仁波欽，此師係法王血統之姪。於丁未年誕生，童年時就在法王座前獲得諸教授。他年届三十歲時法王逝世，從壬午年到甲午年，十三年中他任寺主管理寺廟。

其次爲傑·敬安，於乙未年誕生。於甲午年他年届六十歲時來到枳空任寺主二十二年。於乙卯年他享壽八十一歲時逝世。

次爲傳爲底里巴轉世活佛的居仁波伽·多傑扎巴（金剛稱），此師係於辛未年誕生。法王逝世時他年届七歲，温仁波伽逝世時他年届二十四歲。於乙卯年他年届四十五歲時來住持寺院。於已卯年他享壽六十九歲時逝世。

次爲脱嘎哇·仁清生格（寶獅子），係丁亥年生人。居仁波伽逝世時他年届五十三歲，從已卯年直至乙酉年之間任寺主掌管寺廟七年。享壽五十九歲時逝世。

次爲昌傑巴·扎巴索朗（名稱福），此師係庚子年生人。脱喀哇逝世時他年届四十六歲。於子年他享壽四十九歲時逝世。

次爲仁波伽卻閣哇·多傑耶協（金剛智），係癸未年生人。昌傑巴逝世時他年届六十六歲。於癸巳年享壽七十一歲時逝世。

次爲仁波伽垛仁巴，係戊寅年生人。仁波伽卻閣哇逝世時他年届十六歲，於乙卯年他享壽三十八歲時逝世。

次爲多傑嘉補（金剛王），係甲申年生人。垛仁巴逝世時他年届三十二歲，於辛卯年享壽六十八歲時逝世。

次爲卻季嘉補（法王），係乙亥年生人。他年届十七歲時多傑嘉補逝世。至尊宗喀巴羅桑扎巴（善意名稱）係此師（法王）的弟子。多傑嘉補之後爲仲·協業巴，繼爲旺哇，繼爲卻傑仲欽。卻季嘉補年届二十三歲時宗喀巴誕生。從季敦貢波誕生起直至多傑嘉補逝世時，共計已經二百零九年，又到現在（著者當時）丙申年，共計已經三百三十四年。以上係枳空祖寺的寺主傳承世代的階段。

次說達隆湯巴（達隆嘎舉派初祖）的傳承次第：

達隆湯巴大師扎喜伯（吉祥德），此師誕生在漾雪邦惹地方中，係壬戌年（南宋高宗紹興十二年，1142年）生人。第二年枳空法王誕生。扎喜伯之父名本倫壩波，母名召希薩格松措謨。他的族系爲乍思中支的內部魯格族系。他的生母早已死去，父續娶其姨母，因不仁慈，父復娶另一姨母，此母慈賢。繼後年事漸長，學法中幾次逃走都被父親擋回。他年届十八歲時逃至湯甲寺喇杠巴座前，嘎敦·喇杠巴·協饒多傑（智金剛）給他作親教師，察敦·闍芒哇爲他作阿闍黎而出家爲僧，此後由父親援助而求學。父親對他說：“你有名爲合法的席位，當說你是魯格壩波之子（因有貴族地位），切勿安置在次下席位中。”因此堪布將他安置在前一排的排頭首席。繼後他在格西扎貢巴座前聽受《略釋》《入行論》《集學論》《道炬論》《垛哈》等教法。那時他曾有承許去到印度的願望，聽說有一名叫敦瑪喇嘛色泊要前往印度，因此請那人來赴結伴酒會，那人未來。遂打算同邦波惹哇·喇嘛阿交結伴赴印，可是喇嘛阿交今晨走了，他衹好隨後趕去，來到安·瑪康時，巡邏隊來到，必須返回。繼後他以一匹馬馱運着兩皮袋用物而啟程，晚間遇降雪，寒冷和焦渴交迫而來，行至召希松巴的拐彎處，又遇巡邏隊來到又須返回。他在湯甲拉梯那裏見着秋收的許多人忙碌的情況，因此，心中生起大悲，依此悲心而證達一切現相自性本空。有一晚上他在夢中夢見在一荊棘遍滿無有坦道可走的路上遇着一個大黑婦女前來交抱着他的頸脖，他生起佛慢（即現起自身即佛的尊嚴）將她壓服於佛威之下。因此那女人說："現在我放開了。你是十三佛尊加持者。"又湯甲有一死後復活的老媪說："你（指扎喜伯）將會成爲如此這般的一種人物，並將會有大約如此多的眷屬（指徒眾）。"這些話和後來卓貢大師的話也是相符合的。繼後有一時間他從湯甲去到頂康時，有一尼在建造帕讃住巴的肖像，據說是一有大威勢莊嚴的像，平鋪金後（似乎是滿鋪金的畫像）也就收藏起來了。她對扎喜伯說："你這位日隆色哇到湯甲那一位說胡話的面前，如果一頓餐食都未作，你頭將會破損或遭垢染。"繼後扎喜伯在底斯住過一夏。此後他在業區駐錫時，喇嘛摩那寄來一尊帕讃住巴的身像，並且說："看你是否辦得到供奉此像？"因此他管着油資而做到供奉。在這方面有一次未供到時他頓生傷感，此後他將赴前藏時在夢中夢見在一長梯上攀登，還未登上梯頂時，來一大白人握着他的手而說道："我不拖你，你是不能登過梯頂的。"後來卓貢大師說："那白人是我。"繼後他向伊惡方面逃去而來到底斯。此後到頂絳在阿闍黎桑傑交那裏住了幾天，此後到垛特頂有一運送人和烈馬渡河時，寬廣的河水將沖走人和馬時，馬足登上一石頂而得渡過，繼後出北道同前往凍謝居敦嘉裕供燈人結伴而行到郡塘，於彼時郡塘人和頗垛人正在收割的時候，有一淩巴的醫生說："現時鄉人父老們是作調解而拿着食鹽（作禮物）去到帕讃住的門口周旋的時候。”他聽此話後同調解父老結伴在隆雪轉道而來到淩區後，又和商人結伴而到峨納山，此後他無友伴到江昌而前往察絨。後來他和苯波兩夫婦結伴起行，走完支路後清晰地能見寺廟的白土，他繼即來到寺門前，打算進入寺中時卓穹哇在寺門前阻擋，幸得斯敦引導在卓底和卓貢大師相見，於是供上禮物黃金一塊。卓貢說：“你没有感疲勞卒苦麼？”答：“幾乎被水沖走時，馬足登上一石頂端處而渡過。”師說：“那時是我在那裏，有時我雖是在金剛座，可是你應當來。我不是專爲此生的上師，而是生起證悟的上師。”繼後在供施垛瑪（食供）時，大師又說：“從今以後，新人來到門前還未進入寺內之間，就在那裏從新人之身份出一和新人相似之身來和我合入。”又說：“後來有一時期你（指扎喜伯）將會有若干僧衆，那中間將會有僅如你的這般人來。”他也生起那時這地方是否有勝得過我的如此思想。大師又對侍者壩貢（隱修）說：“這一新來壩貢，很像嘉裕哇（甘丹派大師）啊！”此後過了三個月，大師說：“現在是牛年，但是我想在羊年作祈願也是可以的。”以一錢黃金請作爲“曼遮”的供養，是作爲求一成就，而不是求教授。由於有一次（大師）笑而收納黃金，復以黃金賜作“曼遮”供養而說道：這是以此敬信能使身體康復而作的，僅以曼遮供，雖能得到祈願，然而還是有許多想法。”有一次大師對（扎喜伯）說：“我是不需足夠的傳承，而是需足夠的法，你將會有需用的時候來到。以西藏來說，所求除悉地（成就）外，是没有貪著小者。而魯伊巴是有的，印度毗汝巴貪著小者，可是有《般若八千頌》。”又說：“依止上師是教授，由自修驗是秘訣。以此以後對一個四句偈以上一切佛語都當書寫下來。”有一天車貢説一教授後，但恐忘失而將教授書於牆壁上而去。到了內面仍看壁録，因此從此以後不發生忘失的顧慮了。扎喜伯到帕謨住已滿三年的時候，卓貢大師對他說：“你現在就離寺走了，也是堪布和阿闍黎之才，將會有向你求法的。如我這個教主，你是能作的。”有一比丘說：“我能修行，以此請求不作比丘。”大師說：“具德嘎譯師也是比丘，然而他在朗措修過七年之久。我看現在是應當學習（如嘎譯師）大人物的傳統作風。”有時候扎喜伯坐在床榻上心中頓然生起過去未有的（空前）諸法。卓貢大師扶着手杖而來到那裏，以手杖指着心間而說道：“當知此心非我。因此不知道啊！”有一晚上扎喜伯夢其父給他小水壺而說道：“這是受用無盡的寶藏。”又夢其父給他一隻鑰匙而說，以後不須特製。扎喜伯年屆二十四歲時在收割時來到帕謨住，在帕謨住駐錫六年。帕謨住巴大師逝世後，他在帕謨住寺住了一月後同本恰和施主摩貢等人結伴而前往麥卓在切喀哇大師座前聽受教法。繼後又同一些甘丹派人結伴而到隆雪地方，他們對他說：“你這帽（帽表宗派）改換一下吧！”他說：“我想這帽戴此頭上後，應是不能送還的。”此後他到頗多康欽那裏，善知識康欽巴隨後來到也就在門外過道相見，他對康欽生起敬信，因此在康欽的應供上師處——湯閣寺中住了一冬，第二年的春季他在色特。那時從康區來了迎接他的人和良馬一匹，遂去到帕謨住，商談建靈骨塔和造佛像的承事服役事項，他在那裏住了一夏，將馬匹等作供養。他在色特住的第二年，阿闍黎貢巴也來到，他到岩梯口上時，聽到裏面有帕謨住巴說話的清晰音調，他來到裏面說：“我親自聽得你的話是帕謨住巴的話。昔日帕謨住巴對我說：‘我到任何地方都帶你去’，我想是這樣。”繼後他請求香雪瑪惹哇的老比丘作親教師，瑪巴仲塘巴作阿闍黎，香敦闍彌巴作屏教師而受比丘戒。此後他再到色特住時，從康區來了迎接他的馬匹，他在後藏行程中附帶送供禮到帕謨住，送禮人很快就返回。由於康欽巴已經察覺，遂召集許多人家前來請求他不必前往康區。以此他應允不走而住下，繼後他集會了很多僧眾，寺院容納不下而想另遷一寺廟時，聽到色特的空中傳出聲音說：“你從現在七年中達、哲、絨三處都歸於權下。”此後他親見乍波伽寺中有加持聖酒，但未獲得。返回途中到達達區村頭時，貢魯對他說：“對面山名達隆，是善知識博多哇的駐錫地，那邊還有一個很好的岩洞。”因此他也就到達隆在有加持的岩洞中住了一夜。繼後他在達隆的座惹上面建寺而安住。那時他們師徒共有十八人。總的說來，達隆這一地方是卓尾貢波大師年屆六十歲時於己丑年示現十二種身相莊嚴時，其中一種身相莊嚴，即是大師以足踏在達隆的土地上而作加持。以此達隆的一切土全是咒土，一切水全是咒水。卓貢大師曾經對扎喜伯說：“你有一事業大宏的地方，是在北方那邊，本來你到康區去是合理的，可是你到康區一次後，由於宿業的安排將會值遇一勝地，那地方是你大宏一切事業的地方。但那地方十分兇險，有一由人面變成的鬼魔率領無數兇惡鬼神在那裏住着，誰也不能捕捉制伏。我用足將這一切凶頑踩在下面而制伏了這一切鬼神。我作了具足慈心的事業後，是讓你來掌握這一勝地的。”這是得知雪域（即西藏）北方未來的情況而說的預言。又（如上文說）空中傳出聲音：是說還未鎮伏達隆，以此如果發生不安寧時，則遷移他處。在那裏有旺秋扎去到頗垛而依止“哲巴”的破頭乞丐後，在色哇隆住了七年。在那裏將集會許多僧眾。由拉傑頗穹哇和頗垛哇作碉堡大工程，僅八天即作好奠基。我們不住在那裏，僧眾多時那裏容納不下。是說在達隆驢馱青稞大都潰散丟失，以此碉堡工程擱下。繼後由達、哲、絨三區及頗垛哇迎請（扎喜伯）到達隆，那時是庚子年扎喜伯年屆三十九歲來到拉章納波宮中而安住。那時由烏鴉（想即鴉神）運送木材和泥石等到現在的漾貢寺所在地，以此是從拉章遷移到那裏。此後經過了幾年從康區有喇嘛達峨巴（月光）等人前來迎接，因而發生些煩擾。扎喜伯師徒五六人來到朗里山口時，飲用山對面的僻澗泉水，命旺生熬濃茶，以冰塊和紅糖置口中團轉而食。又説："我將去到姑裕杠。"當晚他注視東方而睡，見東方有雲遍佈，西方虛空清潔明亮。問其原因時，扎喜伯説："這是塘甲地區將走向憂苦之相。後來我內部將對東方諸有情作出利益事業。"説後繼即講説《不離三念法門》。此後返駕住於約欽宫中。繼後迎請人來時，經頗垛哇請求不必去到康區而得迎接回來。在第二年夏季住於扎哇頂，那時協巴達熱被殺後，達裕哇和絨巴不和的當中而來迎接（扎喜伯）。獻達熱的首級，並釋放許多死囚後，而將達、絨兩區置於權下。此後哲巴來迎請，遂將哲巴也歸於權下。

扎喜伯簡短的事紀情況是：每月初一起至每月最末一日之間，黎明起床後作浴身，繼作禮拜，繼作供曼遮，繼作祈願。天明後侍者换座前的供品，啟問是否説法，並問師體安否後，奉獻飲食，在這時候僧人的行動和一切有事者都由侍者啟問，其他誰也不能謁師。飲食完畢不到正午不説法，到正午時由侍者换好供品，啟問是否説法，問師身安否，問可否煎沸水，須召唤大賓客時，問而後召唤。打尖餐畢來到法座上和可見諸人相見，作指導，此後啟問正好熬後半茶和開水，上師仁波伽來到寢室後斷言語（即不説話），正飲用熱水時開語禁（即説話），請進熱水，呼唤可以奉獻熱水。繼後到僧伽大會堂中，在打尖餐後斷語而來到法座上，不飲後半茶。繼後供施瑪垛斷語，侍者啟問熬供垛瑪茶，有賓客時召唤賓客，供獻明燈，换好供品，繼即奉獻熱水。如師身安泰則説法並吩咐許多指示，此後啟問寢宫内外進何飲食，及斷語等這是一天裏的作法。師身不安適則不說法，師身安泰也須住上弦日始能說法，從十六日到每月最末一日如事先未作啟詢，則和誰也不見面。總的說來，扎喜伯從出家後酒肉未曾入口，煙熏牛毛帳篷和房屋內未曾去過，腰帶未曾解過。在帕讓住寺住時，其他左鄰右舍未曾去過，哪怕是帕讓住巴僅講一個四句偈，他無不在座聽講，肉和婦女未曾進入他的寢室內，未曾從寺廟和廚房獻食招待過客人肉食，寺中未曾來過酒，寺邊空房中安置婦女（如僧人母親和姐妹等）不得超過三日。此外廚房熬水，擊犍槌，通知用水，吹螺，分發螺耳杯，僧人行住等一切作爲都應啟問。至於稀有的看法：哲巴的昂惹哇·覺窩蔗波看他（扎喜伯）是教主，協饒伯（智吉祥）看他（扎喜伯）是大悲觀音，此外還有看他（扎喜伯）是勝樂俱生金剛或至尊救度母等是有無量無邊的。又有於一時中見他示現許多身相莊嚴等。卓貢大師說："有三位英扎菩提王發現，前後的二者是我，中間的那一位是你（扎喜伯）。三位是一體性。"他坐在法座上時由思修力親見帕讓住巴的真容。他在臨終時也說："我未曾離開安善而逝，心續（與佛）是一體性。"又在寢宮中他對阿闍黎温波和諸侍者說："我未曾離開過安善而逝（善逝即佛別號），可是他們不知，善逝即是我自己。"

總的說來，這位大師扎喜伯誕生於壬戌年，十八歲時出家，二十四歲時到前藏依止卓貢大師六年，二十九歲時去到頗垛，計在頗垛、色特、湯閣等處共住七年，在色哇隆住過三年，於庚子年來到達隆後一直住了三十年之久。聚集無數僧眾，將示寂時還聚集有僧眾約三千餘人，他共施的正法和金銀有無量數。他到帕讓住寺三次，在最後一次到寺供獻的是：許多金銀等鑄造的佛像，經函青白兩種（塗青紙及白紙）共五百五十函；金塊和松耳石共四十塊；茶葉六十簍；上緞三千疋，牛馬一百頭；黃金百餘兩；鑄造的明燈、大氅和鎧甲等許多物品。總共在帕謨住寺中安立明燈二百八十三盞。臨終時供寺經函青色紙函七百函，白紙函難以數計，金塊和松耳石共五十塊；上緞二千五百疋等許多供品。在己巳年聽得將帕謨住寺中的經函請出的原因，使他灰心失望而身體不安，在那一冬季僅作過幾次的指導和接見。大眾請求修法禳解，未得允許。年届六十九歲在午年春夏二季也僅作過幾次的指導和接見。在十六日的晚上他將書庫的鑰匙交給阿闍黎温波而説道："你過去就被他們尊重。因此你在他們安置你的位上住下吧。"温波説："請求上師親手將鑰匙交給我，並求祝願我對有情能作饒益。"十七日在僧眾大會堂和大眾見面，並開示許多法語和談論。十八日仍能來到僧會中。於十九日進晚茶時候逝世。荼毗時發現心、舌、眼三者遺留下未焚毁，有無數佛像和舍利。

次説繼承寺廟的主持人姑耶·仁欽貢（大寶怙主），係於新年正月初三經請而繼承寺主，此後不久桑傑貢巴也逝世。這位桑傑貢巴是卓貢大師的弟子，後來卓貢大師逝世後他同達隆湯巴（扎喜伯）住在一起。仁欽貢又名達隆湯巴大師的温波嘎波（意爲姪兒潔白）。由於他是爲卓貢大師即達隆湯巴撫育眾生的事業作助手而來的，因此又稱姑耶（意爲身逝，言二位大師身逝後的代理人）。真名叫仁欽貢（大寶怙主），其父家鄉是姑隆區的杠漾雪隆巴（另外又叫邦惹頂），他的誕生地是在饒杠地方有三碉堡的中碉堡下面。族姓和達隆湯巴同一族姓，父名本倫闍雅，母名覺思薩扎喜措。此師住胎時，其父親到達隆謁見大師而住寺中時，有一天達隆湯巴大師説："叫闍雅（父名）到這裏來。"來到後，大師説："你的後嗣誕生後將是一男孩，這孩子獻給我。"父説："是當供獻。"此後經過兩三年楚普哇逝世後，有人問："楚普哇的寺座誰去住持？"達隆湯巴大師説：“楚普哇的寺座誰去作主？我已儲備有一寺主。”仁欽貢是達隆湯巴大師年届五十歲時歲次辛亥年誕生的。繼後經過三年歲次癸丑年鄔薩、喇嘛香和朗隆巴諸師逝世。仁欽貢年届十一歲時，達隆湯巴大師寄來以《孩童啟行儀軌》（原版不清疑有錯）爲首的許多贈品，並命孩子出家爲僧，命名底格脱（意爲持如是説）。其母説：“不出家爲僧。”父説：“問孩子自己。”他説：“我出家爲僧後，到達隆去作善知識，求學教法後，由信函給二位父母可以寄來教授。”就在那年吉本巴爲作親教師，閣・拉康塔巴作阿闍黎而塘甲寺中出家爲僧。他在吉本巴・拉康塔巴和納隆巴諸師座前聽受了許多教法。年届十三歲時前往前藏時，鄉人們都來送一短程，其母對他説：“兒子！你去學法雖是和我不相見，然而無妨害，你當求法啊！”説後也就回家去了，他在朗里那山口和從達隆來迎接的人相會見，從那條路而來到鄔汝隆的那一天，達隆湯巴大師吩咐道：“用一面白旗插路中作路引，以一幡旗插在後面，山腰上先揚起一面小幡旗，諸僧衆去到雅塘迎接吧！”繼以緞子一疋作見大師禮品，他和大師相見即問安好。達隆湯巴大師也問道：“男兒，你一路辛苦否？”答道：“托尊長恩惠獲得順利。”彼此慰問了很多話。有時候在跑馬場他的父親請求達隆湯巴大師將兒子小僧人放回去。大師説：“你閉嘴吧！小僧的揣測，由你掌握不了。他中用後，可以回鄉。”繼後仁欽貢住寺中茅蓬裏面東門閉關而修，除請示指導或教法導釋時間外，不到大師座前，一心專修了七年之久。那時達隆湯巴大師説：“寺中偏隙處住的那一小僧人將是一位能饒益無量衆生的人。”他年届十九年歲時，由章巴作親教師，桑傑貢巴作阿闍黎，阿闍黎桑傑作屏教師而受比丘戒。他顯示抬起茅蓬大柱將他人衣服置於柱下，又每次以拇食兩指捏豆七粒捏如麵粉而撒出，又能捏茶𥫗成爲蛋尖形，又能作跏趺坐已抛擲（即騰起）到大殿屋頂上去等許多示現。總的説來，他依止達隆湯巴大師八年。他年届二十歲時，達隆湯巴大師患病，有一天大師身隱没衹見一大氅和一帽扣蓋覆着。大師對仁欽貢説："具德帕讃住巴的手杖交付於我手中，而使我登上厚坐墊，起坐時圓裙迴旋而下垂，萬眾瞻仰而膜拜，這樣的事業你將會來到，而且比我更大的福德你將會得到。"將書庫的鑰匙交給他而説道："這裏寺的偏隙處有一種還未傳稱的法，不是我對法吝嗇，而是須依靠一種緣起扼要和契合帕讃住巴的話，由你看如是符合教法，誰來求法即可授與。對絳生來説，絳生和仁欽貢二人撫育達隆寺，擔子是相等的。"此後仁欽貢來寺辦理達隆湯巴和桑傑貢巴逝世後的廣大事務。堪布哇（仁欽貢的戒師）説："我請求仁波伽（指仁欽貢）閲讀書籍。"以此仁欽貢説："堪布哇，我們的傳承傳來到弟子面前的時候，不是揣測心性符合後就能知道開示何法都可以的，而是閲讀書籍的善知識才會成辦的，是如是麽？"説後他對求教授的諸人，隨類應化而作開示，對優、劣、中庸三種有情都作重觀。他人對達隆湯巴的看法是難以數計的，示現許多的身相莊嚴也有多次，此外見達隆湯巴是釋迦牟尼或勝樂金剛等的也有不少，具有廣大神通的故事也有很多。其他跛者、聾者、盲者和重病纏身諸人，大師僅誦緣起法語一遍即獲癒者也是難以數計的。此外也建立有靈骨塔和塔房等，由於挖掘塔房地基岩石，以此得足疾，堪輿師觀察説是挖掘了上師的靈山而得之報應。先造了一座氣勢高超的一肘高的銀塔，繼後建造一座大銀塔，在塔的日壇（塔頸）中奉安有用黄金十七兩鑄造的帕讃住巴像，又建造兩座靈塔，在有銀傘蓋的日壇中銀斗拱內奉安有達隆湯巴像，其餘還建造了達隆湯巴的大銀像。在那裏師徒等商議積存所有諸物後，所有佛像、經典太多殿房已不能容納，商確當建一供奉的殿堂。得到了的答復是：庫阿闍黎説："供堂怎樣都可以，但我請求應照顧指導修行，由於建造一百座金塔，還不如出一大修士的好。"其他人眾説："請求供堂也修，指導修行也作照顧撫育。"於是在甲申年仁欽貢年屆三十四歲時開工修建大廟堂，當派人到納雪森林中去砍樹，枳空寺人出而阻攔後，從泊地尋找木材，而得到從垛區運來許多木材。那時頗垛的鑰匙已得到手中，因此枳空寺的温波也請求從納雪去運木材。遂從納雪搬運來眾多木材。丈嘎觀察地形風水後説："如果寺形建如一纓穗則大吉。"繼建了寺頭部，供堂共豎立八十柱。計上部走廊四排柱子共三十二根，下部走廊三排柱子共二十四根，兩邊耳房海邊立六柱共十二根，兩旁牆外的房間每邊二柱共四柱，門房四柱，門護道四柱，以上共計爲八十柱，堆木垛有十三，子年上下走廊總體完成。委任出親教師和阿闍黎後成辦出家事項：啟開法門，使大眾入於聞、説、修的道中。而仁波伽（指仁欽貢）自己則依照達隆湯巴的史事典範而作，他對於教授決不摻雜混假，對於祈禱和願文一句也没改變，他常時蹲身而坐，頭從不落枕。來到北方時，他的侍徒等眾也都禁食肉；有供來武器時，當座前自己毀掉；接受諸緣起供物外，他物不收；不作罪惡貪欲的指導；不作罪惡貪欲的問話；不説無意義的空話。他來寺廟時雖是諸施主的地區都没有這樣衰敗的情況，然而他仍使所有衰敗都興旺起來，供來的物品是難以思量的，而從內部應分給他的糧食也是很多，可是他對於所分糧食，每月僅取半克（一克約二十八斤）外，其餘交給負責人。對每一部分所需何種排列出來，他救治朗索（巡查境內人員）八十二家煙户。他見從外而來的人即時就想何處使他容身好，見從內而往外的人也就思想到勞苦行動而受傷的人，他對於大寺中儘量佈置充滿佛像、經典和靈塔，他最初來到寺中時，雖作了不分開的規章，但他不聽從作出分規，對殘破諸茅蓬作了培修，那時衹有七百僧人，到後來他發展到二千八百人，繼又發展到三千七百人的僧會，新發展出許多茅蓬。直到他逝世時已發展到五千人的僧會，最初他來寺廟時衹有七頭牛，還貸有外債黄金五百兩，後來他使金銀綢緞等物滿飾一切内部，牛馬成千遍滿一切外境，就連達隆寺的異犬名叫垛察也是位大德仁欽貢在位時而來的。仁欽貢年届四十七歲時歲次丙申天空出現虹彩、光明、聲音和大地震動等情景，坐騎有龍、鳳、獅子也事先發現。去到大德左右的諸僧眾，得師吩咐説："休到何處去。"他對一些人説："我給你的指示已畢"等許多表示。對侍者們説："是須得召集飲茶、紅糖和柴火等（這些是亡者所需僧會）大僧會的時候。"繼後作了許多談話後而逝世。荼毗時發現舍利如雨下降，心、舌、眼、手指都發現許多舍利，並發現許多奇異的現象。

次説仁欽貢的繼承寺主桑傑雅郡協饒喇嘛（智慧師），父係西藏惹頂氏族的首領名貢嘉（怙主勝），母名嘎瑪伯。此師於癸亥年誕生，癸亥這一年達隆湯巴壽届六十二歲，枳空巴壽届六十一歲，姑耶·仁欽貢年届十三歲，絨巴嘎譯師也是本年誕生的。協饒喇嘛童年時即有很大的信心、精進和悲心。對同年諸人他總是使他們消除罪孽而行善業，曾獨自一人到寂静處修行。年届十六歲時在大堪布嘎敦喇嘛和阿闍黎拉康達巴座前出家爲僧，命名協饒喇嘛（智慧師）。聽受了諸戒律，並在阿闍黎納巴座前聽受許多教授。他在薩普寺中精修時，寢室上的雪，發現來許多烏鴉作掃除等許多異事。他年届十九歲時前往前藏，來到達隆湯寺姑耶·仁欽貢座前謁見，繼在座前聽受所有教法導釋。由章巴作親教師，庫敦作阿闍黎，阿闍黎鄧謨日巴作屏教師而受比丘戒。此後十五年的時間中一心專修，他具足廣大神通。他年屆三十四歲時歲次丙申姑耶·仁欽貢逝世，由他繼承寺主。他建造有金塔、銀塔，及大供堂的畫線測量房和許多布繪，並建造有許多金銀質料大小佛像，建立常誦經規和每年念誦等許多規章。塑造的小泥塔、像更是難以數計。他對三千六百僧衆，以正法和財物撫育他們使其滿諸希求。他以戒、定、慧三學爲主要，對於諸僧院關於罪戒等也約束得十分嚴厲。當卓貢卻嘉帕巴（即帕思巴）從上方來到時，芒嘎那姑汝去迎接來到頗垛，卻嘉帕巴對芒嘎那姑汝說："你的上師桑傑雅郡如果能來到僧會中，我也去到僧會。如果不來，我則到隆雪去。"以此芒嘎那回答說："桑傑雅郡當來僧會中。"桑傑雅郡來後而說道："我本來的想法是：直到未死之前也不跨過寺廟的門欄。可是我的上師說不可這樣做。"說後來到納耶塘和卻嘉帕巴相見彼此合十的指尖相接而敬禮（這是一種平等的禮節）。卻嘉帕巴說："桑傑雅郡叔姪誰也見不到的，今天見到，這不是我給你們的賞賜（意在是他叔姪給的）。"桑傑雅郡祈求道："以我姪兒扎喜喇嘛作首領的達隆寺所有母寺和分寺等靠山主管望你（帕思巴）關照（祈帕思巴作靠山）。"桑傑雅郡·協饒喇嘛享壽七十歲於壬申年逝世，臨終時侍者請求明白指示，他說："東方離塵刹土中諸法王父子等住在那裏，以此向那裏祈禱可得如願。"荼毗時發現虹彩佈滿空中，花及舍利如雨下降，並發現心、舌（未毀）和許多舍利。

次說芒嘎那姑汝，此師祖父有子四人即：長子達隆湯巴、次子雲達闍雅、三子闍嘉、四子喇嘛達峨。次子闍雅之子是：姑耶壩巴、雲達卻雅、阿袞、卻交（法護）四人。雲達卻雅的兒子即：芒嘎那姑汝、香交、吐巴、隆波四人。至於喇嘛達峨係後來他到達隆寺時正是姑耶任寺主期中，他在達隆寺中逝世。

芒嘎那姑汝，父即闍雅的次子卻雅，母名若薩薩樹准。夫婦二人於辛卯年生芒嘎那姑汝。辛卯這一年桑傑雅郡年届二十九歲。芒嘎那年届十六歲時，在堪布湯甲巴和阿闍黎克巴扎巴讓波（名稱賢）座前出家爲僧。就在堪布和阿闍黎二師前聽受《毗奈耶》《道炬論》，及阿底俠尊者傳來的許多教法。他在上師克珠欽波（智成大師）座前求得《歡喜金剛》《時輪》《密集明燈》《四座》《嘛哈嘛亞》《亥母》《嘉傳六法》《金剛幕》《桑布枳》《達隆湯巴的深法》《亥母四種標示》《那若巴的四法本釋》《勝樂耳傳法》《發心三合》《大寶階梯》《灌頂作法》《甚深上師隨賜灌頂》《五道解説及教授次第多種》《釋續多種》《耳法傳多種》《灌頂加持法語多種》等。年届二十五歲時前往前藏時，上師克珠欽波也對他作了短程的送行，並在送行中也説道情歌。這位上師是一具有賢善通達和修持的大德。芒嘎那來到達隆寺的次日也就在寺中和桑傑雅郡相見，而且是同從康區前來求學的許多人一起謁師，師問："這些人是什麼人？"回稟道："此諸人都是大人物的兒子從垛康而來求學的。"師説："如果你們希望求學，到桑普去吧，温波親自也在寺的僻靜處專修。從朗索得到足夠的青稞（原文意爲青稞五錢，有錯）、乳酪五種食用後，今晨就閉關而專修了，如果僅是求學在康區也就可以辦到。應知我們的這一傳承是修派傳承，因此修極重要，應以修作爲主要而行，勤勵則可達目的。"清晨在喇嘛嶺巴座前（桑傑雅郡）傳達了見面的哈達，並從朗索寄給喇嘛嶺巴茶葉若干（原文意爲五錢，疑有錯）、紅糖一袋和大紅大氅一件，而附言道："你穿起大氅明天兄弟要來相見，但是謹防八風擾動（言爲世間的名利恭敬等所動摇）。"此後也就和扎喜喇嘛相見。在當年由堪布湯嘎哇·峨熱郡勒（光明生處）和阿闍黎堪温巴·仁清扎喜（寶吉祥）等人給他（芒嘎那）傳授比丘戒。繼後芒嘎那來到桑傑雅郡座前求得《那若六法》和《大手印》等教授後，十六年中不和誰相見而閉關專修，常時住於禪定中，獲得不可思議的三摩地，心中生起“一味”的修證。他遂以黄金十一兩、畫像十三軸和“一味”的證悟情況等供獻於桑傑雅郡座前。經十六年後卻嘉帕巴（帕思巴）從上方來到頗垛時，芒嘎那前來迎接帕思巴到達隆。那時卻嘉帕巴師徒七人來到嘎珠時，芒嘎那在座前求得加持修法和許多經教誦授。如桑傑雅郡所啟請作靠山主管那般情節，帕思巴也親口應允。繼後桑傑雅郡臨終時，當達隆寺眾、施主等對芒嘎那説：“你按照我如何撫育此寺那樣，你作撫育吧！制規和風範，你也照我規模那樣作吧！”説後以足置其頂而作加持。那時芒嘎那・姑汝年届四十三歲時歲次癸酉年繼承寺廟登主座後，一切作法風範都如前輩諸師之規而作。他具足廣大神通的故事是難以數計的，在建造威鎮三千世界的釋迦牟尼大像時，諸商議人説：“那樣大的像，黄金不敷用。造一如覺窩銅像身量的像，是很合適的。”芒嘎那説：“黄金我雖是没有，然而大皇帝確有。”後來果然元世祖忽必烈賜以大金元寶六顆，如這樣的奇事是很多的。芒嘎那住持寺廟後，繼續做扎喜伯壩（吉祥光焰）靈塔之座和靈骨塔未完工程等。在開工建造威鎮三千世界釋迦牟尼大像時，他請峨巴達協商談。峨巴達協説：“能如仁波伽（芒嘎那）你的意願而成辦。我也盡力支助。”説後他供獻馬二百九十八匹。當豎起大像身中的中柱時，發現地震等特殊徵相。大像完成時，由法王伯桑波（吉祥賢）、居甲扎哇、堪布江哇、阿闍黎嘉哇、公巴達協、淩脱朗耶諸師前來做開光法事。他又在東門內做壁畫和塑造許多泥像等難以數計的事業。他住持寺廟二十五年，享壽六十七歲於丁酉年五月十六日，他召集仁波伽伯讓波昆仲爲首的堪布、阿闍黎和許多僧眾等，指示道："按照我如何撫育此寺那樣，你温波伯桑波撫育此寺。以居(兄弟)爲首的諸人也應當追隨其後而作。"詳細吩咐後，也就逝世。荼毗時發現留下心、舌、跟三者未毀，而且發現許多舍利。

次說法王伯桑波(吉祥賢)，父名香交有子四人即：長子仁波伽伯桑波(吉祥賢)、次子吐傑交(悲護)、三子雲達雍仲綳(永固億)、四子居甲扎哇(離世務者)。母名卻江。伯讓波係於丁巳年誕生。他親近於卻嘉帕巴(即帕思巴)座下聽受許多教法。曾在薩迦等處住過。他在芒嘎那姑汝座前聽受嘎舉派的一切教授。他四十一歲時歲次丁酉年來繼承寺廟主座。他年届五十三歲時於己酉年祈請熱達納姑汝接任寺主後，他即離開一切世務。他享壽五十四歲於庚戌年逝世。

法王熱達納姑汝，係於戊子年誕生在漾雪綳惹頂地方中。母名松江。在堪欽索郎耶協(福智)和阿闍黎生桑巴座前出家爲僧。他年届十六歲時謁見絳央仁清巴(妙音寶)後，在座前聽受了許多教法。年届十九歲時去到前藏在仁波伽桑傑伯桑波座前聽受《歡喜金剛》《勝樂》《黑仇閻曼德迦》《六面怙主》等許多教法，及《那若六法》等一切應修法門。於己酉年他年届二十二歲時即是(甚嘎那)迎請桑傑伯桑波前來爲所造大佛像開光，並請住持寺廟之年。他在那一年前往薩迦依止絳央巴、達里欽波、扎巴絳稱(名稱幢)、袞嘎生格(普慶獅子)諸師聽受了許多經教。繼後他到覺謨隆謁見袞邦哇後，由袞邦哇作親教師，敦巴絳稱(教幢)作阿闍黎，袞欽雲敦嘉措(能海)作屏教師而受比丘戒。也就在袞邦哇座前聽受《時輪大灌頂》《瑜伽六支》等無量教授。生起了殊勝功德，袞邦哇對他十分喜悦。繼於戌年他返鄉土，在這一年中仁波伽桑傑伯桑波逝世。他承辦建造金塔等廣大事務。享壽五十二歲於己卯年逝世。

法王熱達納嘎惹，父名雲達吐傑交，母名薩江，生子三人，長子爲法王熱達納姑汝，次子即熱達納嘎惹。係於庚子年誕生。他在湯甲寺堪欽索郎耶協（福智）和阿闍黎桑傑桑波（佛賢）座前出家爲僧。命名仁欽郡勒（寶生）。繼由住持班欽釋迦西的戒律傳承的大堪布協貢巴和阿闍黎索郎旺秋（福自在）等師給他傳授比丘戒。他再去到薩迦後在喇嘛達里欽波、喇欽袞洛等，及邦譯師、絳央鄧約巴、法王索郎絳稱（福幢）諸師座前後受許多教法。繼後他到覺讃朗在絳生嘉耶（勝智）座前聽受《瑜伽六支導釋》和《心釋法類》，以此啟開三摩地門。此後他去到達隆在熱達納姑汝座前聽受嘎舉派所有一切教法，此外還聽受《道果》等許多教法，而且在嘎珠安住下來。他年屆四十歲時歲次已卯來寺接任主座後，不久熱達納姑汝逝世。他繼續造完大佛像背面高二十一卡，及金塔高二十卡和《丹珠爾》（論藏）等廣大事業，並建立講説密部和教法藏之規，傳授《六法》《道果》《瑜伽六支》等導釋。他自己也依照前輩諸師的史事風範，並使他人也依前輩諸師的制規而作。享壽六十二歲於辛丑年逝世。以上諸師都是從康區而來的，而袞邦郎喀伯讓波則是藏中生人。

繼説法王郎喀伯桑波（虛空吉祥賢），父名雲達耶協仁清（智寶），母名秋讃伯勒，於癸酉年誕生在澎裕區的達裕地方中。年僅五歲時見其他受苦人時即流淚而生起大悲心。他幼年時常發現饑餓乞丐，因此其母也給他命名叫乞丐，此外他又叫雲敦嘉措（慧海）、袞嘎窩（慶喜）和郎喀仁清（虛空寶）等名稱。這由於宿業的招致而有此多名。他年届七歲時歲次丁卯在堪布喇嘛朗勒巴和阿闍黎鄧約巴（不空）座前出家爲僧，命名郎喀絳稱伯讓波（虛空幢吉祥賢）。八歲時即生起預知神通。年届十歲時研習《喜金剛第二品註疏》。從《瑜伽六支》所生諸相徵，他未經修而實現。年届十一歲時他依悲無量心、猛利厭離心和甚深經教而通達甚深真實義，並生起不待造作（言真實的）的死無常等觀念。能憶起往昔生中生於印度和後藏等地的史事。後來安住於三摩地（定）時，也通達過去和未來諸事。據説有兩晚上發現在聖觀自在座前聞法的現象，但是如此等類的事雖有極多，他大都不説。他發願在自土住十八年。總的説來，他的壽量是三十四歲，但是他説："甚深教授的加持力，壽量是不決定的。"他年届十八歲時在卻傑喇嘛和大譯師絳哲座前聽受《時輪》《入行論》《能仁密意莊嚴論》和《佛本生事記》等僅一遍而心中領會，而且心中暗説："我多生中勤奮研習《時輪》，但今生仍感難解，可是對於'了義'來説雖未用功也能知曉。最初我也想（時輪）是否爲外道之法？現在我没有這樣執着了。"他説有一時間中他見得不空成就佛手中捧着滿盛甘露的琉璃缽從其臂飾的珍寶放出光明照射着他的全身。以此獲得堅固的三摩地。他説："我在後藏長久修行，因此在此生中感覺過去生起過三摩地的。"他承許自己是大成就者裕謨之子名達麥俠惹的轉生。他在修習《瑜伽六支》時，在夢中夢飲牛乳一碗，但有一些剩餘。他説："這是還須修一年即得殊勝成就之相。"總的説來，他依止的上師僅是：大譯師絳哲、鄧約絳稱（不空幢）、妥默巴（無著）、法王喇嘛蕩巴和法王熱達納嘎惹等六位。此後年届二十七歲時在拉薩由覺敦堪欽扎喜楚巴、羯摩師楚喇哇和阿闍黎敦嘉諸師給他傳授比丘戒。直至二十九歲之間，他從未中斷夏、冬兩季的法會，而且講説《時輪》《喜金剛第二品》《入行論》《能仁密意莊嚴論》《佛本生事紀》和《道果》等。他二十九歲時熱達納嘎惹逝世。由他承辦治理遺體，建造大佛像及尊勝靈塔等事，並繼任寺主。計撫育僧會大眾共十五年。他著作有《瑜伽六支導釋簡介》和《演算法》等論著。他運用甚深教授很好地教育應化眾生。他雖是廣講《時輪》，但是未得其中一些成就，主要是他專一在作閉關。蒙區以上地區他去過六七次。住持寺廟一直到四十三歲，使一切僧院都興旺起來，諸僧伽各部也得到發展宏大。此後啟請仁波伽扎喜伯哲（吉祥積）繼任寺主，繼在色特住了四年。他修生起次第時則修"勝樂"和"紅色閻摩"修圓滿次第時則修"瑜伽六支"。過去在三十九歲時，曾說到四十七八歲時有壽厄，果如所說年屆四十七歲時歲次已未而逝世。此後第二年即申年建造他的靈骨塔和大佛像等。如是看來，這位大德是過去多生熟修久煉的大士。其他殊勝成相如頌說："較我等早生聖地，雖由邪見引其心，但能值遇時輪法，後於雪山此藏土，修行瑜伽六支法。"又說："年屆五齡習氣清，七歲時已遇正法，年甫九歲知密咒，十六歲時已通達，波羅蜜多和密乘，現證三乘之密意，一味無別彼通曉。"

法王扎喜伯哲（吉祥積），父名袞嘎協業（慶喜友），母名絳伯吉（曼殊樂），係於已亥年誕生。法王熱達納嘎惹從北區來時見得此子，即以手杖對他作加持，並示預言說："此子將成爲無量眾生的應供處（言證作應供師表）。"他年屆六歲時，由阿闍黎貢巴仁迅（寶童）教他書法和誦讀等。年屆十一歲時他值遇阿闍黎仁清伯（寶吉祥），此師已成爲嘎舉派一切法門的教主，富有顯密的許多功德，持戒極嚴，具足廣大神通。他在此師（仁清伯）座前聽受三種續部的教授等，特別聽受了《喜金剛第二品法類》並作研習，及《入行論》和《般若百頌》等許多教法。年屆十七歲時，由仁波伽朗喀伯讓波（虛空吉祥賢）作親教師，勒敦仁清峨（寶光）作阿闍黎而給他授出家戒。命名扎喜伯哲尼瑪旺波松尾果洽（意爲吉祥積日王護鎧）。這是仁波伽朗喀伯桑波依夢中所現而給他命名的，繼後也就在兩位法王座前聽受《時輪》灌頂。此後又聽受《那若六法》和《大手印》等而生起道中不可思議暖相，並聽受嘎舉派大寶法類。又求得《瑜伽六支導釋》，以此啟開許多三摩地門。此外又聽受了俠哇日的《瑜伽六支》，法王索朗絳稱的《瑜伽六支》《密集五次第導釋》及其《易知導釋》和《直觀教導》，及鄔生的《發菩提心儀軌》《修心七義論》《紅閻摩極無戲論》《道果》《斷境》等許多教法。年届十八歲時歲次丙辰來任寺主而轉廣大法輪。年届二十歲時歲次戊午十月他去拉薩時，得到察巴司徒格通哇和勒巴長官扎巴的盛大歡迎。在惹嘎乍又與前往前藏的大譯師絳哲見面而相聚會。此後由大譯師繹哲作親教師，譯師扎巴絳稱（名稱幢）作阿闍黎，譯師朗喀桑波（虛空賢）作屏教師而給他（扎喜伯哲）授比丘戒。他在大譯師座前聽受《時輪圓滿灌頂》《納波巴傳規勝樂法類》《無量壽灌頂》等，在譯師扎巴座前聽受《密集直觀教導》《喜疊剛及勝樂》等許多灌頂，《時輪續釋》《灌頂略示本釋》《勝義念修》等、《心部釋義》等、《堆夏耳傳法》《裕謨四種明燈論》《智慧眼修法》《日月修法》《伯麥措的瑜伽六支》《捫隆巴的瑜伽六支》《密集的瑜伽六支》《時輪後續》《第一略品釋不動光明》《毗布巴的瑜伽六支》《四座釋論》《甘丹派道次第》等無量教法。又在釋迦牟尼家（在拉薩大昭寺中）前供獻衣裝、塗金、燈火等盛大供養。在己未年仁波伽朗喀伯讓波（虛空吉祥賢）逝世，這在仁波伽本傳中是説於午年四十三歲離世務（即辭寺主職）後四十七歲時逝世，而扎喜伯哲（吉祥積）所作傳記中是説於巳年任寺主職，於此後的未年法王朗喀伯讓波（虛空吉祥賢）逝世。兩種傳記所説的年份顯見不合。朗喀伯桑波逝世後，荼毗時發現天雨花，並有無數佛像、舍利等。扎喜伯哲承辦其逝世後廣大的善後諸事務，及建造一肘高的銀質靈骨塔、大佛像和許多經卷。此後他一直作到仲吉領來大軍進攻喀哲哇的時候。繼後他到達隆建立很多導釋的講座，並廣轉法輪，一切行動都追蹤於先德之後，以此他的美譽名聲遍佈於一切方隅。寺中不許進出肉類的清規也是他制定的。有一時間有將傑准吉特巴的寺廟和僧眾都供獻於普遍傳爲帕巴化身的這位大德（指扎喜伯哲），並供齋僧茶時，他於夢中夢到自己頭上戴着五佛嚴飾的寶冠，依這般授權爲教主的許多瑞相，總爲了宏昌佛教，特別是爲了圓滿衮邦朗喀伯讓波（虛空吉祥賢）的意願，他於前後藏一切寺院中都廣大供施齋僧的茶和粥。此後他嚴密閉關精修四年，使三摩地（定力）獲得極大進步。繼後法王衮扎巴來到熱振時，他和法王相見，在法王座前听受《無我佛母十五尊灌頂》等，及《道果》和《呢古法類》等許多教法後，也就來到帕謨住巴的內部，中間時間裏作了許多供獻和賞賜，並談論教義。此後旺・扎巴絳稱（名稱幢）來到拉薩時，他前往謁見，也就在（大昭寺）釋迦牟尼像前供獻三百克（一克七斤）酥油的燈火，以四兩黃金供塗佛面，還供袈裟、華蓋和曼遮等廣大供養。此後他去到耶巴和察區等處，又建造許多達隆湯巴的肖像迎請到杠波去。又在達波大師像前供衣和金燈盒，並安置燈費口糧等。又在桑隆寺也供燈火和衣服，並在敬安・卻季生格（法獅子）座前供獻大氅等九件禮品，及供齋僧茶和散襯錢等。他先後到絳日和康區上部爲他人作調解，或收納供禮，或說法等經歷次數也有不少。當索巴的絳本生格迎請他去的當中，他順便到貢區而爲貢巴的敬安・朗喀伯哲嘉波（虛空吉祥積王）作傳授比丘戒的親教師。在那時枳空寺的仲吉・索朗仁清（福寶）領來兵馬進攻絨巴時，他在堆通波爲絨巴作中間調解人，但仲吉未聽其言。繼後他前往帕讓住來到桑耶時，得到從勒凍運來的茶葉，並得朝拜“桑耶”的一切佛像、經、塔等，特别是他捧着堪布的顱蓋當胸而坐了很久時間。那次去青普時，由於在地勢險峻處，衆侍徒們難於行進，以此有多人未到他的座前而離去。此後去勒凍時，旺・扎巴絳稱（名稱幢）從江嶺住細來迎，他住了四天，供來銀麯寶、金碗和衣服等許多供品。他又去察珠及哲塘等處，在沖堆住了一天而來到梯寺，梯巴做了盛大歡迎，他在茅蓬中謁仁波伽肖像而作了許多祈願。侍徒們也獲得加持，並生起許多驚奇的悟境。他在敬安・索朗扎巴的座前作盛大供養，並供齋僧茶、粥等。而梯巴也對他承事服役並作不可思議的供養。他又到達隆乍閣，此後在歸途中復到拉薩和朗塘等處。特别是他去到甲扎説法時，天雨瑞花壓覆塵埃。那時法王德新協巴應漢人迎請來到大興（譯音）。有垛敦・雪納甲窩希求茶葉和閣讓仁波伽讓伯哇希求酥油，他已預知而賜給他們。當建塑大佛像時，他説就在這裏掘土，如他所預知的決定，果然掘出石環和天藍色的瓶環來。如是的預知神通是難以數計的。有一時間他患重病，由二百五十僧人來誦經禳災，時經三年方才誦畢。那時阿里人的供獻也送到座前，往昔捫香地方有人死後亡者屍體同殉葬活人六七人一起火焚之規。居甲扎哇顯示了許多神通而使此罪孽之規成爲遺跡，杜絶了三十年，繼後至尊宗喀大師時大教皇請派一隱修山人。由此十二年中都在派遣，現在（著者當時）仍請派一人去。以此派喇嘛絳伯生格（曼殊獅子）去後，喇嘛也就爲捫香王塔姑爾説法，又對王獻賜佛像和師帽等許多供品，並對大臣毗瑪那和梯瑪勒二人也寄去賜物，宣讀書語後，王説道：“總的説來，從瑪姑古汝起捫香的皈依處是達隆寺。”説後將火輪（用燈火衝動的自動轉經輪）供獻。又給一個叫麥隆巴的許多黄金復將火輪贖買，後來柳底熱達納王復將火輪供獻。此後有一時間裏説國土中將有災殃到來，一切寺廟都須誦經禳解，旺・扎巴絳稱（名稱幢）也策動廣大修法禳解，朗索方面也作了許多誦經祈禳法事。但是仍然發生了大地震，大寺的東門房屋傾圮，寺中許多茅蓬倒塌。以此一個半月的當中靈骨塔上面搭起帳幕暫作奉安，在侍者們未在時，有一大群岩羊跑來仁波伽座前，將這些野獸趕走後，有一些還回頭來舐（上師）僧衣。扎喜伯哲身上發出美滿的戒香[71]，以此擱置在他座前諸用具物品也部沾上撲鼻的香氣。在晚間燃燈觀看時師身也没有顯明的影子，在室門未開時見室內外都有威神來回跑動，諸大長官和漢族的大人物們也都爲此師身態莊嚴威光懾服而生畏怯。他爲應允敬安仁波伽索朗桑波（福漸）逝世祝福法會充當首座之請，而來到帕譲住寺，教皇扎巴絳稱（福幢）也從垛達來迎接他。當他來到梯（祖寺）的那天，天空中現起彩虹牌樓三座，經四五個半日都還能見。他説：“這次打算安住四日，雖已過兩日，進午餐後，我來到寺院內部時，感覺一切日子也是吉日，一切星辰也是良辰，今天我是有大忙而來的。”午餐散後他略作祈修，此後到一所僻靜室中命準備茶飲而説道：“這是我對你們祖寺的堪布、阿闍黎、新舊寺一切人等聊作一次引來供茶的表示。對法王索朗絳稱（福幢）應陳設高座，其上方安置我的紅色法座，我的侍從服役等人在法王座位的外面安座而坐。”説後請入座而供獻廣大供養。扎喜伯哲説道：“由拘留孫佛所化現的貢波帕摩住巴在此聖地作出利益無邊衆生事業，繼由居惹仁波伽撫育此寺，繼後由敬安仁波伽來主管此寺，直至現在都是由無垢傳承而撫治此寺。我的法王繼承人由你（指敬安仁波伽）來擔任，你當引度無邊衆生，從諸先師所生起悲恩和廣大事業是將會到來的。”敬安仁波伽也答道：“當依教（依你所説）奉行。”

繼後他來到勒凍時，梁波的本喀汝新和崗區之間距離不過二尋（一尋約四肘長度），有些看見他是騎馬而行的，勒清仁嘉哇則看見他是棄馬步行，足不沾水而行進等許多看法。旺·扎巴絳稱（名稱幢）從新巴來迎接，對他作承事服役和作廣大供養，並短程護送他到甲薩，而請他以後再來。他答："我不來了。"説後而繼上歸途。從上方燕王（譯音）賜來顧實印封號等許多賞賜，繼後有一時間裏由於穢障他得了心疾，作了無量的誦經禳解法事，委任法王絳秋嘉措住持寺廟。此後暫時病勢大愈，問其病癒的情況，他説："依靠猛利的出離心而使心風（氣息）收攝於心間而入於中脈。由此增上緣發現前面虛空中從金剛持直至根本上師來到，其下層有許多本尊，及與相近的諸佛、菩薩、聲聞、緣覺，此之下層有勇男、勇女、護法等明顯現起，此後列有大手印諸師自願安住。"他多次承認他是達隆湯巴轉世再來的活佛。由於喉症痼疾他享壽六十六歲時歲次甲辰而逝世。臨終時徒衆問："當向何處祈禱？"答道："送靈之日我將來到茅蓬的上空，及時祈禱可得如願。此外前輩諸師都向兜率祈禱而得如願。"逝世時得聞各種天樂聲音，寢室頂上現起白光猶如立柱。爲衆目所共睹。荼毗發現右旋螺四隻，留下心臟和許多舍利，遺體焚煙所遍佈之處天雨四瓣瑞花，花心爲舍利而下降，諸僧衆的茶碗中也落下許多花雨舍利。

次説法王絳秋嘉措（菩提海），係於癸未年誕生，癸未這一年法王扎喜伯哲（吉祥積）年届四十五歲。這位（菩提海）法王，在伯喀覺巴（吉祥空行師）的語録中説："他是由宿世殊勝願望而在北方居喇嘛的聖地修行而成就他的事業。"由於他成爲姑耶哇的弟子扎喜扎巴的這一緣起，他即是伯喀覺巴。這樣的肯定是有許多的。他年届二十二歲時歲次甲辰來任寺主，直至庚戌年計任寺主七年。

此後辭職作離世務者週遊一切上下各地區而作利他事業，以寢室作茅蓬。最後從貢波漸次來到垛康（青康一帶）教化無量眾生，享年四十六歲於戊辰年在垛康逝世。

法王扎喜伯峨巴（吉祥光），係於戊子年誕生。年届二十三歲時歲次庚戌任寺主。一直任職三十一年，享壽五十三歲時歲次庚辰而逝世。

法王仁波伽昂旺扎巴伯桑波（語自在稱吉祥賢），係於戊戌年誕生。此師曾依止許多大德聽受波羅蜜多和密續部無量教法，又聽受了修派傳承的許多教授，特別是他去到後藏依止湯切欽巴卻季嘉波（遍智法王）等許多大德。曾在伯謨卻頂和那奇等許多勝地住險，他的美譽名聲傳遍一切方隅。年届四十四歲時歲次辛巳任寺主。此師的內證通達和一切修持是無與倫比的，對大寺的一切承事服役也是殊勝卓越，對僧伽大眾也作出宏大的事業，屬於達隆湯巴的世法事務也是這位法王（昂旺扎巴）在位時發揚光大的，瑪根絳疆土以上的一切事務，都是在他的威光鎮懾下而成功的。一切三藏法師來到他的座前都感覺他那深不可測的智慧而生畏怯，以他的現今行事作風來説是賢善的，他的內外一切財富受用來説是遍滿充實的，以他建造大佛像和廣大的供施等事業來説是不可思議的。繼後他使年届十三歲的温仁波伽繼承寺主位後，法王（昂旺扎巴）自己也就離一切事務而長久安住。

法王仁波伽扎喜伯哇（法王大寶吉祥），係於辛巳年誕生在傑瑪地方。依止法王（昂旺扎巴）聽受嘎舉派所有一切教法。年届十三歲時繼承寺主位。

總的説來，此間雪域西藏的傳統，如拉薩甥舅盟碑中説：“幼化王拉·贊波峨德（光軍王）統治西藏疆土以來，成爲主要傳統的，是作西藏歷代的諸大王。”這是説從傑粟赤贊波峨德（肩輿王光軍）起直至惹巴瑾[72]以前共有王朝四十二代傳統，撫治西藏一切人民。以此應知這樣的傳統世代是源遠流長而有大恩德的。繼後由赤松德贊王[73]作施主，堪欽細哇措（寂護）[74]作堪布（即親教師），而有應試七人[75]等出家，具足一切無過的戒律，而始有一切人士能以善巧才智講説三藏（經、律、論）教法之到來。自從朗達瑪[76]毁滅佛教，因此（以前的）出家教法的存在時間不過六十七年之久。此後約七十餘年之間，由於前後藏遍地都在戰亂中，没有僧伽大眾。繼後始由大喇嘛和前後藏六人或説十人之恩，而發展出許多僧伽各部。但是由於各部彼此鬥争和後來大元軍兵殺害熱振寺僧眾約五百人，及在嘉區殺害約五百人馬，而使佛教出現許多興衰的景象。後來由上師帕巴（即帕思巴）的恩德，薩迦派[77]作了藏、衛、康三區之主。然而由於後裔中發生親愛疏憎的紛争，而使薩迦統治僅有七十五年。又才由至尊達波（指達波嘎舉派）的弟子，再傳弟子等建立各大寺廟和僧團。但是敦薩梯（帕住嘎舉派祖寺）寺中，自從卓尾貢波（眾生怙主）逝世後，很久時間中没有繼承寺主之故，而發生衰敗。此間西藏地區在一地建立大僧團的，應是枳空大寺。可是後來薩迦派對該寺放火，以致寺廟和一切佛像、經、塔全毁，而發生許多禍害。至於達隆派系（即達隆嘎舉派），最初由達隆湯巴建寺，直到而今（著者當時）出有多代上師傳承，寺廟和僧伽各部也都幸福美滿，而且誰也不對他們作損害。大元大軍來時，諸軍雖游戈於頗垛的前方，但對達隆湯巴無絲毫損害。後來枳空派領來僧俗二眾的隊伍佈滿扎塘的大平原上時，達隆派以一支祇有百餘人的兵馬而大敗之。總的説來，達隆派建寺以來直至而今（著者當時）雖是年代攸久，然而寺中禁止婦女到來的清規和修行的立規未廢，這是無與倫比的。這些都應知是次第而來的諸師成就者的加持所致，令人想到也是由於那些諸師配合緣起極爲善巧，以此建寺後能悠久的存在。計該寺從庚子年建寺以來直至而今（著者當時）丙申年計算來已經是過去二百九十七年了。

次説桑傑温，此師係桑傑雅郡大師年四十九歲時歲次辛亥誕生於康區中。幼時父母領他來到朗里那的內部時，他足穿小靴來到雪地之上，做了在雪上行走而不留足跡的異事。此師係傑崗波哇的轉世活佛。在他許多神變故事的開始即不留足跡的異事，繼後他同村裏的童友們到山中拾柴時，他變化出和他們相似的許多兒童來，又在遊戲中他強奪了一些女孩的裝飾品，以此許多男子追拿他時，在中途他變化大湖泊使追者不能來到，如是等童年時代的神變故事是有很多的。他年屆十三歲時在桑傑雅郡座前出家爲僧，也就在桑傑雅郡座前聽受所有嘎舉派一切教法和卓尾貢波帕謨住傳給達隆派的耳傳諸法。此外對於三藏和密續部他無不通曉，曾對堪布湯薩巴等人講説《中觀廣釋》等教法，爲利他之故，他講説《密集釋明燈論》等許多論著。他的真名叫扎巴伯（名稱吉祥）。桑傑雅郡逝世時，將寺廟託付給他。總的説來，桑傑雅郡是純以閉關專修爲主的大德，由於帕思巴的到來而始來到僧會中和帕思巴相見。那時將温波芒嘎那姑汝托給帕思巴主管照顧，而桑傑雅郡也對芒嘎那姑汝説了許多應作寺主的原因。以兩師對上師祖寺之心來説，是相同的。由於上師帕思巴作了芒故哇（意爲多篷派，仍指達隆修派）的主管人，因此桑傑温任寺主一年後，須得去到康區。可是達隆法王清涼室中的毗盧乾像等他裹成皮包而掌握着。此外稀有的佛像加持物等，至尊彌拉惹巴的手杖和用瓢他也收藏起來。薩迦派差來金册使者索將手杖和用瓢交出。由於未能交出，金册使者脱下僧衣而説道："請求釋放我和給我一小筐（言難復命衹好去乞食）吧！我是爲關心而這樣做的。"温説道："這是由於不看情面，才有彼此互不相信的到來。"外面所有僧伽大衆也請求交出才合理。因此温説："桑傑雅郡留有話説，'你直至未死之前都要和僧衆們相結合。'既是這樣，我是到死之時。"説後繼即病倒，猛利祈禱才得脱病。此後於丙子年也就到康區，他年届二十六歲時建類烏齊寺，直至而今（著者當時）仍然是康區最大寺廟。以此想來或許是桑傑雅郡也善爲觀察到邊區和腹地而對兩位温波（姪兒即桑傑温和芒嘎那熱達納）都吩咐當住持寺廟。桑傑温享年四十六歲於丙申年逝世。

次説垛巴•達瑪協饒（宏智），此師係桑傑雅郡年届二十六歲時歲次戊子誕生在貢德垛惹地方。他依止於桑傑雅郡的座下聽受諸教授，他自己的語録中説："桑傑雅郡成爲英扎菩提時起，我和他相見，從此經多生中都得（師桑傑雅郡）攝受，現世更獲得圓滿的恩惠。"此師六十一歲時建公貢寺，享壽八十三歲而逝世。此師也是獲得大手印道中人，僅誦經文即能摧動護法神等。以此阿扎惹巴希來到蕩區時，催要馬僕，他差遣出許多猴子去作馬僕。最初他衹對桑傑温敬信。以此有所貢獻都送到類烏齊寺。而對芒嘎那熱達納（或作姑汝）不起敬信。後來他説芒嘎那也是獲得成就者，先後也供獻了不少供品。從温波芒嘎那起歷代寺主是温波芒嘎那熱達納，此後爲梁麥扎巴嘉波（無等名稱王）、傑卻朗喀嶺波（虚空藏）、朗喀伯哲嘉波（虚空積祥王）、伯哲嘉措（吉祥積海）、伯哲讓波（吉祥積賢）等人。以上係達隆巴弟子等的階段。

次説卓貢大師的大弟子薩惹•嘎敦耶協生格（具緣智獅子），此師前生是生爲康區枳普地方的男子時，名卓哇，特汝是其族姓。

那時母名瑪薩白瑪。其時從尼泊爾和西藏交界處來了一位瑜伽士鄧卻堪布（勝樂師），此師給他灌頂，並賜一妃子和一黑奴。那地方中有弟兄五人，老五兄弟將他的妃子搶奪，而且還來殺他時，他驚懼而睡在庫洞裏。黑奴對他說："不必驚懼，我可以殺掉老五汝格。"黑奴掌心中有利劍的標幟，他繼即將汝格殺掉。薩惹說："肯定的說，作灌頂的堪布即勝樂金剛，那妃子即扎根瑪，黑奴即是吉祥怙主明王（護法神名）。"薩惹·嘎敦耶協生格（簡稱薩惹哇）此生誕生在擀嘎地方中。童年時牧羊去到山口，遥望帕謨住巴寺所在的山頭，立即油然生起修行思想。有兩位大修士對他談説修法後，他想如果這種説法是修法的話，這種修法我也知道。於是他去到帕謨住巴寺中謁見卓貢大師。大師説："你前生是一賢良的大修士，但是背誓棄盟的願望存在。由於是賢良的大修士，在母體懷胎時，母親的身心都感安樂，你自己也是自然地現起修境。有背誓棄盟的相徵是，睡時非俯面向下不可。"經這一次的導示，以此他生起殊勝的覺悟，並給他命名叫嘎敦耶協生格（具緣智獅子）。後來他在扎饒建薩惹寺，而在寢室的陶土牆壁上也記録有他的多生事記，他在帕謨住祖寺中也建有大茅蓬等而表示極大敬意。

次説耶協生格的弟子漾桑卻傑（漾桑法王，漾桑嘎擧派之祖），父名章謨江，母名香江綳吉是一空行母。此師於己丑年誕生在章謝區的瑪謨地方，童年時送他到甲信，他對於敬供三寶成爲善巧精通者。房主對他説："你若成爲出家僧，是極適合的。"他在一位後藏人名正·堪布卻敦的座前出家爲僧，命名卻麥朗（法願），繼後到切嘎他在諸阿闍黎座前聽受《毗奈耶》和《甘丹法類》，那時他能自然生起修的功能。阿闍黎説："這位小僧人有賢善的三摩地。"此後他年届十八歲，想作比丘，而於嘉杜寺中親教師魯嘎，阿闍黎貢格哇·梁·達瑪思吉(盛威),屏教師討本麥洽(霹靂)等師座前受比丘戒。此後五六年間都在親教師座前精研《毗奈耶》。因此普遍稱他叫魯·持律師。他年届二十二歲時歲次庚戌,頂巴譯師逝世的超薦法事和熱鬧的法會作法等,他同前往那裏的諸人也都看得一清二楚。他年二十五歲時在尼達寺中,遇着堪布將説四種法類時,他任副法座能從心中熟記而説經教本文。在堪布座前他以《華嚴經八斷行》一本和優良鎧甲一件爲首的供禮作供獻時,堪布十分喜悦而説道:“你此身中將會集攝許多教法。”年届二十八歲時他曾當過一度甲信寺僧眾的好管家,那年他因堪布魯嘎逝世生起哀傷而呼號!繼同一些山人結伴來到乍區,聽説“薩惹那裏有一名叫嘎敦耶協生格的,是真正佛陀,蜂群也在其頂上結成傘蓋而護其身。他是帕謨住巴的大弟子”等語。他生起敬信而去到薩惹,僅一見師之下,立即生起同師心體無二無别的證悟。此後他到後藏作漫遊,和息波堆枳相見而求得所分給的青稞,並親見阿闍黎扎伯和江若達貢的真顔。後來去烏汝聽説喇嘛香造亂事,以此他不起敬信而未去謁見,但後來他對喇嘛香生起無量信解而仍視如上師。他又在澎裕乍嘎寺乍嘎哇座前求得《發菩提心戒法》傳授,嘉裕魯貢座前求得皈依。此後他去楚温,因此和傑·枳空巴相見,而在枳空座前聽受了一座(即一次)教法。他年届三十歲時在綳信寺修捨此世間心。在第二年來到薩惹哇座前,薩惹問道:“你是否得過灌頂?”答道:“未得。”以此授命於阿闍黎温波,由温波傳授他以《瑜伽母灌頂》。他在那裏生起無量三摩地門時,薩惹哇對他做了許多良好的授記(預言)。此後他在惹謨區彌拉惹巴對熱穹哇授記的塔隆地方和曲姑故等處安住。第二年他來到薩惹哇座前獲得傳授他以《大手印心要》,特傳《耳傳識面》和方便道《那若六法》等。師説:

“現在我有傳嗣人了。”説後十分歡喜。他在綳信時冬季裏的刺藜樹上開出花來。因此大眾歡歌，對他供以鮮花，美譽名聲普遍稱揚。又其父患病將近垂危時，信波堆積前來作加持。他在塔隆住時，生起通達因果等的不可思議功德。他又在阿闍黎梁貢座前求得《那若六法》和《長壽修法》，這位梁貢師係松巴的侍者。繼後他來到窩德貢嘉，想安住下來，因未能如願而返。又在康布雅勒座前求傳《厥法一座修法》。繼後薩惹哇修建帕謨住寺的房屋碉堡工程時，他也參加修造。薩惹哇對他説：“你去南方搬運木材來。”他未完成任務。以此薩惹哇説：“你雖是未能運到，然而爲我運木的動機未損。”他年届三十六歲時歲次甲子喀欽班欽來到西藏。他年届三十八歲時歲次丙寅由香布承許給他當施主而建漾桑寺。第二年即乙卯年薩惹哇逝世，此後由他撫育僧會的一段時間中，他説：“他自己即是松贊干布，並説出松贊建昌珠寺[78]的情況和秘藏財寶及密法的許多情況。”又作頌説：“值我五百最末期，四百二十五年時，南方裕波疆土中，金年將有大象生，達摩乍尼是其名，亦是彼王之名稱，能説一切諸正法。”這位漾桑法王在建寺後，他接受上下烈區、措納、洛扎、雅隆東西等處各施主的迎請，主要是請轉法輪（即説法）。在洛扎説法的法座就有四十五台，在烈區有四十七台。據説將這些座台當作靈塔來供奉有大加持。他處和雅隆東西諸處作爲轉法輪的主要地點，但有若干台法座未能計數。轉法輪時供獻來的諸供物，有許多先後都寄送薩惹寺。他多次親見具足威儀面帶笑容的薩惹哇（死後爲他現身）身像。有一時間中他在香布甲寺僧伽大眾前作集會宣講。以此應召而來集會的黑白帳篷就有三百五十座，出家眾有一萬五千人，堪布庫巴委派出的領誦師就有三百人，漾桑派的居山修士就有二千一百人前來集會。並對甲惹窩窩以上，嘎扎以下，達波仲喀以上，揑嘎貢波涑以下，卓須洽措以內，扛巴色曲喀以上，洛扎當須以內，直至雅隆甲薩之間都作封路不准通行。這位漾桑法王做了很久利他事業後，享壽六十五歲於辛巳年逝世。

此師所教化無量有情中，有著名的四“貢”（意爲修行）弟子是：烈麥伯日哇・桑傑甲貢、閣涑巴・桑傑拉貢、色德・桑傑勒貢和貢色哇、桑傑嘉貢四人。在漾桑法王逝世後，由其侍者仁清覺色直至壬寅年之間繼任寺主職務九年而逝世。此後由垛敦嘉補格哲峨（善美光）從癸卯至庚辰年任寺主職三十八年之久。此師建大廟堂。此後由喀曲哇・卻桑峨（思法光）從辛巳年至戊戌年任寺主職共十八年。此師曾獲得大成就師鄔金的弟子多傑倫覺瑪（金剛瑜伽母）授記（即指示預言）。此後由薩惹哇・鄧勒峨（幸福光）從己亥至壬戌年任寺主職二十四年之久。繼由烈區三部中的塔巴嶺寺掌管寺廟。此後由涑居巴（意爲傳嗣人）・扎喜峨（吉祥光）從癸亥至庚寅年任寺主職共二十八年，此師係譯師扎巴絳稱（名稱幢）的再傳弟子。繼後此師將寺廟交付拉・扎巴峨（名稱光）後，他自己作離世務者。這位拉・扎巴峨係乙亥年生人，年届十七歲時從辛卯至甲申年任寺主職五十四年之久。享壽七十歲而逝世。這是拉（扎巴峨）掌管祖寺的簡史。而此師又作過法王喇嘛蕩巴的寢室僕人，並依止布頓仁波伽等許多上師聽受不少的教法，此師座前法王拉康頂巴前來親近而聽受許多教法。此師之後由拉・索朗峨熱（福光）從乙酉至丙午年任寺主職共二十二年。此後由敬安・索朗峨哲巴（福光美妙）從丁未至壬申年任寺主職共二十六年。此後爲酉年無寺主繼任。此後爲甲戌年委派出敬安・多嘉哇任寺主後直至癸巳年共任職二十年。從癸巳到現在（著者當時）丙申又已經三年了，統計漾桑法王從己丑年誕生後直至現在（著者當時）丙申年共已經過去三百零八年了。這一寺統在拉・索朗峨熱（福光）任內是接受上師薩迦派仁清伯（寶吉祥）的策動和指示的，由章巴・朗喀絳秋巴（虛空菩提）提倡聽聞和講説教法之風以來，直到而今（著者當時）説、聽之規仍未中斷。以上係漾桑嘎舉派的階段。

次説具德帕謨住巴的弟子傑准嶺（至尊洲），此師出於梁堆日比郡勒（明生處）所建朗波納納嶺上下二寺中的下寺派系。父名嘉補甲哇波是一位通曉許多密咒修法和以醫卜才能爲生的人士。母名樹謨達穹。此師於戊申年誕生，命名白瑪多傑（蓮花金剛）。童年時即已學會書法和念誦。年届八歲時在拉傑惹麥座前供獻了一塊土地而求學醫道，後來學成善巧通達。年届十三歲時其父逝世。他十七歲在阿闍黎嶺師座前受優婆塞戒（即居士戒），並聽受阿闍黎伯央（妙音）的《六種明燈論》等許多教授。繼後他和一長官爲斷嗣而不和睦，以此他使對方衰亡，普遍傳稱他有神咒力。繼後他在格西窩瑪塘巴座前出家爲僧。修覺敦所傳禁戒苦行，後在惹、嘉二師的弟子鄔巴香座前求得覺謨諸法類。繼到魯區的色巴隆在惹譯師座前聽受《時輪》《勝樂》《能怖》和《亥母》諸法。繼後行乞食週遊時，被一女醫引誘而敗戒。此一因緣是：往昔除邪信如來（一説即拘留孫佛）教法興時，有兩位身爲比丘的菩薩爲婦女大眾説法，有一比丘有六十人的僧團對兩菩薩所説法，誹謗説是淫欲法，以此諸人士也就對彼兩菩薩失信。由此猛利業力而使比丘六十人墮入地獄長久受苦，後在釋迦牟尼出現於此世時，六十比丘獲得人身而來到釋迦佛座前。佛世尊爲彼等説往昔業力因緣，於是六十人再懺悔，但是還有餘業未淨。佛爲授記（預言）六十人將生於惡劣地方貧窮族姓中等語。傑准嶺即是其中的一位（六十人中）名絳秋生巴准珠（菩薩精進），後來閱讀《寶積經》而得預知神通。因餘業未淨而感此生復與女醫相結合，以致退失出家戒學。因此女醫說道："我的父母是大富有者，他兩無子嗣，以此可以取得財産。應去到穹昌巴大師座前求傳教授，我二人雖有業力，但對求傳教授秘訣是無妨害的。可是穹昌之法據說是金法（言用黃金換來的秘法），因此當攜帶從父母手中得來黃金而去。"於是來到穹昌巴座前聽受熱穹巴的諸教授。在那裏父母二人也來到，各穿着一布衣。由於穹昌巴說了許多親見熱穹巴的話，他們略生疑惑。據說因此後來雖獲得很高證悟，但暖火的功用仍是不大。在那裏父母二人都作熱巴（單衣行者）裝，穹昌巴又命他們到熱穹巴的寺廟去，因此他們攜帶了一部分財物到諾惹。當時傑准嶺年屆三十五歲是於壬午年到諾惹的，可是熱穹巴已於去年歲次辛巳年逝世而未得見。此後他去到熱穹巴的弟子松巴的座前是在閉關的當天晚上相見的，他向松巴祈求道："我不顧千里迢迢而來求法，我心中是希願求得教授。"以此松巴說道："教授是必須傳的，但你先到阿闍黎諾師前去求灌頂後再來吧！"在以諾師爲首的僧眾中，熬供飲茶和做了很好的安排，而且也求得灌頂。繼在松巴座前求得諸教授，每求一次法也供一次飲茶，據說後來茶未缺少過。松巴將所有教授完全傳授給他們，而且使他們心中生起每句有多義的細釋。以此獲益不小。由於得到教授完全的傳授，使他們心中生起了現在南贍部洲中說到教授方面較我們廣大的，是没有的思想。當他們開始在松巴座前求傳教授的當天晚上，他（傑准嶺）在夢中見一白人來說道："從今五年後，你的事業將得成就。"以外他又在布貢和甲波哇等諸大德座前也求得一些教授。此後他年届三十八歲於乙酉年大德松巴對他說："現在你走吧！我這烈區是餓鬼死亡的地方（言凶地）。"此後於當年他來到帕謨住寺，在冬月十八日，日曜返回的那一天來到卓尾貢波（眾生怙主）法座前謁見，對大師生起無量敬信，甚至對那裏的樹木和飛鳥都認爲是變化而出的。卓尾貢波對瑜伽士成爲夫妻是不喜悦的。可是對他嶺熱極爲歡喜，在那裏卓尾貢波傳授了修法導釋。他立誓閉關而修，僅修三天而生起了無比殊勝的證悟。遂不觀待於七年七月七日的次第而開關來到卓貢座前作出證悟道情歌供師道："上師親説原始義，命我當修我已修，拋能所修得通達，稟師我已開關禁。"因此卓尾貢波對他極爲歡喜。就這樣他在帕讃住寺住了夏季的三個月。此後他又在温彌頂和覺讃等處安住。後來仍回到卓貢座前。師説："現在覺讃那裏是適合的。"答説："那地方過去也多次差我去而我未聽從。"師説："這次差遣你去，我也將作一緣起。"説後隨作送行，送到絳塘的雅庫時，師對女醫説："我對你父母的財物没有大用處。現在回家鄉去享受你父母的財物吧。"説後命她走了。繼後又回來，而且有一段時間裏，傑准嶺從桑日得一婦女用作手印，但想到極爲不妙，而吩咐她道："切勿隨我之後趕來。"然而她仍追隨不捨。因此他向康區逃奔，而取道杠波，以此和阿闍黎貢巴相見。又從梁波而來到納雪，在這裏雖有人供來諸供物，可是他説："我不出賣嘎舉派的靈魂！"而未納受。後來桑日的那一手印母前來康區尋訪傑准嶺時，死於途中。此後在達貢寺附近的一山中長出一樹林形如婦女，也就成爲掌管她的非人（鬼神）了。哇敦對他説："你不納其他財物。但是你須騎我這馬，並熬我這茶。"説後也就供獻。因此他説："這馬到帕讃住寺作供獻，由於我對馬無貪戀，供獻給嘉哇諸師。"遂來到諾若，將馬供於諸師，松耳石供於松巴上師。在其他諸師也作了一些承事供養，繼在讃薩安住。繼後他遊到帕讃住寺時，卓尾貢波已逝世，而且荼毗諸事也完善。他供施一次齋僧茶飲在約有千人僧會列席中他作有道情歌中說:“猶如殊勝城,‘帕謨住’寺中……”等句。繼後他週遊前後藏許多地方,章波前來迎請他到昌波住了一些時間。喇嘛香請他爲亂事作助友,他阻止了頗章喀曲、特鄔穹哇等處的兵馬。由於他的福德興隆,以此手中有許多財物,他寄供建造大佛像足夠一半費用的財物,他人供獻給的經卷等都寄供與帕謨住寺。他前往帕謨住寺的途中在桑耶淨相(一種定境)中發現有一藍色婦女鑽入一經函中,之後他對教法的視野獲得通達。由於他得到空行母的授賜,他對於一些續部的釋論,肯定其爲意造者也有很多。總的說來,他著有《續部解說》《明燈六論》《心金剛讚》《入瑜伽論》《勝樂曼荼羅儀軌》等論著,上師修行的傳統作風也是從傑准嶺而來的。他在一切方隅廣作利眾生事業而且是巡迴而作出的,後來掌管了納普寺的産業對於利他事業也作了許多救治,並對那裏諸弟子以導釋次第和僧會說法來教育他們,他在那裏安住時,講說第五誓言,由於有兩位誓戒不淨的人來到,還有餘法未說而收場,於戊申年四月二十八日享壽六十一歲而逝世。在書冊中獲得他早已立下的遺囑中說:“我的身、語、意三者和一切如來的身、語、意無二無別,住在一切有情的身、語、意三者中。如能恭敬而祈禱,是能有意義而將獲得如願成就的。”有一些筆録是傑准嶺在壩普哇座前聽講《垛哈》後而做的。可是他所著的《垛哈釋疏》顯見和壩普哇的言論略不相符。

傑准嶺的弟子法王章巴•耶協多傑(智金剛),此師的誕生地是哈窩杠的山頸——梁堆庫勒。父名甲樹波操巴,母名瑪薩正吉。父母有子七人,章巴居最末第七子,係辛巳年生人。其父因有子多人,對他不甚珍愛。其母將他托給一苯波[79],命名雍仲伯(永固吉祥)。八歲時其母逝世,年屆十二歲時兄長嘎敦(具緣)領他到章絨在訂業喀哇座前學習誦讀。十三歲時在阿闍黎達湯巴那裏住了三年求得《現對法》《瑜伽》《息結》等教法。年届十五歲時去到阿闍黎喀隆巴座前依止八年中聽受了《大圓滿》和《因明》等論。在這裏他雖得一病，但不須閉關而愈。又在阿闍黎柯熱哇座前聽受《大圓滿智理圓滿》。又在阿闍黎章察座前聽受《幻化》和《大悲觀音秘藏法》等。又在索·達瑪生格（盛獅子）座前聽受《入行論》。在庫隆的拉傑·袞嘉（普勝）座前聽受《文殊名稱經》。在溫塘的阿闍黎杜真座前聽受阿底俠尊者傳規的《大悲觀音法門》。年届二十二歲時其父迎請阿闍黎喀隆巴登法座而説法。他曾在安哇桑茅蓬住過。此後傑准嶺在惹隆住時，他僅以一升鹽作爲見面禮品而求得許多講授。他説："講到業力聯繫時似乎有所覺悟。"繼後他去到納普求得教授，由此七天后便能作單衣行[80]。不幸在那裏久患痘症，病癒後求得達闍瑪覺松的妃子而供獻於上師，並呈獻茶房工役。那裏正修供殿，以此制定僧人如往他方和間斷工作時，罰黄金一錢，因此他獻黄金一錢求准間斷的批文。師説："你前往特鄔穹去吧！"他在那裏經過思考，心知如使上師不喜，則我會成爲修何教授都不起功用的人。於是人生畏懼而捧着一捧紅糖來到上師座前説道："我錯了，來求懺悔！"師説："嘿！這才是知道佛法的行爲。"説後大生歡喜。此後做了五個月的修造工作，而修行也生起極爲稀有的進步，而供殿也完成。四天中他寫完一張紙（西藏紙幅面長大）的文字，也求完一切教授，同時還和一位名達垛的談論教義，而達垛不能勝。因此普遍傳稱他是智者。師説："你問我一法義吧！"他説："這是没有的話。對上師若是過分，那如何可以呢？"師説："我可以開許。"於是他請安立法身之相。師説："應是離遮生三要（即是法身之相）。"他反駁師説："那麼，虚空也應是法身。則犯過。"師無言可答，而對他極爲喜悦。他回鄉取糧，順便給父親作了一次《亥母》的加持。繼後去納普後，冬季閉關精修，獲得風息（即氣息）内外都能增加的功能，及通過牆壁毫無阻礙，戰勝諸煩惱等功能和釋論所説相符合。以此情況稟告上師，師説：“至尊彌拉惹巴也發生過這樣的情況，甚是稀有！”總的説來，在納普住了五年的當中聽受完一切教授，繼聽受完一切“釋義導修”而精修，並附帶説法，對會議和大衆公務仍未斷缺。又在阿闍黎峨巴昆仲座前聽受《金剛幕標示》《瑪哈瑪雅》和《文殊名稱經》等法及傳統作法等。又對至尊納普巴的論著筆録了一遍，又對朋輩中力弱諸人的寫本，遺缺未完者説明作了填補。此後他請求前往他處時，師作授記（預示）説：“你不僅是我的領頭徒（言以後徒作帶頭人），而且當作捕龍人（言將成道）。”上師又説：“現在我開許修習，但應研習方便道。”於是他去到嘎桑座前説：“上師如此説作了開許。”嘎桑説：“我可以爲你服務，我因你而來作了許多好夢，你是極合於出家作利益衆生事的。我的這位上師算得是恒河以内有最高證達的一位大德，自願而來集會的男子，則是我等。”章巴説：“請代求我去到喀曲修行。”以此得到允許而來到垛安下區色頂後乞求糌粑時，有一老人問他：“你是誰的弟子？”答：“我是傑准嶺的弟子。”因此老人説：“他的話未必可信。”他返回而來到納普時，嶺師已逝世，他就在那裏爲師作圓滿心願等方便（如薦亡祝福等事）而安住。繼後在夏季有諾若耶貢等請傳四種導釋，他來到惹隆，傳授完諸導釋後，他的福報也隨之而增長，以小黄馬一匹供獻給納普的阿媽覺謨。直到給靈塔作開光法事和圓滿寺廟的願望後，師徒七人來到喀曲在甲普金閉關精修，以此發生河水氾濫，鬼神作亂，全身病痛等災障。遂在那裏將一切災障鎮伏後，而證悟也如向空旋矛揮舞無礙了。並且也見到一些緣起的扼要，在那裏親見耶協貢波（智慧怙主），那時修風息加行，僅穿一破衣也有大神力，而全未考慮豐衣足食侍眷圓滿等。他在那住了三年後也在這段時間中，他將至尊熱穹哇所埋藏的《等至味著（定味）法類》掘出。那時他年届二十九歲時歲次已酉。此後他前去謁見垛窩熱巴而求得《六法導釋》的傳授，垛窩說："你是一位曾修者。"繼後他在甲居和曲窩惹等處都住過一些時候。繼來到枳空寺在僧會中聽受説法，他上書請求傳生起悲心的方便。因此將他叫到上師座前而命他出家爲僧。他未從命，悲心也未得發揮長進。此後他由梁波轉道而來到杠波和咱日住了一夏。此後他到吉雪後建隆垛寺。之後立即到喇嘛香座前陳述證悟情況，喇嘛香心生歡悦，他求傳生起悲心方便。喇嘛香説："你當求傳教授。"而且傳授他以《悲心强行生起法》。他獲得悲心極大生起。師對他説："你無論如何出家吧。"於是他求索巴作授沙彌戒的親教師，喇嘛香親自作授比丘戒的親教師，正值他年届三十三歲時，出家、沙彌、比丘等戒一次全圓受完。繼後他在後藏和波瑪等區的卓博和絳察喀以內地區建立講説導修之規，對他者所供財物受用概作有意義的事業，又作調解糾紛亂事，和供獻上師寺廟等無量事業。他在珠區建寺後，就在當年收管到約千座茅蓬。此後他又到各地區廣作利益衆生事業，而獲得無盡的財物，全都分散於教法事業中。如是他任到何處一切方隅，都是受用無盡。廣大衆多弟子中能使其厭離世貪，修捨此世心，敬信上師三者爲主要修持，而且能現起大手印證悟者約有五千人。他吩咐説："應於鄔仗那、那爛陀、喀察、靈鷲山、漢地五台山、咱日、俠鄔達閣、底斯等聖地作終生修行。"並將徒衆侍眷等分發出去。去靈鷲十八日途程中全都是他的不丹徒衆所佈滿的地區，而且凡是不丹的大修士，都没有部類和派系門户的糾紛和親愛疏憎的成見，全都是意氣極爲温和的人士。這位法王章巴普遍傳稱他是那若巴轉生的活佛，而大多數人士也承許這一傳稱。後來他圓滿了此生事業後，享年五十一歲於癸未年六月下弦初十日黎明逝世。火葬遺體之日，空中現起虹幕，天雨瑞花。二十一節脊椎骨上每節都現有一尊觀世音像，共二十一尊觀世音菩薩像。這些全都奉安在其內部靈塔中。

此師在作出廣大的利他事業中，出有最勝弟子是：最初出有壩、江二大弟子，中間出有甲、哲二大弟子，最後出有諾、閣二大弟子。

此中先說壩日哇，此師原先是喇嘛香的陳設垜瑪供者。當他來到法王章巴座前出家時，章巴對他也十分歡喜，他也對章巴生起敬信。章巴對壩日哇預知是個大有饒益的人，喇嘛香也命他在章巴前求得教授，因此生起殊勝的修持。此師建壩日絳秋貢嶺（菩提上寺）普遍傳稱他擁有廣大神通，而且他作了廣大的利益衆生事業，從這裏分出的支寺在曲窩山口東區等處都有不少。此師的最勝弟子名傑・貢色哇，是一位親見貢波（大護法神）並有許多成就徵相的大德。他的寺廟也在壩日附近。

次說江讓喀巴，此師先是鄧哇金寺的一位善知識，當法王章巴在珠區住時，他和法王相見而聽受教授，由此生起修證。他在布區建江讓喀寺後，作出了廣大的利益衆生事業。

中間所出的甲雅巴，此師在扎區的薩波普建甲雅寺住後，廣作利他事業。以此又名甲雅嘎舉派。

又中間所出的哲讓哇，此係以寺名（哲讓）名人。寺建在梁堆地方。

至於最後所出二大弟子，將在下面詳說。

再說法王居波逝世後，繼由温（姪兒）・熱・達瑪生格（盛獅子）

任寺主職。此師係日季温波卻的兒子，也是後收的傑閣昌巴等諸大弟子的上師。此師係丁酉年生人，他年届三十五歲時，法王章巴逝世。他自己享壽六十一歲而逝世。

達瑪生格之姪迅魯生格（童獅子），係庚申年生人。此師修得“暖樂自在”。因此凡是在他身邊的諸人都没有畏懼寒冷的（因暖火向體外發出暖氣）。他年届三十八歲時，温熱達瑪生格逝世。他自己享壽六十八歲於丙寅年逝世。

迅魯生格之姪名尼瑪生格（日獅子），係迅魯生格五十二歲時歲次辛亥年生人。此師也任過壩卓多傑嶺寺的寺主。享年三十七歲於丁亥年逝世。

又播甲哇·生格仁欽（寶獅子），此師係迅魯生格年届五十九歲時戊午年生人。享年五十六歲於癸丑年逝世。

又居松巴·生格嘉補（獅王），係己丑年生人。他年届二十五歲時播甲哇逝世。享年三十七歲於乙丑年逝世。

又絳央袞嘎生格（妙音普慶獅子），係播甲哇逝世後第二年歲次甲寅年生人。享年三十四歲於丁亥年逝世。

又洛卓生格（智獅子），此師係袞嘎生格年届三十二歲時歲次乙酉年生人。享年四十六歲於庚午年逝世。

又有協饒生格（慧獅子），此師係洛卓生格年届二十七歲時歲次辛亥年生人。享年二十二歲於壬申年逝世。

又有協耶仁清（智寶），此師係洛卓生格年届二十歲時歲次甲辰年生人。他享年五十歲於癸巳年逝世。

又有朗喀伯桑波（虛空吉祥賢），此師係耶協仁清年届三十五歲時歲次戊寅年生人。享年二十八歲而逝世。

又法王袞嘎伯覺哇（普慶富），此師係戊申年生人。他曾主持珠惹隆寺，並依止楚細·朗喀倫覺（虛空瑜伽）等許多上師。後來又任杠波寺的寺主。享年四十九歲於丙申年逝世。此師在巴卓、後藏、前藏、達波、公波、烈、諾若、妥擀等處度化廣大眾生，而住在法王杠波哇的寺廟中任寺主。後來他將寺廟託付於杠波哇的傳嗣而作教化眾生事業。以上係法王章巴歷代弟子寺座傳承世系。

上面聽説最初和中間共出有四大弟子，他們唯以利益眾生事業爲務，這是肯定的。可是他們的史事，還未見有具體而清晰的。

再説最後所出諾、閣二大弟子中，先説法王諾熱巴，此師族姓爲諾朗，以此而立族名。爲熊區有名大氏族。父名倫覺（瑜伽），母名麥薩吉。夫婦二人無子，於大悲觀音菩薩前作供養，而祈禱子嗣。因此獲得觀世音菩薩的加持，母懷孕中發現各種瑞相，繼於丁未年誕生此師。幼時由於有宿世修法習氣，不染其他兒童嬉戲習慣。年届六歲即已精曉誦讀。他年届十六歲時，法王章巴住在熊區時，他來謁法王生起信仰，並對法王作出廣大的恭敬承事。年届十七歲時，傑貢瑪到業塘作調解糾紛時，他和父母一行三人獲得謁見傑貢瑪。十八歲時他私逃到覺謨隆在堪布伯底座前出家，命名旺秋准珠（自在精進）。繼後他在傑貢瑪座前安住下來，他的家鄉發生騷亂時，傑貢瑪向他説："衹要你不要往災厄方面去，這次你去吧。"他來到家鄉後，諸親族商量使他娶妻將他羈絆起來。他的母親對他發出暗示，因此他能逃到傑貢瑪座前而求傳授了"齊輪火"等教授導修諸法而修。那時他生起殊勝的"暖火"，以此能作"單衣行"[81]。那年秋天鄉里來迎請傑貢瑪去説法時，他的親戚人眾請求法王傑貢瑪命他留在鄉中。對於這一答復他請求由自己作出，他作答復道："我死時也不會落到你們親戚的手中，縱然危及生命，我當作到没有留下的機會"等語。在那裏僧會中一切大眾聽得此等話也無不流淚，在那裏的父親等人眾遂斷絕了私自的希望。法王傑貢瑪説："能曉今生和後世的漢子，今天分辨出來了。"説後對他十分歡喜！此後他父子都來珠區作服役，並求得灌頂。在那一秋季裏他受了比丘戒後，聽講《律根本》等而研習，復聽受《喜金剛第二品》和《瑪哈瑪雅》等密續部，及《垛哈》等甚深法和《勝樂》等許多修行教法。此後他因父病而回鄉，不久父死，他迎請法王傑貢瑪及侍眷等來到熊區，供獻以二千八百頭牛爲首的諸供物，對僧伽大眾也供獻佳宴，諸大首領和事務人員等都供不同的供品和優厚的待遇酬金等，然後説法。對諸亡者也分設上好的祭宴，對周圍大眾施捨，約抛掉數以千計的財物。此外一切財物全部用於教法方面。赴寺僧眾都無所貪戀而來珠區，都守持七種清規制約：不返回家鄉、不下山、常蹲踞而坐、不跨俗家門欄、着布單衣、禁語、不斷供施"百粒食子法"七種。傑貢瑪對他（諾熱巴）説："你雖是不需這些制約，但當知釋迦佛世尊也作過六年苦行。以此這些制約直到六年之間都可用作教育，此後看如何方便安好而行事。"繼後他意樂前往印度的屍林等處去體驗"一味"修法時，傑貢瑪對他説："當上師身體安康時，應在這裏住下。在這裏哪怕是來了父輩的逼迫，母親和姐妹們煩擾的話，及兄友們所作愛憎的事，自身生了重病和心風等劇烈違緣（不順緣）時，也不離開對上師的敬信，一切都作爲修善的助緣而修。"此後在後藏在傑貢瑪上師座前聽受許多教授。在前藏他在法座旁邊蓋起一間小屋，僧會中説法時也可從閉關範圍內聽受教法。他年届二十五歲時法王章巴逝世。此後他住在喀惹之頂峰覺謨卓薩，有時没有生活資料，來了大冰雪天后，柴火水源都無處可取的情況下也能安住。就這樣他在覺謨雪山、色謨垛和後來再到覺謨雪山等處行無量苦行，而且發生內有氣滯病，外有部多（鬼神）等災厄和苦行的障難等出乎意料的難事，他都作爲修證的助緣而修後，增長了內慧之力，使他具足廣大神通。如諸上師和本尊對他所授記（預言），在諸處所，集會許多僧眾建立修規後，並多次分發到山中修行。在曲彌嘎謨、辛崗、甲吉和鄔日等每一小寺都作了利他事業，尤其在鄔日住了七年之久，因此聚集僧眾也有千餘人，並且對那裏凡是有恐怖（如亂事糾紛）的地方，經他掌握管理後，其他上下一帶地方都恐怖全消，太平無事。他又對行路人廣施糧食並立爲常規，從此開始他對主管上下寺廟供施供物較前更多得來難以數計。後來他從梁若開路再到覺謨神山安住，而他們一切師徒人等都未遭受大元兵馬之害。繼後他於丑年建嘎波卻隆寺，僧會人數多時，聚集到萬餘人，並建造用黃金書寫的許多修法書冊。此後他去到洛扎喀曲，並將喀曲寺內部糾紛平息使其恢復原狀後，在寺中豎立金幢。繼後又去到捫苯塘，對捫寺蠢如畜牲諸人也使其受持齋戒。他又修建塔巴嶺寺。此後他去到生格日寺，寺中對比丘學處略爲鬆弛，他做了整理使其振興起來，對五百僧眾傳授了《勝樂大灌頂廣軌》；繼作盛大節供，約有一月半時間中他未間斷地說法。後於庚戌年他享壽六十四歲在九月初二逝世。在下月初二荼毗時發現心臟和舌未毀，並有許多舍利，及難以數計的稀有瑞相。於十一日召集洛扎傳系的僧眾做超薦祝福法事。如是看來這位大德，確是一位能圓滿供施，没有貪戀，一心勤修，善巧通達和以悲心作利他事業而使一切大眾都成爲靜修之友的師表。

諸熱哇逝世後，由溫波・扎日哇繼任寺主。總的說來，這位寺主作出了廣大的利益眾生事業。他的弟子出有大成就師貢耶等許多殊勝弟子。

繼說諸熱哇的弟子絳央貢波（妙音怙主），此師於戊辰年誕生在梁堆別名康仲地方，父名穹波索朗伯（福吉祥），母名哲謨切正伯。將他托養在阿闍黎章敦座下，他催動六臂明王作（大護神之一）事業時，短暫時間中親見六臂明王。他命名索朗貢波（福怙主）能憶前生於印度等多生中事。常掌握夢流（相續不斷之流）而修，但不意樂趣向於光明中。他年屆四五歲時，修境雖自然現起（宿世修習力），然不自知。年屆六七歲時，他在阿闍黎傑敦桑傑、傑敦貢波和裕脱覺嘉等座前聽講説《採集花英僻谷法》，他記在心中而轉向童友們講説，其他童友輾轉談説都記於心中。他又在覺樹師座前學習讀誦僅四十七日即能精曉。年届十歲時其母逝世。他掉開了一位染瘟熱病的婦女爲法而逃到野汝，在上師瑪敦座前出家爲僧，命名協饒郡勒（智生處）。求得傳授修法導釋，雖不及過去所修之多。然而他仍在窩裕等處閉關而修。繼後由瑪敦作親教師，湅隆巴作阿闍黎，阿闍黎居波作屏教師而給他傳授比丘戒。他在措普譯師座前求得傳授《心性安息》和《九寶穀類》等法。他持“一坐食”（一坐食後再不飲食）十一年，持不食肉十七年之久。繼後他聽得鄔日哇的美譽名聲而到鄔日依止鄔日哇八年，當心中生起極大懷疑時，他聽受了《珠巴師傳法類》的一切灌頂經教。他年届二十歲時生起了極大的懷疑地神作祟之心，於是閉關念修文殊法。以此懷疑染病（傳地脈龍神作祟而染麻風等病）之心除淨，而獲得能和本尊（或所修諸佛尊）談話，而且智慧也廣大增長。他在拉日謨、梁堆和卻隆等處也作過閉關精修；在生格日傳大灌頂時，師説内心空虛（即無心受法）不會得灌頂，他等待一月仍得傳授灌頂；他在堪布堆隆巴、堪布湅隆巴和堪布勒堆巴等座前聽講《毗奈耶》；在阿闍黎壩哇倫敦座前聽講《因明》，他和公納卻季索色相見後求講《因明》；在喇嘛拉扛巴座前聽受《時輪》的灌頂和續部諸法，在上師達扎座前聽受《中觀》《瑜伽師地論》《行法》，一切《聖傳密集法類》和《母續諸法類》等；在喇嘛鄔巴座前聽受《行境經教傳承》和《證悟傳承》；在珠區桑傑温熱座前求得《珠師所傳法類》；又在卓寺阿闍黎若敦座前求講授《聲明》諸論著；又在穹昌哇的大弟子袞卻仁清座前求授《熱穹耳傳法類》；又在阿闍黎敦迅座前求授《瑜伽六支》，求灌頂時的花朵大都投中不空成就如來，以此他的密號也命名爲鄧約多傑（不空金剛）。他的心中擁有顯教方面的《中觀本論》等許多部論著，及密宗方面的《時輪》等許多教法。闍乍巴爲遮除大元軍兵之禍而策動修法以禳解，派遣格西二十三人，絳央貢波則任沖堆以上寺衆修法的策動者。大衆説："這位年輕出家人智慧大，真是文殊。"以此普遍傳稱他叫"絳央貢波"（文殊怙主）。梁區上下致書於法王諸師座前，法王遂任命他爲他們的阿闍黎。因此他在上下梁區的交界處——故汝隆建寺。他年届四十三歲時諸熱逝世。播湅從今以後對於洛扎以内和唉絨以下，及鄔日以内一帶許多城市中的有情大衆，他宣説《發菩提心》《灌頂》《教授秘訣》和《一切學處》等，作出了無盡的利他事業。此師所作論著密宗方面有：關於灌頂、續部釋論和教授秘訣法類。顯教方面有：多種釋論總攝。關於世論方面有：相人、相馬和醫療等許多論著。工巧方面有：許多論著，甚至造漢灶（也可譯爲結網造灶）等也作有工藝書。此外還著有漢地星演算法等許多論著。他也到過漢地五台山，如是諸熱師傳出的熱師承傳諸師統稱"麥珠"（意爲下珠宗傳系）傳系，從閣昌巴所傳出諸師統稱"堆珠"（意爲上珠宗傳系）傳系。其他一切珠宗法門都合入於此上下兩珠宗之中。以上係説下珠宗的階段。

其次當説傑・閣昌巴・貢波多傑（怙主金剛），此師係於己酉年，即嶺熱師逝世第二年，誕生於洛扎區的魯穹村中察地方。父名曲洽捫扎，母名樹謨伯金。有兩兄長早已夭亡，以此將他寄托於舍鄔索哇寺的阿闍黎樹敦座下，命名貢波伯（怙主吉祥），幼時長相俊美爲人喜悦，語音悦耳，精於歌唱，心性善，與人爲友，少時任舞蹈巴希（即教師）。因此普遍傳稱叫巴希鄧珠生格（教師成義獅子）。在這段時間中他在阿闍黎哇俠座前聽講《道次第》，阿闍黎東座前聽《中觀》，阿闍黎裕毗哇座前聽《入行論》，阿闍黎香座前聽《略釋》等。大都是聽一遍而即通曉。他到過拉薩三次唯祈願求得正法。有一時他在鄉里飲酒時，從後藏來了四位歌唱家，他們唱道："惹隆寺中甲熱師，擁有今後兩世福．我友一組往彼去，心中希成學法人。"他聽唱歌詞僅一聞師名油然生起極大敬信，在父前請求前往師處，父也應允。於是他攜帶了一包貨物，而求甲熱的一位弟子名樹貢的作引路人而來到惹隆。在僧會說法中和法王甲熱相見，也就在那裏出家爲僧，命名貢波多傑（怙主金剛）。由那次相見法王喜笑顔開而對他關懷。在那裏傳授他以一種"垛瑪灌頂"後，講修法導釋也就說了二十一天。身體發生過一些不安，但速即痊癒。在那裏他聽受了《皈依發心》《大發心》（即發菩提心）、《四瑜伽》《俱生和合》《方便道導釋》《一味法中許多所緣》《七世系》《一全能》《密行廣略作業》，以及《十四根本墮罪》等誓言法類，十三種修法和兩面母法類等的經教誦授。繼後他來到珠區後，三個月時間裏修上師修法，並聽了許多僧會中所說法，對僧眾拾揀公用柴火，及對上師服役等事中，下至撣塵土小事，以此獲得罪障清淨之相。繼在師前請求前往枳空寺，得師允許，來到鄔汝北方喇嘛桑澤座前求授一法緣，來到枳空寺中最初他聽僧會說法。繼後說一種深法時，師問他道："你聽完導釋麼？"答："聽完過。"師說："那麼，你在這裏住下吧！”説後傳授他以甚深教法，他也獲得生起清淨的信解。他來到熱振寺以內得和達隆巴、察巴等師相見，但他仍對法王熱巴有極大信解。繼後復來到法王座前，但爲時不久法王逝世。到明年他建立盛大轉法輪會，召集阿闍黎二百七十人，僧眾四千八百人。法會完畢後，他也就前往洛扎喀曲、崗底斯雪山、喀什米爾、那爛陀等處安住而專修。從喀曲修行以來，他在以後諸聖地住修也示現過一些成就徵相，尤其是在那爛陀時有一些瑜伽母勇耀地來到作會供輪的門前。因此會供會長瑪德説：“瑜伽士放走她吧！”在那裏他享受了會供食品，而且得到很大的加持。所謂瑜伽母，即是後來來到夏仲的卓哇桑謨（眾生賢母）。他從金光山前行的途中雖有盜匪伺伏，但他將上師觀想在頭頂上而修，以此未發生任何災難。後來他來到西藏走到伯謨伯塘中部時，没有食糧以致體力衰弱的當中，在那裏來了一苯波[82]，他對苯波問道：“辛饒[83]的化現者（對苯波的讚諛詞），你有吃食麼？”那人説道：“你們這些學人都是這樣啊，不適合行苦行的時候而行苦行。”説後給了他一包食物和一些熟腸，以此才去到謨新。後來他曾説：“現在的一百種禮物也抵不上苯波的那一贈品。”説後又説了些喜樂的故事。繼後他來到惹隆和温熱·達瑪生格（盛獅子）相見，温熱對他説：“你住在寺中修吧，將會增長修證。”因此他去到烹寺中在一茅蓬裏勤修“上師修法”三年之久。有一時間他生起了我的上師法王熱巴是十地菩薩[84]的思想時，他立刻親見心中認爲上師即佛的上師真是登十地者。自己暗説，已見到而仍作浮淺的看法是自貶，從那以後他未離過上師即佛的想法。他在那裏安住三年的當中，擬模湖泊以水淹滿茅蓬，下半身住在水中而不動摇，飲食則全靠喝水而過活。有一天湖邊有一死鹿屍體，前往拾取時，有一野騾在那裏也就用騾馱運而直送到茅蓬中。又有一時間，他發現空中降下蛇雨（蛇如雨下降）的現相，由這一助緣使發生的麻風速即消除。繼後他來到溫熱座前受了丘比戒，此後到咱日安住修了三年。繼後他前去遊繞聰玉湖（湖水色如觀玉），以此獲得獅面空行賜一金勺，他又以金勺作了供湖供物。當他住咱日時，爲住在那裏的諸人作僕役，因此把他叫作乍措東西方的黃驢。他爲青巴諸人背送糌粑，時常磨壞背脊而起膿泡，可是他說："我心中非常愉快！"在那裏有一晚上夢見腹內一切突高起來後，腹腔裏面空無一物，心想腹內是否須得翻轉來。有一白人說："這根本不須翻回來。"在那裏他的修持極大長進。後來去和法王溫相見時，溫對他說："你的修持大有長進。因此現在當求學我的教導。"他請求前往上區去，未得允許。友人們都說："不會讓你走。"他試看自己修持是否有成，暗自供了多次曼遮後，再求師允走。師說："那麼，現在走吧。在沒有佛法的地區，去作宏揚上師的教法，那是對師極大的承事服役。"他去到上區後在甲若昌和帕珠巴·細波相見。他想所謂普賢即是此人，生起敬仰，而將教授也詳細地傳給其人，繼後他在穹嘎住修三年，修持更爲長進。在那裏發生劇烈的虱瘟，他染瘟將近死的邊沿時，侍者去乞食也在甲若昌得瘟病。他想我現在當把他掉開，拋開侍者回來時，立刻虱瘟消除了，他去到甲若昌看侍者，侍者見師來到立即站起來時虱瘟也好了。師徒二人病癒後，也就到漾嘎在有彌拉惹巴足印的那裏住了一夏，修持也獲得長進。此後在閣昌嚴密閉關而修時，夢中對一婦人問道："我作閉關和說法利他，二者誰爲廣大？"婦人說："作閉關修時，也會生起廣大利他事業。"因此他決作閉關。友人貢扎修方便道而生起內通外達的神通，他見上下方隅的一切鬼神都聚集閣昌而來聽法，因此他推翻了過去他認爲閉關而修作不到利他的思想。此後來到閣昌後在勒堆的山谷諸處修密行。這些都是這位法王自己所說:"與在諸大聖地生起的各種苦樂因緣相混合,雖是發生十三次虱瘟,然由菩提心雖一虱也未殺掉的助緣與大手印相混合,以此虱瘟迅速全消。由緣起作業擁有使一切如意而來的成相,尤其是可以彌補兩種(能取、所取)分别心之失,今後已成爲大手印三摩地中,無需有所增益(言已獲堅固定力),絲毫也不生起(考慮)僅爲此世的心,修善的主要是修不離大手印的純粹敬信心,醒時立刻應想:很好!昨天我未死,今日應如何修的精進不懈心。他雖擁有對任何正法有無礙的智慧,更加以在吉祥山住時,見一紅色婦女入於一經函中,由此以後西藏所譯法典無所不知"等語。這位法王下半生中修建了頂卓、布扎、絳嶺、鄧清頂、壩卓多傑嶺等寺廟。每一寺廟中復出有成千數的修行僧眾。

總的説來,這位法王十九歲出家後,在章巴座前住了三年;他年届二十一歲時,在修的範圍內,間或作一兩次説法利他事業;繼在喀曲住了三年,年届二十五歲;在底斯和那爛陀住四年,已是二十九歲;在拉考住三年,已是三十二歲;在咱閂住三年,已是三十五歲;在穹嘎和漾嘎二處住三年,已是三十八歲;在閣吕住七年,已是四十五歲;在頂卓住十三年,已是五十八歲;在鄧清頂和嘎敦二處住了整九年,已是六十七歲;在江區的生格嶺和柳塘二處住一年,已是六十八歲;在多傑嶺住二年,已是七十高齡了。如是在戊午年逝世。這是他住持嘎舉派教法的一生。

法王之後,爲絳秋生巴·洽·白瑪金(蓮花眼),此師誕生在上區。一生作無功用的利他事業(言一生專修)。

此後繼承者名季敦季康杜乍哇(意爲離世間塵),曾開示説:"即如來離塵,是爲大覺。"他直至逝世,未作過收租税和建造佛像、經、塔等事。完全是住諸山林，捨此世心而專修。也祇發佈過最低限度須住山林一年的命令。此師出有許多弟子中，得意的弟子出有：漾貢巴、大成就者鄔金巴、絳嶺巴、法王勒仁巴、普日哇、烈麥壩日季嘎哇、傑瑪鄧巴、息結貢波、桑傑沖熱、伯傑新熱巴、釋迦熱巴、達熱等許多弟子。

修行與師相等的弟子爲壩日季嘎哇，此師在閣裕中區交界處建寺擁有窩色周圍一帶地方，並作廣大利益眾生事業。直至而今（著者當時）還有一尊他的肖像奉安寺中，像身不沾塵垢。

苦行與師相等的弟子爲普日哇・袞卻絳稱（寶幢），此師即請求完全結集"一味法類"者。他在帕珠建寺，住持他的傳承人有活佛鄧清生格（大樂獅子）和瑪姬卻准。瑪姬卻准的弟子爲四論師朗喀峨色（虛空光明）。此師先是那堆絳巴的住持四論的一位大善知識，他來到卻壩和瑪姬相見而求得教授。因此是一位生起殊勝修證的大德。

朗喀峨色的弟子爲喀惹扎嘉哇（名稱勝），此師係丙午年生人。曾作敬安・扎絳巴的獻茶侍者，在敬安袞邦在位時，他作管茶長時，逃到曲壩修行。繼和四論師朗喀峨色等師相見，求得許多教授。他在日、梯兩地之間住後，返回仁清嶺寺住持約一年，在那時生起證悟。後來他在喀惹住了很久，因此普遍傳稱他叫喀惹巴。繼後他住持鄧薩梯寺作教化眾生事業。享壽八十六歲於辛未年逝世。

悲心與師相等的弟子爲瑪鄧巴，此師又名垛波伽巴。

淨相與師相等的弟子爲勒仁巴，此師祖輩出自吉祥山的東山下，來到吉敦卻扎曲彌仁謨那裏當了甲阿瑪金的弟子，享壽一百一十五歲。他的兒子名倫察壩，係梁若寺峨甲察的弟子。倫察壩修建涷惹寺，享年不長而逝世。倫察壩之子爲拉傑、澎巴哇熱，係敦甲的弟子。拉傑有子五人，第五子即甲昌•住巴細波。甲昌有子五人，長子爲鄔卓•壩頂巴。鄔卓之子爲尼瑪絳稱（日幢）曾和班欽幼年時相見。尼瑪絳稱有子七人中，第七子即勒仁巴。此師名鄧勒絳稱（吉慶幢），係乙酉年生人。年届二十二歲時歲次丙午在閣昌哇座前聽受教授後而精修。他在閣昌哇逝世後第二年即己未年建勒仁寺，那時他二十三歲。他享壽五十七歲於辛巳年逝世。承認他是麥枳巴和覺若略巴的轉世活佛。以上係閣昌巴及其大弟子等的階段。

再説嘉哇•閣昌巴的弟子著名的嘉哇•漾貢巴，此師係於癸酉年誕生在堆洛寺的拉涷地方。這裏有一寧瑪派[85]的大成就師傳承不斷的六十年當中精修而獲得成就者名住脱達瑪。漾貢巴之父即住脱達瑪之弟名覺桑擁有廣大的密宗才能，是一位晝夜修善以度日的人士。母名瑜伽母卻通，“堆”是他的族姓。其母懷孕時夢二日出現等許多瑞相，並自然地生起三摩地。誕生不久即能説話，最初説出：“皈依啊！”念誦和書法不須教而知。從他會説話時，即對以母爲首的近侍諸人勸説當唯一修學佛法，以此可以説剛一生下已成爲眾生怙主。他誕生時父雖未在眼前，但往日曾經説：“這裏將生一活佛，取名涷索壩（軟面焰），叔父前往他方作利生。”説後年七十五歲而逝世。以此這即是漾貢巴自己所説：“幻化小兒我名焰”之義。他年届五歲時，即能説出許多利益他者的道情歌。一切方隅中普遍傳稱他爲活佛出世。那時有一名叫彌覺多傑（不動金剛）的人來到涷布，誰也不能認識他。可是這位小孩活佛卻認識他並投入他的懷中作歡笑，以此彌覺的修悟也得到大悟。桑傑彌覺多傑再三説：“漫遊那堆四境中，以此發現有一識我的五歲小孩，有一認識父面的小兒，因此我須去相見。”後來桑傑彌覺多傑前去和小活佛相見。小活佛發出妙音而説道："敬禮上師法王前，幻化小兒我名焰，宿世餘業我已淨，上師加持我已入，見之所迷我已除，行之取捨我已捨，修之所緣我已離，果之希得我已無。"彌覺多傑聽後心生歡喜雙手合十而説道："大圓勝慧有一繫托處，這是普賢之子，佛之化身，我今皈依。"説後感動而落淚。那時小活佛也就在彌覺多傑座前聽受了安達梁的秘藏諸法和息結法類。他六歲時到普瑪哇的座前聽受《幻化灌頂》和《大圓滿續部教授》等，及《甘丹教法》《息結教法》《能斷境界》《道果心要法類》教授秘訣等無量教法。他在普瑪哇座前住了三年，年屆九歲時任拉凍寺廟的寺主，幼時即擁有神通。此生所依止上師有：喇嘛閣乍巴、閣昌巴、薩迦班欽、傑敬安、桑傑熱清、喇嘛卓穹哇等人，從諸師求得一切教法。他從九歲即撫育僧眾，對他人立教導之規。年屆二十二歲時，由拉准索喀巴作親教師，閣乍巴作羯摩師，卓穹作屏教師，以及八十值事僧眾前受比丘戒，命名絳稱伯（幢吉祥）。後來他建吉祥山朗頂寺。在那裏他爲了對他人作示範，在一年時間中，緊結跏趺而坐，不僅如此還在布勒等聖地講説修法教導，並依住寂靜處。總的説來，由於他的盛大名聲，從各地區而來集會的僧眾超過萬人。由諸弟子的勸請，他著有《住山法三種》和《本母六種》等論著。最後年屆四十六歲時歲次戊午他到了壩卓，在那裏的甲歐示現身體衰弱情況，繼迎請他到吉祥山寺，在那裏於十九日逝世。此師出有許多具有證達，而且不貪戀於此世的修行弟子，其中主要弟子是：敬安・仁清敦（具寶），此師幼年即親近於漾貢巴的座前而未離開過，後來作漾貢巴的言教結集者。還有諾熱卻郡伯是一位獲得脈洛、風息自在的修士。以上兩師爲其主要弟子。

再説漾貢巴的弟子敬安・仁清敦（具寶），係壬戌年生人，較漾貢巴早十一年而誕生。誕生在定日地方，父母都是積蓄富有者。他五六歲時，即已朝謁過納柯的嘎汝靈塔等。在那時心中油然生起求法的欲念。在那裏有一些住山修士讚説拉凍有一活佛的情況，他極爲敬仰。後來在定日他和年届五歲的拉凍小活佛相見，生起了特殊的敬信，並生起了無功用的三摩地（即不待用功的定）。於是在活佛座前聽受《上師瑜伽》和《大手印四字法》，又在父親覺敦巴面前學習念誦和書法，並聽受許多教導。繼後他在拉凍巴·法王閣乍巴座前和年届十一歲的活佛相見，更生起了無量信解。活佛對他説："你可以在我之後而趕來。"於是他追隨活佛而作僕役，直至活佛逝世時，三十五年中，一天也未離開過活佛。因此普遍傳稱他叫敬安哇（意爲座前侍者）。法王所有的新舊灌頂、教授、經教誦授等他都完全聽完，此外他還在喇嘛桑故座前聽受九種甚深教授。而建立修幢（言以修爲主之模範），現證真實性。後來在定日安住時教化無邊僧眾。此師出有樹普哇和大成就者尼瑪貢等許多有修證的弟子。

樹普哇的弟子爲著名的法王壩惹哇，此師係香區巧隆巴·温繃大頭人的兒子。在漾貢巴逝世後五十五年歲次庚戌年誕生。年少時作法王索朗絳稱（福幢）的進茶侍者時，即刻生起了猛利的厭離心而去到卓撊金巴等師座前求傳修法教導，而生起如教的證悟。後來在樹普巴和須色日哇等座前聽授九種甚深教授，他以極大精進而修，獲得殊勝證悟。他又建壩惹寺，復前往壩卓作了許多教化事業。後來去到香區後作了很久的利益眾生事業。此後復去到壩卓享壽八十二歲於辛未年逝世。

又樹普巴的弟子日巴·迅魯絳稱（童幢），此師係辛亥年生人。享壽八十歲而逝世。

又壩惹哇的弟子即著名的章巴·洛卓桑波（智賢），此師係於庚子年誕生在温區的敬普地方。年少時其父在仁綳（藏政首長）處，他隨父前往任仁綳房産管事。繼後他對佛法生起正信而前往喇嘛卻英巴座前親近，在此師座前住了不久，他即在法王壩惹哇座前依止而求得許多教授以作修養。由於他在許多上師座前聽教，以此師對弟子所傳教導次第中教授也有不同，普遍傳稱他有一百八十二種不同的教授。他也到崗底斯雪山住過，繼後他爲了求法曾到過印度西方江伯疆土，又到過東印度辛根日（林山），在那堆的南方也住過幾年。司徒卻仁將他安置在自己的座下，後來他在吉學、邦波喀和敦卓等處安住。繼後他到了約區，雅交巴·本清格業以他爲師。如是他前往上下各地區作了廣大的利益衆生事業後，在扎奇珠寺中於癸卯年享壽六十四歲而逝世。此師的弟子爲閣楚法王和大堪布釋迦扎巴（釋迦稱）等人。

又章巴甲熱的弟子爲雅熱；雅熱的弟子爲鄧卻桑傑（勝樂佛）；鄧卻的弟子爲乍日熱巴協饒伯（智吉祥）；乍日熱巴的弟子爲江欽熱巴·迅盧索朗（童福）；江欽熱巴的弟子爲温波·旺秋迅魯（自在童）；温波的弟子爲克准·鄧珠迅魯（成義童）；克准的弟子爲法王協饒伯（智吉祥）。

法王協饒伯（智吉祥），係江欽活佛之姪，作江欽内部的侍僕和工作，他想到如不求學正法而衹現在的行事是不會來正法成果的。於是他在活佛座前求得教授後，前往洽達謨山窟中作修持時，由他的兄弟温波仁珠給他送糧食。有一次斷糧，因此他來到江欽取糧，温波對他説："送糧去了，你在途中没有遇見麼？"遂返回住地誰也没有來過。於是他想我和你各自爲生吧。這樣決定後他到了嘉康，在父親那裏和傑卻巴·桑敦伯（禪定吉祥）相見，並陳設説法的法座而安坐。傑卻巴用手提起他的頭髮，同時注視空中。以此他也注視天空，眼見現有一尊具足威光的蕩巴桑傑[86]身像。如是他在傑卻巴和烘波雲垛哇座前也聽受了教授，繼前往拉隆在日比住扎（明智雷音）座前求得教法。又到公波在法王喀覺座前聽受了許多教授，而且到博窩時也爲上師作服役。他從如是等上師前求得教授後，在熊區的居瑪哲靜修。此後他在乍波住了很久，因此普遍傳稱他叫法王乍波哇。繼後到曲村喀在那裏的麥康（下屋）中安住，繼又在曲村喀的碉堡中住，繼製造瓷碗而使上下一切人等都能和他見面。他的賞賜物有調料和蔬菜的食品，及廣爲分賜前後的兩種密物（如内供水、甘露丸等）。他住壽很長，手中所有財物都各别地供與僧伽大眾，普遍傳稱他是大成就者。此師出有著名的二大弟子即法王朗喀桑波（虛空賢）和扎普哇•傑卻麥朗巴，此二師是從法王協饒伯（智吉祥）而獲得證悟的。從他方有法緣的上師則有很多，尤其是法王協饒伯由於兄弟死後給他遺留下許多黄金。有一天垛達的募化者前未募化，他滿足他們的希望而施與，所餘的許多黄金寄給朗喀桑波而附言説：“你對大修士缺乏修行中所需糧食者，及求學顯教缺乏糧食的諸人都應分包（分黄金爲小包）而供獻，對諸賢良上師雖彼富有也應供黄金。”他依所説而行事，而且從吉雪到薩迦之間，所有諸師前他都供上黄金而求傳教授，因此他有許多上師和教授。法王朗喀桑波最初建朗隆寺，後來他住持曲村喀上師的寺廟。傑卻麥朗則建牟底寺。總之，由兩師教化的求學弟子是有許多的，而且洛扎以内約和卓等地區珠宗的教法，都是由兩位上師來掌管的。

再説漾貢巴的直傳弟子具足通達的仁波伽絳稱绷（億幢），此師誕生在那堆地方。年少時即與漾貢巴相見，生起敬信而在師前出家，年届十六歲時生起大手印的證悟。後來依止大成就師鄔金巴等人，而豎立起修派之幢。

絳稱綳的弟子那堆巴・協饒貢波（智慧怙主），族姓是雍族。父名桑傑交（佛佑），母名梁謨伯敦綳。此師誕生在拉凍寺地區。年届四歲就在貢色哇座前受優婆塞（即居士）戒，穿着黄色衣，學習書法、念誦和小儀軌等，又在上師絳稱綳等師座前聽受教法。年届十七歲時親近上師拉凍巴，給他命名協饒貢巴。年届十九歲時，在樹普巴和堪欽索迅巴（福童）等師座前受比丘戒。繼在喇嘛桑傑温、樹普巴、堪欽却頂巴、卓穹巴、喇嘛仁清貢、喇嘛達桑、克珠察哇、活佛珠欽巴、克准・索朗峨熱（福光）、珠脱湯細、喇嘛仁清坐巴（寶全）、喇嘛協饒（智慧師）、喇嘛邦嘎哇、垛敦納察哇、垛敦俠香等師座前聽受許多教法後，去吉祥山閉關静修了七年，生起證悟後十七年當中更獲得極大澈悟。這樣的有證悟大德他又到前藏依止嘎瑪巴•讓郡多傑（自生金剛）和仁真迅魯嘉波（童王）等許多如父上師。繼在香布和色傑崗等寂静處安住而修，並在公波以上地區作廣大的利益衆生事業。此師座前喇欽仁迅巴（寶童）也來相見過。此師曾著有嘎舉派諸師傳記，並著録有一些利他的經典選集。此師係一位極負盛名的大德，當於其詳傳中閲知他的諸功德。以上係説堆珠宗系的階段。

再説閣昌巴的得意弟子大成就者鄔金巴，此師的族姓世系係出於垛麥區的雅謨塘地方居・絳秋迅魯的後裔。絳秋迅魯（菩提童）係阿闍黎蓮花生的直傳弟子，成爲藏王赤松德贊的一位應供上師。絳秋迅魯之子爲絳秋却（菩提勝）；絳秋却之子爲絳秋雲敦（菩提能）；絳秋雲敦有子二人，長子名絳秋嘉措（菩提海），次子名却季嘉措（法海）。弟兄二人領着僕人多傑袞吐（金剛普能）

而去到前後藏各處，在行至梁麥壩等地時，他們主僕三人被阿措本德僧侣十八人逮捕。説是用作祀祭空行的祭品，將他們手腳捆如死屍而拋在一邊。在那裏僕人衮吐對兩位主人説道："你二人如果是有修證成相的話，現在是已到顯示的時候了。"兄弟説："我是否拿出普巴金剛的鎧甲葉片來一揮？"哥哥説："不必懼怕！"説後作起吉祥馬頭金剛法來，馬作三次吼叫，一切人等立即昏倒，蘇醒轉來時此諸人等也就對他們生起敬服而禮拜，遂將諸人引入正道。絳秋嘉措之子爲索朗扎（福稱）；索朗扎之子爲居納鄧協；居納鄧協之子爲嘉察·索朗帕（福聖）；嘉察之子名温覺澎配妃杜格麥，生有四子和三女。鄔金巴在兄弟姐妹中居行五，係庚寅年生人，命名生格伯（吉祥獅子）。他從童年時代起就能自然地生起三摩地。以此他心中揣想先求聞法，次作修行，並當觀察過去的心與現在的心有何差别。其父對他説："你當娶一妻子。"因此他跑到叔父座前説道："我是渴欲學教法的，父親卻叫我娶妻。以此我生起許多畏懼！"叔父對他作了安慰。他在那裏從七歲至十六歲之間，聽受了《母續普巴金剛》《勝樂》《喜金剛》《金剛手》和瑜伽等續部解釋、修法和傳統作法等，而且都作了精研。年届十六歲時去到播涑唉在法王仁清哲謨（寶峰）座前聽受《上下現對法》《量決定論》和《般若略釋》。而獲得講説、辯論、著作三者無與倫比的美譽名聲。繼後法王閣昌巴從鄧清頂來到覺隆的途中，應請而來到閣隆普汝時，法王閣昌巴授記（預言）説："今天將和一有緣人相會。"果然他一見師面即生起無量敬信。他繼來到布扎時，他以銅鍋一口和紅糖一包在法王座前作供禮，而求受得守持戒酒及四根本戒（殺、盜、淫、妄）的優婆塞（即居士）戒。法王説道："討本覺色（意爲當教師的貴公子），現在你守持與出家人無别的戒，是有所不能啊！可是你再三説是能，你宿世也是一位出家人啊！我這老頭對你這樣説，也是化破壞爲吉祥。”法王抓一握沙糖給他，叫他完全吃完，以作圓滿的緣起。法王又説：“你必須再來我這裏一次，我將開示大手印，對於解脱來説，此法是無難而可獲解脱的。”此後他在闍隆巴・垛德伯（經部吉祥）座前聽受《般若略釋》。他閱讀《毗奈耶》諸律典時，感覺有深厚的習氣，尤其是僅一閱讀《百一羯摩》，心中即能生起。年届二十歲時，由播涑仁哲作親教師，香桑嶺巴作阿闍黎，阿闍黎索朗峨熱（福光）作屏教師，而同時受完比丘戒，命名仁清伯（寶吉祥）。此後他於十二年中都守持一坐禁行（一坐食後起坐後不食），而且不食肉食。他在法王仁哲座前很好地求得卓師傳規的《時輪法類》，又在闍隆巴座前很好地學習治師傳規的《時輪法類》。他研習星演算法而獲得精通，他的語教中説：“時輪師桑傑多傑精於扎彌傳規，因此去聽講，十一個月中聽了細節等，我中斷聽法而去到色治。對此事我心中略有懊悔，而向大德上師作祈禱。因此在夢中得見上師也得到授記（預示）。這些完畢後他去到鄧清頂來到法王閣昌巴座前調謁見，剛到寺中立即生起了“一味”通達。也就在法王座前聽受嘎舉派所有一切教授，而且如實生起通達。有一時間對於時輪中不易通曉的諸疑難，想前往香帕那作決斷。以此啟問於法王，法王説：“你往香帕那無緣分，你和鄔仗那有緣分，應往那裏去。”又問：“你有怎樣不易通曉的？”答道：“有如此這般一些不易解的。”法王如實地給他作了解答。因此他極爲驚奇！而請問法王道：“法王仁波伽未曾學過《時輪》，爲何能這樣的精通？”法王答説：“我在吉祥山住時，發現一紅色婦女賜我一經函，我接而吞入腹中之相，因此西藏所譯一切法典我没有不知的。”他復請求道：“那麽，請求法王傳我一次《時輪灌頂》。”法王説：“覺准（意爲貴族僧)，你自己祈禱而可獲得。但須憶持夢中事。”於是他作祈禱而於夢中見法王仁波伽穿着時輪師桑傑多傑的服裝而給他傳授了廣詳的《時輪灌頂》。醒來時他到法王座前，法王問道：“覺准，你心滿意足麼？”答：“極爲滿足！”然後問：“上師精於這様的傳統作法，是向誰學來的？”師答：“是空行母教我的。”此後他求師應允去鄔仗那。先到絳彌麥山中静修，修持極有長進，因此過去忘失教法都復記憶起來。繼後他去底斯住了一段時間。此後從瑪裕和惹絳道途走出後，友伴一行五人前往那爛陀，其餘諸人都返回藏土。他們同伯耶結伴而行，總的説來，沿途有許多可畏的關隘，尤其是蒙古馬隊用他們的修帶（修時套着跏趺坐的帶）將他捆縛起來，復用脚踐踏他們的身體，其稍微昏倒過去頓時又站了起來，並有許多來作舞蹈的，間或慘叫起來。因此馬隊夥伴們説：“此中必有成就者，否則你的女人怎様會來呢？”又行至有一大河岸邊時，發現天地上下翻覆之相，這些境相他們用禁行修力鎮懾下去。到達鄔仗那杜瑪塔山時，在那裏有一瑜伽母打扮成妓女的色相給他一碗菜肴而作加持，以此除淨所餘一切業障，心中生起三金剛（身、語、意）真實之義，瑜伽母示現真實身而傳授他以口訣教授。繼後他回藏取道喀什米爾，喀什米爾王派了密探三十人前來追捕，雖是在途中值遇，然而他和助伴一行兩人無任何險阻而得走脱。抵西藏時，法王閣昌巴已逝世。法王有遺教説：“不必建造他的靈塔”等語。他説：“我認爲説這一遺教時的範圍圈内，没有我在其中。我不僅建了靈骨塔還修造了幾種佛像、經、塔等。此後在辛酉年我們師徒多人去到金剛座[87]，在那裏一朝見菩提樹我油然生起真實的（不待造作的）世俗菩提心。我立即想到過去法王閣昌巴對我説的話：“你十二年後將生起真實的修善也即此種菩提心的生起。”他繼在思哇察（寒林處）住修，地神作祟使他生疔瘡（或作背瘩），用刀拔掉疔瘡，並修幻輪法而瘡傷癒。後來彼地神被降伏於權威下，須修威猛法時，彼神即來到。在金剛座他作爲聖眾海會之主雖示現大神變而不成立盛會，但承許了施主的關係。從此以後他刹那也未捨離無别三摩地和菩提心二者，而成爲如獅王般的大瑜伽士。他僅以目一斜視或用棍杖一壓觸，即能使一切病魔消除而病癒。威光鎮伏人、鬼、天神三者，智通顯密一切諸法。他也曾到過鄔、約兩區和梁諾若及措納等地，作出了轟轟烈烈的利他眾生事業。後來哥伯王迎請他到霍爾地區，在純以珍寶建造的時輪曼荼羅中爲王灌頂，曼荼羅彩土變成的珍寶都投擲於河中。在打算迅速返回西藏時，王向他呈誠信書，因此他對王説："將在播凍仁哲斷我髮，應向闍昌巴師作祈禱。縱是帝釋天王來你面前，但因你無福，返而想（天王等）不過是五顆頭顱而已（這些話對王有不滿之意）。"這些話對王有懾服力，王也流淚滿面，從漢地（指霍爾等處）所得財物一毫也未取走而返藏。這樣的獲得成就大寶上師享壽八十歲於己酉年逝世。後來正如此師所説："由我這一念修法，將出現獲得授記的成就者充滿於各方，而住持珠宗傳承者是以八大指導爲主要"等語。正因如此，主要的教授成爲兩系的珠宗法門中出有極多的大手印證悟者。他的弟子中出有許多對於毒物、水、火、仇敵和險地等任何也無畏懼的成就者。求得三金剛念修法的主要弟子有：仁波伽喀曲哇、法王讓郡哇、喇嘛鄔瑪巴、堪欽索朗峨熱（福光）、垛敦達哇生格（月獅子）、法王袞嘎鄧珠（普慶成義）等人。其中從法王讓郡哇傳來的念修教授的要領略有不同，後來此法傳承發展出嘎瑪巴歷代轉世活佛及其弟子等傳承。如是鄔瑪巴所傳出諸傳承中也有《金剛句釋》及其秘訣和傳統作法，而且由堪欽索朗峨熱

（福光）著出《金剛句廣釋》，從法王杠巴起直傳至具德上師索朗絳稱（福幢）。

至於法王達哇生根（月獅子）也著有《金剛句釋》，以及《導釋次第》《消除災障》和《認識真實》等許多論著，而且這些論著都與《續釋廣論》相配合，以攝受應化諸有情。還有對於珠清仁波伽及時所説教語，記録後面作出著名的《珠鬘法門類》也是達哇生格所著的。法王達哇生格的弟子即青普寺的堪欽•絳秋生格（菩提獅子）。

絳秋生格的弟子帕卻索朗伯（聖福吉祥），此師係己丑年生人。先任勒鄔涑的房産管事，後來爲求法而逃往後藏。最初在法王杠巴座前親近依止，大部分導釋還未聽完時，而杠巴逝世，繼後他在堪欽絳秋生格座前聽完所有教授。此後他作了鄧薩梯的住山修士而在曲巴精修而獲得人手印的證悟。後來貢巴扎勒（名稱善）在芒嘎杠的下邊建一茅蓬安住時，法王閣楚扎巴也在與彼茅蓬相近的洞中安住後，他到帕卻索朗伯座前求傳授念修法，以及嘎舉派諸教授秘訣的所緣時，也求賜了一些茶。繼而精修，在洞中生起了大手印的證悟。帕卻索朗伯也對他十分歡喜，而將自己的僧衣也授賜給他。此後他在其他各處依止法王梯清巴等許多上師，並求得諸教授，又在諸山林中造了許多險要山居。在杠波住時，住屋上方發生山洪暴發的危險，他運用悲心而得無恙。又他從居區橋墮入水中時，衆空行母發出喧嘩聲而將他救出。又有陶壺任隨怎樣的斟注，佳釀美酒都不能盡等奇跡。爲了攝受弟子他修建了卻頂山林修院。他成爲人王扎巴郡勒（名稱生處）極爲頂敬的上師，作出了廣大的利益衆生事業。總的説來，法王閣楚扎巴生於癸卯年，享壽八十五歲於丁卯年三月二十二日逝世。此後繼承寺主者，爲法王索朗絳稱（福幢），次爲法王桑傑洛卓（佛智）。此二師對閣楚扎巴上師也都一心頂敬，而且從大手印獲得不動三摩地。

此後爲法王協乍巴，此師如法王閣普熱巴所授記那樣由無邊法門而作度化一切應化有情事業。

此中寺主法王索朗絳稱（福幢），此師係戊子年生人，享壽五十六歲一直住持寺座到癸未年。從那時到現在（著者當時）丙申年計已經十三年了。

總的説來，帕謨住巴逝世的那一年歲次庚寅享壽六十一歲。當年珠清巴（即鄔金巴）誕生；珠清巴六十一歲時而布頓仁波伽[88]誕生；布頓六十一歲時法王喀覺巴、法王准瑪哇和堪欽仁波伽・絳稱桑波（幢賢）等誕生。計丙申以前已經過了兩個六十年又七年。以上係珠清巴（即大成就者鄔金巴）弟子傳承等的階段。總之，亦即珠宗的階段。

次説卓貢仁波伽的大弟子仁波伽嘉察，此師係肖麥乍隆地區魯・朗喀領波（虛空藏）的後嗣，魯是一位擁有密宗寧瑪派的成就者。母名拉吉，於戊戌年誕生此師。年五歲時學習文字與演算法。從童年即不貪戀於世法而喜求正法，所依止上師有：魯尼瑪、阿闐黎更洽嘎、讓頂瑪哇、格西枳淩、奉敦拉綳、喇嘛杠仁波伽哇、樹穹哇之子傑・卓普哇、喇嘛峨喀哇、杠協饒喇嘛、阿里吉敦、甲・袞嘎多傑（普慶金剛）、尼泊爾的班底達薩捫達希、庫諾扎哇勒措、班底達釋迦希、播杠哇、拉傑・覺柯、拉傑・協饒桑波（智賢）、覺准麥壩（焰熾）等人。在諸師座前聽了各别的許多教法。年屆十九歲時前往前藏，在約波路麥地區與布桑譯師的直傳弟子瑪・卻季嘉補（法王）、麥敦袞領、峨垛德（經部），以及譯師卻季桑波（法賢）的弟子喇嘛協欽波時年已八十三歲等師相見。年屆二十五歲時回鄉，作登位就職，也講説一些教法。其父對他説："必須娶一妻子。"他心中決定不娶，並在父前再三請求應允，最後得父應允。此後依止的上師是：乍嘎波哇、須鄧讓日巴、阿里巴香貢、格西脱敦、格西甲敦、甲汝温察的格西協、吐那哇·楚稱交（戒護）、班底達毗若遮那、格格霍爾扎、格西松巴、蕩巴洽穹、班遮卓達、喇嘛峨哇欽波等師前求得教法。繼後喇嘛瑪師派遣他前往帕讓住寺，來到寺主前生起敬信而聽受了許多正法教授，在那裏生起了大手印殊勝證達。此後和讓仁甲熱相見，並求得傳法。在那時也和貢楚師相見也求得傳法。又在瑪季姥准的弟子妥敦珠巴座前求得傳授"覺"法[89]，那時這位傳法師已届八十八歲高齡。又在蕩巴甲嘎和崗師二人的弟子思波達哇座前求得傳法。統計他共依止上師八十二人。此後他回鄉，對工作部門派人接收而輪番更换；對帕讓住寺獻供物；對各僧團供獻齋僧茶和粥等；對在位格西香、松等人作讚揚，並説："這次繞道而來諸人應在上師座前求其擁有的諸法。在協鄔杜哇正巴（持律師）座前也應聽受正法，然後對上師作服役，如何作也應請示，住在鄉中對於由生、死而生怖畏諸人應作法施"等語。對途中來人也作多次接待，繼後他到了鄧讓日後，已年届五十四歲於辛卯年請求香息蔗爲作親教師而受比丘戒。他想當和四部僧伽結友伴，遂向香准温穹購得措普之地，建造了佛殿屋頂和住房後，聚集僧伽約二十人，主要爲抓緊修持。有一時間他對格須楚協等一些人士傳授了一些詳廣的灌頂。他在六十一歲的年災中感覺身體略有不安時，見貢波帕讓住巴來到他那裏而説道："愛徒！自心清淨虚空中，現起十二因緣數，從今再過十八年，揣心樂時將依我。"説後見師跨騎獅子向淩嘎對面的山中而逝。真得師語，他享壽七十八歲於乙卯年逝世。

次説嘉察的兄弟郡波袞敦，係戊辰年生人。爲兄長送糧而來到帕讓住寺，適逢講説至尊彌拉惹巴傳，他想我也應當作這樣的人，在那裏學院中他三次求應允參加學法。繼在卓貢座前求得教授而修，獲得殊勝證達，而成爲大成就者。當飢荒來到時，他以杖在措普供殿門上連敲數下而説道："衆瑜伽母聽着，今天請對我瑜伽士佈施一下吧！"説後從供殿的門隙中湧出許多青稞來，一切鄉人前來取用，一直取了五天青稞仍未取盡，顯示了如是成就徵相的奇跡。此師享壽七十歲於丁丑年逝世。

嘉察和袞敦熱巴兩昆仲之姪即措普譯師，此師係於卓貢帕讓住巴逝世後第三年歲次癸巳年生人。父名覺澎，母名色讓色傑。年届六歲時學習念誦，八歲時和嘉察相見，十歲時由仁波伽嘉察和袞敦作親教師兼阿闍黎而給他授沙彌戒，命名楚稱協饒（戒慧）。年届十一歲時，去到格西章巴座前聽受《量決定論》。十二歲時他去到薩迦請師降臨法輪會中，在那一法會中，須敦薩讓和甲巴迅絳也來到會中。繼後直到十六歲時他都在章嘎哇座前聽受許多教法。在諸法輪會中，他作辯論，每使他者失敗。他在阿闍黎章嘎哇座前作盛大供養，並承事服役。他年届十七歲時迎請魯巴的得意弟子年已八十八歲的哲敦袞桑（普賢）來到措普，他在哲敦師前研習金剛界等曼荼羅五百零一種，及傳統作法等。在哲敦將返寺時，於夢中見甲闍雪所供毗沙門天王（俗稱財神）來説："將我授與這位覺色（貴公子）吧。"因此他又在師前聽受了《毗沙門隨賜灌頂》。那時由其父詛咒的因緣，他發生有病症到來的心相，因此閉關三年病症大都除淨。在這一時期中，於晨間他在嘉察座前求得傳授不同傳規的教授一百三十六種，以及十三種有緣教法。他年届二十四歲時至尊嘉察逝世，在將逝世時嘉察喚他來説了許多教戒，並授記（示預言）説："你將如銅號般漸次宏亮起來。"又傳授他《遷移智慧尊灌頂》。此後兩月嘉察逝世，他也就在那裏很好地作淨治嘉察肉身和建靈塔等事。年屆二十四歲時起程前往尼泊爾，到尼泊爾後在班欽菩提希座前研習許多顯密教法。在那裏他和至尊彌扎相見後，也就迎請彌扎到西藏住了十八個月，並對措普的基地作了加持。至尊彌扎回去時，他一直送到吉絨山口。此後他迎請來班欽菩提希，作有修建拉謨伽的計劃。因此他致書於洽扎絳，迎請班底達來到烈區，在那裏也出有殊勝的應化有情。這位大班底達建出有三百大街小巷的城市後而回去。此後他令其侍眷諸人加入建造佛像工作中，有一些師徒從卓謨口取道而去印度的毗歐商場。繼後於甲子年迎請班欽來到西藏，班欽在北方熱振以內，及妥乍和梁區以下一帶作了利益眾生事業，而且一直在西藏住了十年的當中，班欽對諸譯者作譯師，尤其是所得大量供物，大都捐助造佛像的順緣。此外隨其所遇的住持三藏法師們，他都作供施。後來班欽返回喀什米爾時，措普譯師短送一程到阿里而止。當師徒臨別時，班欽使他人不在面前，而對措普譯師賜給散碎黃金三百兩。就這樣班欽將西藏供他的財物絲毫未存留手中而回到喀什米爾。此後在喀什米爾駐錫十二年中，班欽對喀什米爾已頹敗諸佛教，作了恢復，而且使其宏大起來。傳稱班欽是在乙酉年逝世。如是措普譯師迎請三位大班底達，及建廟堂和造大佛像等史事，是極其廣詳的，這裏是從其中選摘部分而録出的。措普譯師下半生中，臨去前藏時，著出《措普大勇者生起儀軌》後，而去到前藏，而且他逝世地點也是在前藏。總的説來，仁波伽嘉察和衮敦兩位大師，是法王帕謨住巴所傳大手印獲得證達的直傳弟子，而法王措普譯師又依嘉察所傳教授生起大手印的證達。後來譯師來到吉絨時，有傑杠波哇的直傳弟子喇嘛隆哲哇發揮了大手印證達的效用，然而這純屬於傑杠波哇的嘎舉傳派。

又有誕生在達納地方的著名大成就者傑貢，此師也是從嘉察座前得聞正法，又在衮敦座前聽受大手印而獲得量等虛空的廣大證達。又與此師同時而來的瑪季熱瑪，也是最初生起三摩地中最佳修境，後來復生起無比猛利的心風。傑貢在此師座前聽受其法後，建立爲教授，據説由此而真實證見真實法性。在措普譯師之後出有喇欽索旺，及措普生巴清波等人。生巴清波的弟子爲漾哲哇·仁清生格（寶獅子），仁清生格的弟子爲布仁波伽。以上係措普哇的階段。

次説從貢巴楚稱領波（戒藏）而獲證真實義的香仁波伽，此師於癸卯年誕生在察珠地方中。父名多傑生巴（金剛薩埵）是一位修密士，母名芒吉。在有許多稀有瑞相中而生此師，生時恰時帕讓住巴年届十四歲的時候。從幼年就發現他有深厚的佛法習氣，尤其是年届五六歲時，其父講説地獄諸痛苦，他心生恐怖而問父："如何是好？"父説："在佛前禮拜和繞行，才能濟事。"他遂在祖輩所供奉的經卷前，晝夜不斷地禮拜和繞行。年七歲時，由母及兄長教他誦讀；九歲時在傑鄔敦巴座前聽受《攝論》和《現觀莊嚴論》等；十歲時在阿闍黎協師座前聽受《文殊真實名稱經》等；十一歲時在峨·垛德（經部）座前聽受《歡喜金剛》《金剛幕》和《瑪哈瑪雅》等；又在絳伯桑敦座前聽講解；在桑布譯師座前聽受《對法》和《因明》等許多教法。十八歲時發生親族對他們作欺淩，他修詛咒法三年而全部肅清。此後他到康區，已年届二十三歲，在阿闍黎洛敦座前受五戒（殺、盜、淫、妄、酒），在那裏又修了一年的詛咒法。二十四歲時，餘業已淨，他在夢中，夢從自鼻中流出許多膿血，最後出一似蛇的長條動物向西遥遠的地方而去，有聲音説："在這裏同你長久結伴。”以此他想現在没有危險了。由於色裕垛有個朋友未獲得賣牛售價的因緣，他對此輪回世間生起清淨的厭離心後，把修詛咒所餘的供品也摔掉，血陶罐也搬開。因此弟子們説，師父發瘋了，而勸師父不要這樣做吧。此後除没有造罪孽外，也没有大善可説。他年届二十六歲時，閲讀《寶積經》而生起大信，請求格西喀閣哇作親教師，召喀哇作阿闍黎，樹江垛哇作屏教師而給他授比丘戒，命名准珠扎（精進稱）。一年時間中守持蹲坐（即不倒臥）和一座食（起座後即不再吃）之規，除換衣外全不解帶。在繞行菩提懺罪經卷行持中，具德嘎譯師來到索區，他去到座前拜謁，一見之下即生正信。他請傳修法誦授時，譯師説：“最初應有想此生當修得忿怒本尊果位之心。”以此他意識到這是將傳授我一種密宗清淨的教授。後來果如所料，傳授他以彩土和布繪三摩地灌頂，及《瑜伽六支》等許多風息修法後，他在精修中發生頭痛等病。譯師説：“這是四大發生擾亂之過。因此你須受用肉、骨等葷食，病癒後可以不食。”此後他在自鄉各寂靜處而修，可是鬼魔常時作祟，而發生精液的災障（如遺精）時，由於距至尊嘎譯師太遠，衹好寄信給傑准耶巴哇求治。耶巴哇將治方寫在牌上，並説：“如此方不治，可在月之上弦日前來我處”等語而寄與他。最後仍前去見耶巴哇而得傳那若巴方便道諸法以修，當天晚上自身立即生起暖火。後來他想到過去所受諸法與此世心有滲混之過，也就去到上師座前作懺悔，並修到能忍飢寒而去住山林常修。繼後經過三年復和嘎譯師相見，而求得未傳完的諸教授。此後又在仲布等處安住，勵力勤修，以此發現許多極佳的修悟。他年届三十三歲時和阿闍黎貢巴相見，得其傳授“俱生和合”而修，生起了智力，對於經典中許多語句得知此一意義即是這樣的，並能意識此義即是如此這般。因此阿闍黎貢巴説：“這一切都是觀察的知識，不作觀察而修吧，我是寄希望於這種加持的。”説後他依教而修，油然證達諸法的真實性，心中領會離一切輪回、涅槃地道諸法、能作所作所有根本，並感覺過去對他人所説甚深諸法，這時都來到真實義上。他興高采烈地擊起小鼓來。以此情稟告阿闍黎貢巴，貢巴説：“嘎舉派此法中是有加持的，是會這樣來的，現在當是忽然而去。”他雖是擁有這樣的證達，但時有衰旺。因此他勤修方便道而始獲得大效用。有一時間中他和喇嘛峨喀哇相見，求得傳授慈心、悲心、菩提心，得到進益，並獲成就後，他創建寺廟和大佛像。建造這些的財物順緣是：有些是由乞化而來的，有些是供來的，有些是搶奪而來的，甚至對於有些違抗命令者屢次用兵去討伐。這些成就者的各種行爲，確是使他人心量難容而莫測的。香仁波自己也説：“衆覺窩拉准座前獲得教授後，我捨此世心，而斷與此世間連繫之純，從無生虛空裏徹底超出後，已屆多大年歲了。以我後來的諸行來作比量時，除赤心的諸弟子外，其他有許多弟子的心中是難以容量的。臨到世間法中，顯見似乎純是成規、住地、國法、封路、偷竊、亂事等世間的行爲，而且與此世間根深蒂固地連繫着而至於死。”香仁波伽作出了偉大的利他事業後，享壽七十一歲於癸丑年逝世。

香仁波伽的弟子以地名人的有：拉日巴·朗喀峨（虛空光）、拉秋巴·尼瑪峨（日光）、喀惹扎巴·杜哇峨（戒光）、枳惹哇·釋迦峨（釋迦光）等著名弟子，以及無等的釋迦耶協（釋迦智）和乍嘎協耶等許多具足通達，能作利他事業的弟子。此諸弟子中朗喀峨普遍傳稱他叫桑傑熱清，由他創建了拉日喀寺，而以溫波（姪兒）拉格任寺主。繼任人出有溫寺主，繼爲德哇姑瑪惹等人，並修建了拉日、絳、脱等三寺，及卓漾頂等寺。又由尼瑪峨建拉秋寺，普遍傳稱他是護法有緣人。

喀惹哇·杜哇峨(戒光),此師誕生在扎地方,他在喀惹那裏修行,制伏了龍使其受優婆塞戒。由他的姪兒建寺,會集僧眾約有萬人。有一尊有加持現過面的護法像奉安在喀惹本住持中。

枳惹哇·釋迦峨在北方建寺,出有能作利眾和利他事業的弟子也有很多。此外還出有乍嘎協耶的弟子垛敦乍貢等所傳出的許多弟子。以上係香仁波伽及其弟子等的階段。

次説香仁波伽的寺廟繼承者無等釋迦耶協(釋迦智),此師係丁卯年生人。年屆四十八歲時歲次甲寅被選任爲寺主,享壽六十一歲而逝世。此後第二年歲次戊辰由阿闍黎絳耶繼任寺主。此後第三年爲庚午將寺廟付託給拉秋喀巴。此後第五年爲甲戌選任桑傑繃巴爲寺主。此後經過十八年爲辛卯貢巴耶協敦取消了桑傑繃,選任桑傑領波繼任寺主,此師在任後第七年歲次丁酉逝世。繼選任仁波伽色康頂巴·袞嘎絳稱(慶喜幢)係癸未年生人,年屆三十八歲時就任寺主。此師任寺主三十三年之久,享壽七十歲於壬辰年逝世。繼選任仁波伽桑仁巴係丁未年生人,年四十六歲時登寺在位,享年五十五歲於辛丑年逝世。於當年選任仁波伽釋迦繃巴,係乙丑年生人,年屆三十七歲時登寺主位。此後在壬寅年十二月帝師扎巴峨熱(名稱光)逝世,壬寅這一年是阿闍黎絳嘉的生年,次年癸卯絳央仁嘉來到上方。仁波伽釋迦繃巴任寺主十年於庚戌年逝世,即於當年選任年屆三十歲的仁波伽伯桑波就寺主職,此師係辛巳年生人,任寺主四十七年於丙申年逝世。此後選任敬安·扎巴協業(名稱友)係壬戌年生人,年屆三十六歲時於丁酉年登寺主位。任職二十四年,享壽六十歲于辛酉年逝世。從次年壬戌至丙申以前共經過了九十五年。總的説來,從香仁波伽誕生之年起，至丙申年共計已經過三百五十四年了。以上係察貢塘寺（香仁波伽的寺廟）的歷代上師階段。

次說法王杠波巴的弟子傑窩協垛的轉生活佛凍措熱巴，此師誕生在雅隆傑巴地區的雅喀烘波地方。父名香供・郡勒峨（生光），母名庫謨切正緗。夫婦二人生有三子，此師爲次子。少年時在敦薩梯寺中敬安・色脱巴座前作親近依止，並求剃度而學法。命名協饒絳稱（智幢）。此後在一位住在鄉中的住巴・貢清桑波（賢善大修士）和拉貢二師座前親近。繼在喀惹拉措的楚細康巴座前求示許多苦行時，康巴對他授記（預示）説："你到墉裕玉措去吧，在那裏當獲成義。"他依師教而到了墉裕玉措，那裏有一小山口前有一茅蓬，他住在裏面依苦行而勤修，發現廣大神變。在茅蓬下面不太深的土裏最初發現零碎木炭塊，繼即發現有雕刻的封蠟軟包一個，裂開一看，裏面記有在杠波的後湖——黑曼遮中有至尊杠波巴所埋的秘藏的標籤，並授記（預示）掘出秘藏人即是他（凍措熱巴）自已。他很好地知曉後，生起前往後湖的意樂。可是耶區由於積雪太厚而無路可尋，他遂搜集木柴和繩索由達波方面的大懸岩而下，利用漁夫的船渡過大河來到杠波後，他在仁波伽垛洛哇座前受比丘戒，命名仁清桑波（寶賢）。有一晚上復求得讀經的誦授，由於標籤上説有乙卯和丙辰之間晦日的那一天去掘出，因此他在乙卯的十二月二十九日領了一僕人同去，本來那是眾人未能尋得的聖地，但是依照路標而尋得後，僕人看見湖面下的結冰上有一黃色金屬的黄鼠狼，他說："這是死鷲的胸膛，從這裏掘開好啊！"他用石塊來捶擊時，在空曠無人的險湖上這樣做是要招來麻風病的（或許是板誤，想是招來野牛已經跑近）。以此逃開了，僕人也逃開了。命僕人返回杠波後，他砍了一根一人高的柏枝，用白綢拴在枝上，插在湖邊。他作了必須祈供的杠波地神和山妖等，也就在約一屈肘結冰下面取出了一石匣，裏面有一金屬黄鼠狼，用鹽拭淨後，取出拿到乾地上來用火烤熱蓋口使之熔化，蓋口開後，所有秘藏法外表用皮革裹着還有各種彩綢、珍寶、五穀等的幣包。他將秘藏的記事記持在心中，秘藏書本放入黄鼠狼身中後秘藏在岩縫中。攜帶着其他諸物而來到杠波，他恐怕有人來強奪，未住多日就逃走了，繼即來到咱日，打算在嘎那凍措湖精修一年，以此助伴等對他説了許多可怖畏的話來阻止他，然而他有自知之明，不聽而前往那裏建起茅蓬儲存資具而作住修一年。在秋季還未下雪時，朝拜聖地住山的修行者約有八百人來到，待其他人等都去了曠野，有一察巴秋波哇名叫卓貢仁清哲（寶妙）者來到他那裏對他説："你有掘出的秘藏甚深法，我是來請求這一秘法的。"他問道："這是誰説的？"答："是烏鴉向我説的。"他想這人有賢善的善緣。因此將對他者不傳的"一味"以上的效用法傳授給他，由此仁清哲生起了殊勝證達。繼後他又對熱巴（單衣行者）八百人開示教導。後來他在妥梁等許多地區作利益眾生事業。最後他在卓謨的乍曲達謨住了很久時間。

凍措熱巴有很多弟子，其中住持其教授傳承的弟子有：喇嘛楚細納鄔巴、咱日熱巴、傑瑪熱巴、凍昌熱巴、仲隆巴、達昌熱巴等人。此中的納鄔甲扎哇（意爲納鄔離世務修士，即楚細納鄔巴），此師誕生在樹喀地方。在薩隆寺中出家爲僧，命名多傑哲（妙金剛）。他與卓貢凍措哇和嘎那凍措哇相見後，得傳全部幣包諸法（即掘秘藏所出的），他也妥善地爲上師承事服役。後在納鄔雪山修行，以此普遍傳稱他叫披毯離世務修士，此外他還在許多山林中住修，獲證大手印的成就。此師圓寂荼毗後發現無量的舍利。

納鄔巴所攝受的弟子即大喇嘛仁清迅魯，此師係癸酉年生人，生時恰值曲喀杠的牧區澤細寧瑪哇年届四十一歲的時候。喀熱是他的族姓。後來他在澤細寧瑪哇座前依止，年届九歲時出家爲僧，並圓滿聽完修法教導。年届二十二歲時他到底斯，在那裏住修四年，又在曲壩前後共住了十八年，連前四年共二十二年中，他一心專修而獲得大手印的證達。而且擁有預知神通，尤其是他證見真實性，智慧淵深而鋭利，以此能壓倒一切大智辯才自負無敵的驕氣。嘎瑪巴衮迅來到曲壩時，他談論教義而使衮迅負墮（認輸）。衮迅有一油漆帽供獻給他後，他對衮迅説道："你不是導師而我是導師了。"他遇任何智者從不示弱。他整個一生中守持離世務苦修禁行。他雖已成爲大教皇、人王扎巴絳稱（名稱幢）等大人物的上師，可是他到寺中卻獨自安住並親自到廚房作飲食，穿着也不講究，隨所得衣服而受用，精進力和苦修的忍耐力極大。因此兩大部落都説他的性質和至尊彌拉相似。

大喇嘛有許多弟子，其中主要的弟子是：敬安•仁波伽索朗絳稱（福幢），此師在大喇嘛座前聽受《修心教導》後，著作出《修心教導釋論》，並對無數應化衆開示此一導釋。此兩位大師的弟子即大德朗喀索朗（虚空福），此師得到兩位大師傳授教授後，有一時間去到江區的普厥，在有兇險的獨木之地安住而修，生起了大手印的證悟。從此以後他摧毁一切此世心，而在薩謨乍住修，能於一座之上住入三摩地的境界中。此師係大喇嘛仁清迅魯四十六歲時歲次戊午年生人。享壽八十九歲於丙戌年逝世。

又有普遍著稱的卻英巴，此師在納鄔哇等凍措熱巴的六位直傳弟子座前聽受《修心教授》。他誕生在堆隆旁邊的垛地區，梁是其族姓。父名普巴交，母名多傑敬。此師係甲子年生人，幼年時父母領他到法王讓郡多傑座前求加持，法王給他命名多傑扎喜（金剛吉祥)。年届七八歲時學習書法和讀誦，繼在索朗絳稱等師前學習一些小儀軌。年届十二歲時爲學法而逃走，請求察寺大堪布旺秋協饒（自在慧）爲作親教師，仁波伽絳秋伯桑（菩提吉祥賢）爲作阿闍黎而出家爲僧，命名旺秋多傑（自在金剛），在上師班底達袞嘎絳稱（慶喜幢）等師座前聽受許多教法。他年届十四歲時講説《喜金剛第二品》和《紅鷲護法》。年届二十一歲時在桑伯哇（定吉祥）座前依止，並在此師和堪布生格伯哇（獅子吉祥）座前受比丘戒，命名卻英旺秋（法界自在）。又在雅德班欽等師前也求傳許多教法，由察寺堪布命令他任喀貢寺寺主時，有一晚上他在夢中見有五個美女前來對他説："你到這裏來吧。"繼將他領到一所大廟中，門開處裏面極爲寬廣，有許多法台建築，並有許多新木板門，每開一門裏面都滿儲有許多經函。美女交給他一大串鑰匙而説道："你作此儲經室的管事吧，這是對佛教的最大服役。"清晨醒時，喇嘛納鄔巴九年未下山而前來和他相見了，並對他講了許多教法。他對納鄔巴生起敬意，並將大手印寶篋等法轉獻給納鄔巴。納鄔又對他傳授了"修心諸法"，這也是在夢中一美女策動他的。納鄔巴説："法既歸主，我此生算有意義了。"説後大生喜悦！仁波伽卻英巴也説："一切有法如量平斗口（量糧斗口），無聚散平等法性界中，開啟輪回，涅槃、因果一切法的慧眼而能通達要扼、徹底瞭解、透出根基、達到究竟。這些都是由納鄔巴的恩惠而來的。"卻英巴依楚細師的語教而著出所有的論著。總的説來，卻英巴依止上師共有八十八人。嘉色枳麥巴的座前他也求傳過教法，後來他的事業也極宏大。他在章絨的北部安住時，法王洛卓桑波（智賢）前來求傳"修心教導"，這一故事以前已經説訖。後由特汝堪欽巴・仁清伯桑（寶賢）在法王業里巴和洛卓桑波兩師座前求得此一教導，而轉獻於夏瑪・垛敦仁波伽，此後繼續傳承，活佛伯卻扎巴（吉祥法稱）也獲得此一教授。計《修心教導》這一掘藏秘法，從丙辰年掘出後，直至現在（著者當時）丙申年已經有一百六十一年了。以上係《修心教導》的傳承階段。

如是著名的具德達波噶舉派這一傳承，它不是僅語句的傳承，而是具義的傳承。此義也即是大手印無垢通達的傳承，而且任何一師獲得此大手印的證達，即可安立彼名爲根本上師。這種大手印的證達，也是在至尊瑪爾巴和彌拉惹巴的那時，是先須生起臍輪火智後，依止之力而生起大手印證達，因此也承許此是圓滿次第。達波仁波伽（達波噶舉派之祖師）對未得灌頂的初業有情（即凡夫），也使他們生起大手印證悟，這是依波羅蜜多（即顯教）之規。達波仁波伽曾經對帕謨住巴説："我們的大手印論典，即是薄伽梵彌勒所著《究竟一乘寶性論》。"而帕謨住巴對枳空巴也是如達波所説那樣而作指示。因此枳空巴師徒的論著中，有許多《究竟一乘寶性論》的説法，其原因即是如此。關於此點，法王薩迦巴所承許的是："波羅蜜多（顯教）之規中，没有大手印之名，而且什麼是大手印之智？當説唯一是從灌頂而生之智（意指密宗才有）。"阿闍黎耶協扎巴（智稱）所著《入真實性論》中明白説："對波羅蜜多真實勤勵的上根者是由修上與勝觀，在處於初業有情階段時，（也能）決定具有大手印清淨證達。以此即不退轉之相。"以此看來，如至尊閣昌巴也説："至尊杠波哇的波羅蜜多（顯教）大手印，彌枳哇大師是承許的。"至於成爲密宗道的大手印，至尊杠波哇則是對門内諸弟子始決定作開示。

當知從至尊瑪爾巴誕生起直至現在（著者當時）丙申年已經是四百六十五年了。以上是略説著名的瑪爾巴嘎舉派和達波嘎舉派的概況。

【註釋】

[1] 彌續：解説大乘教中金剛乘或説密乘教法等的佛説經典。

[2] 卓彌：即卓彌譯師，宋真宗時人。赴印度和尼泊爾學習佛法，回藏後譯著出很多新密教法。

[3] 奪捨法：傳説是使靈魂進入他人屍體的法術。

[4] 種毗巴：古印度八十大成就者之一。

[5] 納措譯師：名楚稱嘉哇（戒勝）。係宋代藏族著名譯師，曾往印度迎請阿底俠尊者到阿里。

[6] 庫敦・准珠雍珠：末代藏族佛教法師，係阿底俠尊者的庫、峨、仲三大弟子中的庫法師。

[7] 至尊彌拉：即彌拉惹巴，名妥巴嘎（聞喜）。係宋代藏族佛教中大成就者，爲瑪爾巴的衣缽弟子。他極能堅忍苦行，爲嘎舉派中修行派的模範師表。弟子有熱穹巴和達波拉傑等。

[8] 壩日譯師：宋康定元年和彌拉惹巴同年生於阿里。藏傳佛教後宏期中，曾譯出佛經多種。

[9] 昆・袞卻嘉補：意爲寶王（1034—1102），宋代藏族佛教大師，爲薩迦初祖薩欽之父。年四十歲時創建薩迦寺，從此形成藏傳佛教薩迦派。

[10] 毗瑪那彌扎：古印度八十大成就者之一。

[11] 沙彌戒：佛教中男子出家受三十六戒者。

[12] 比丘戒：佛教男子出家受具足戒二百五十三條者。

[13] 甘珠爾：佛説經教的藏譯本，全書有分作一百函、一百零四函和一百零八函者。

[14] 咒詛：即是誦咒以打擊和傷害別人者。

[15] 大圓滿：西藏寧瑪派的一種“修行要法”名。

[16] 會供：藏傳佛教徒用於集會祭祀的供品，男女齊集時名會供輪。

[17] 禪帶：修禪定打坐時，套在雙膝及頸上的帶子。

[18] 苯波：古代西藏原始宗教名，創始人辛饒。早期但以禱神祭鬼爲人禳災和薦亡爲業。松贊干布王以後，王室尊佛廢苯，佛苯之間有一時期鬥争甚爲激烈。苯教純粹不是佛教，自己没有見、行、修道之法，長期抄襲佛教經典和理論。

[19] 糌粑：藏族主食品，係以青稞或豌豆炒磨而成的炒麪粉。

[20] 蕩巴桑傑：印度佛教中成就者入藏首創息結派，以修般若經義，斷除生死涅槃一切苦惱爲其派義。

[21] 帕謨住巴：名多傑嘉補（金剛王），西藏帕住嘎舉派創始人。宋徽宗大觀四年庚（1110—1170）生人，係達波拉傑的弟子。在帕謨住地方，創建鄧薩梯寺。

[22] 奪捨法：詳 [3]。

[23] 六種骨飾：密宗修行者佩帶的裝飾，係用骨質做的項鏈、釵環、耳環、冠冕、絡腋帶和塗身的骨灰六種飾件。

[24] 慈氏五論：即至尊彌勒所著《現觀莊嚴論》《莊嚴經論》《寶性論》《辯法法性論》和《辯中邊論》。

[25] 不還果位：小乘羅漢果位之一。

[26] 濁世：指有煩惱痛苦和不自在的世間。有命濁、煩惱濁、眾生濁、劫濁和見濁，稱五濁惡世。

[27] 帕摩住巴：詳 [21]。

[28] 二資：即二種資糧，指福德資糧和智慧資糧。

[29] 甘丹派：標榜以全部佛語作爲修行要訣的教派，阿底俠弟子仲敦巴所創。爲 11 世紀中葉藏傳佛教中興時期的主流。

[30] 色界與無色界：佛書説：成就瑩徹光明身形故名色界；無色界：

此界無色法，無身體居室，但存心識住於禪定。

[31] 甘丹派：詳 [29]。

[32] 法行：指佛教中的宗教活動。

[33] 法身：佛四身之一，證得勝義諦真實空性，即證法身。

[34] 奪捨法：詳 [3]。

[35] 三十三天界：爲欲天界中之一種。佛書中説：帝釋（如漢族所説玉皇大帝）爲三十三天界之主。

[36] 奪捨法：詳 [3]。

[37] 帕摩住巴：詳 [21]。

[38] 甘丹派：詳 [29]。

[39] 住心：即修定，有九種住心，即修定的程式。

[40] 帕摩住巴：詳 [21]。

[41] 金剛座：亦稱菩提道場，即釋迦牟尼成道的古印度菩提伽耶城。

[42] 奪捨法：詳 [3]。

[43] 息結派：詳 [20]。

[44] 四部教：指四種律典，即毗奈耶，律本事、律上分和毗奈邱雜事。

[45] 慈氏五論：詳 [24]。

[46] 瑜伽師地論五分：爲無著所著，有本地分、攝決擇分、攝事分、攝異門分和攝釋分。

[47] 咱日：西藏珞隅地區一山名，傳説爲佛教密宗勝樂金剛聖地。有每逢申年前往朝禮之規。

[48] 甘珠爾和丹珠爾：甘珠爾：詳 [16]。丹珠爾：指一切譯成藏文的佛經註疏。

[49] 嘎瑪巴希：巴希意爲軌范師，真名卻季喇嘛（法師）。爲嘎瑪嘎舉派第二祖，元代初年賜烏紗帽，從此稱黑帽系。有説西藏活佛轉世之制，

自此人始。

[50] 兜率：即兜率天，意爲喜足天界，其天界內院，即彌勒菩薩住處。

[51] 咱日：詳 [47]。

[52] 烏拉：係音譯，意指差役。按驛站支應的畜力和人力。

[53] 比丘戒：詳 [12]。

[54] 甘丹派：詳 [29]。

[55] 瑜伽師地論五分：詳 [46]。

[56] 慈氏五論：詳 [24]。

[57] 息結派：詳 [20]。

[58] 六種莊飾：詳 [23]。

[59] 慈氏五論：詳 [24]。

[60] 三衣：祖衣、七衣和五衣。

[61] 俱盧舍：亦稱由旬，古印度長度單位名，約二十六里許。

[62] 慈氏五論：詳 [24]。

[63] 嘎舉派：嘎意爲佛語，舉意爲傳承。指傳承金剛持佛所授密咒教義的佛教徒。分兩大支：由穹波克珠所傳出者名香巴嘎舉派；由瑪爾巴譯師所傳出著名達波嘎舉派。

[64] 帕謨住巴：詳 [21]。

[65] 三世間：天世間、人世間和龍世間。

[66] 甘丹派：詳 [29]。

[67] 薩迦派：昆・袞卻嘉波（寶王）所首創。袞嘎領波（慶喜藏）等五祖所發揚的藏傳佛教一派名，同時有血統法統兩支傳承。

[68] 唯識見：即唯識派的見解，分兩大派不同見解，即寶相唯識派見和假相唯識派見。

[69] 嘎舉派：詳 [63]。

[70] 釋迦雙尊像：指拉薩大昭寺和小昭寺內的大小兩尊釋迦牟尼像。

[71] 戒香：據説佛教徒持戒精嚴者身上常發出一種如沉檀的香氣，稱爲戒香。

[72] 惹巴瑾：爲藏王赤祖德贊的别名，唐穆宗長慶三年癸卯（823 年）在大昭寺前立唐蕃會盟碑，永志漢藏團結友好。其後大集印藏譯師校訂舊譯佛經。

[73] 赤松德贊王：赤德祖丹和金城公主所生子，遣使赴印度迎請菩提薩埵和蓮花生來藏。建桑耶寺，成立僧團，翻譯佛經，大興佛教。

[74] 堪欽細哇措：譯意爲寂護，亦有譯作静命的。應藏王赤松德贊邀請至藏，宣説律學和中觀等法。

[75] 應試七人：赤松德贊時，爲試藏人能否出家持戒，命七人應試。此七人即：撥・色朗、撥・赤協、毗若雜那、嘉哇卻央、昆・魯伊旺波、瑪・仁清卻和章勒生。

[76] 朗達瑪：吐蕃工赤達瑪鄔冬贊的綽號。因其毀滅佛教，藏人恨而説他是牛轉生而來的，給他以此綽號。

[77] 薩迦派：詳 [67]。

[78] 昌珠寺：7 世紀初，藏王松贊干布爲鎮壓風水創建的寺名。

[79] 苯波：詳 [18]。

[80] [81] 單衣行：僅穿一件棉布單衣的苦行僧，也因其有氣功而能禦寒。

[82] 苯波：詳 [18]。

[83] 辛饒：詳 [18]。

[84] 十地菩薩：大乘菩薩有十種地位，達到最後第十地即法雲地。

[85] 寧瑪派：初在公元 8 世紀中，以九乘次第爲標榜的西藏舊譯密乘派系名。以其所穿着衣帽尚紅色，漢族人士稱之爲紅教。